58 | 계명한국학총서

문자의 혁명시대

근대 전환기 언어와 문화의 변혁

— 계명대학교 한국학연구원 편 —

계명대학교 출판부

머리말

계명대학교 한국학연구원은 2020년부터 [근대 문명 이행기 한국학의 전통과 변혁]을 새로운 관점에서 조망하기 위하여 기획 학술대회를 추진하고 있다. 근대 문명 이행기 한국학 연구가 개별 학문 분과를 중심으로 이루어져 그 결과의 환류가 활발하지 못하였던 것에 대한 연구사적 반성 하에 융·복합적 연구 방법 및 주제를 모색함으로써 근대 이행기 한국학 연구의 새로운 담론을 창출하고, 나아가 語文·史·哲 공동 협업을 통해 개별 학문에 편중된 연구 성과를 극복함으로써 근대 한국학 형성의 과정과 확산의 연결망을 재탐색하고자 한다. 이를 위해서 우선 2020년, 2021년 각각 "한국 근대 이행기 언어와 문학의 전통과 변혁", "문자의 혁명 시대, 한글 고소설의 전통과 변혁" 기획 학술대회를 수행하여 근대 문명 이행기의 자국어 혹은 자국 문자의 의식과 문학 양식을 중심으로 전통과 변혁의 충돌, 그리고 융합의 시대를 조망하였다.

"한국 근대 이행기 언어와 문학의 전통과 변혁" 기획 주제에서는 근대 사회로의 이행 과정에서 일어난 국어(언어와 문자)에 대한 인식의 변화, 문학 장르의 양식과 내용의 변화를 한국 전통사상과의 갈등과 변혁이라는 측면에서 탐구하였다. 근대 사회로의 이행 과정에서 언문의 불일치와 이중 문자 체제는 근대화의 당면한 과제였으며, 변화된 시대정신이 투영된 문학 작품은 전통과의 갈등과 변혁을 가장 잘 보여주는 공유의 산물이었다. 그러므로 한국 근대 이행기의 언어와 문학은 새로운 전통문화의 창조와 발전의 관점에서 매우 중요한 학문 분야가 아닐 수 없다. 이에 '언어와 문자에 대한 인식 변화와 그에 따른 문법 연구의 변화', '문학 장르에서의 근대와 전통의 갈등과 타협', '해외 교류를 통한 문학의 변모' 등을 중심으로 근대 문명 이행기 언어와 문학을 재조명하였으며, 이를 통해 근대 이행기 자국어와 자국 문자의 의식과 확산 경로, 문학 장르에서의 근대 의식 확산, 번역 문체의 영향을 밝힐 수 있었다.

"문자의 혁명 시대, 한글 고소설의 전통과 변혁" 기획 주제에서는 자국어 의식과 한글 고소설의 변혁을 중심으로 한글 고소설의 전통문화의 가치를 새롭게 창출하였다. 전통 시대의 한문 중심의 문자 문화 시대를 거쳐 한글 전용의 새로운 문자 문화의 혁명 시대(자국어 문자 사용의 보편화)를 이끈 것은 다름 아닌 한글 고소설이었다. 조선 후기, 근대로의 이행 과정에서 개별 필사와 인쇄술의 개량을 통한 한글 고소설의 보급과 확산은 자국어 및 자국 문자 문화의 발달을 이끌었고 특정 지배층의 전유물이었던 문자를 누구나 자유롭게 누릴 수 있는 혁명 시대를 열었던 것이다.

근대 이행기 문자 혁명 시대는 전통적 보편문자(한문)의 세계관에서 자국어 중심의 세계관으로의 변혁이 싹튼 시기이자 자국어·자국 문자 중심의 사유가 본격화된 시기라 할 수 있다. 이 시기 달라진 '국문'國文의 위상과 한글 고소설의 유행은 근대 이행기 한글 문자 문화를 이끌었으며 전통과 변혁 사이의 갈등, 충돌과 융합을 통해 새로운 전통문화 가치 창출을 이끌었다. 이러한 기조 하에 한글 고소설을 재조명하는 연구 성과가 발표되었다. 근대의 표기법과 문체가 한글 고소설에서 어떻게 실현되었는지 그 이본과의 비교, 혹은 번안 자료와의 비교를 통해 밝히고자 하였으며, 또한 한글 고소설의 새로운 가치를 창출하기 위해 빅데이터를 기반으로 한 DB 구축과 활용이라는 연구 방법론을 통하여 혁신적인 연구의 지평을 확장하는 계기를 마련하였다.

근대 한국학 형성 측면에서 볼 때 근대 이행기는 전통과 근대의 충돌, 그리고 융합의 시대라 할 수 있다. 전통 사상과 근대 사상이 격돌하면서 급격한 변화를 겪게 된 시대이자 새로운 시대 정신과 융합의 장이 탄생한 시대인 것이다. 그러므로 근대 한국학 형성을 조명하는 일은 근대 사회의 시대적 창조 정신과 서구와의 융합을 통해 시대변화를 선도

하는 미래 지향적 한국학 면모를 보여줄 수 있는 중요한 과제라 하겠다. 앞선 두 번의 기획 학술대회는 언어와 문학 차원에서 이러한 근대 한국학의 면모를 밝히는 것이 목적이었다.

두 번의 학술대회의 성과를 바탕으로 근대 이행기 자국어 혹은 자국 문자 의식과 문학의 창조적 변혁을 정리해 연구의 기초를 제공하기 위해서 총서를 발행하고자 한다.[01] 1장은 '근대 문명 이행기 자국어 인식과 변혁'이라는 주제 하에 장요한 교수의 「초기 근대 이행기 국어 인식과 그 양상의 역사성」, 정한데로 교수의 「근대의 문법 연구와 주시경, 김두봉의 '씨'」, 정기인 교수의 「"시란 하오" - 이광수의 시 인식과 한국의 '근대'」 발표로 구성하여 근대 문명 이행기에서의 자국어 의식과 문학에서의 근대 정신 내용과 그 확산 경로를 보여주었다. 2장은 '근대적 문체 인식과 수용'이라는 주제 하에 황연지·스기모토 가요코 선생의 「일·한 번안소설을 통한 표기법의 근대화 연구」, 김동욱·강남오 교수의 「〈완월회맹연〉의 문체적 특성에 대한 시론」, 서혜은 교수의 「알렌의 경판본 소설의 번안 양상과 그 독자 의식」, 장요한 교수의 「한글 고소설 희귀본의 가치와 언어의 근대성」 발표로 구성하여 번안 소설과 한글 고소설의 근대적 문체의 실제를 보여주었다. 전통적 문체를 고수하면서도 근대적 문체를 수용하는 양상을 확인하고 그에 담긴 언어 및 문체의 의식 변용을 발견할 수 있었다.

모쪼록 이 총서가 근대 한국학의 창조 정신과 새로운 학문의 지평을 모색하는 데에 일조할 수 있기를 바란다.

2023년 1월
궁산 기슭에서 집필자를 대신하여
장요한 씀

01 이 글에 실린 글은 『한국학논집』 82, 86에 수록된 논문을 보완한 것이다.

• 차례

1장
근대 문명 이행기 자국어 인식과 변혁

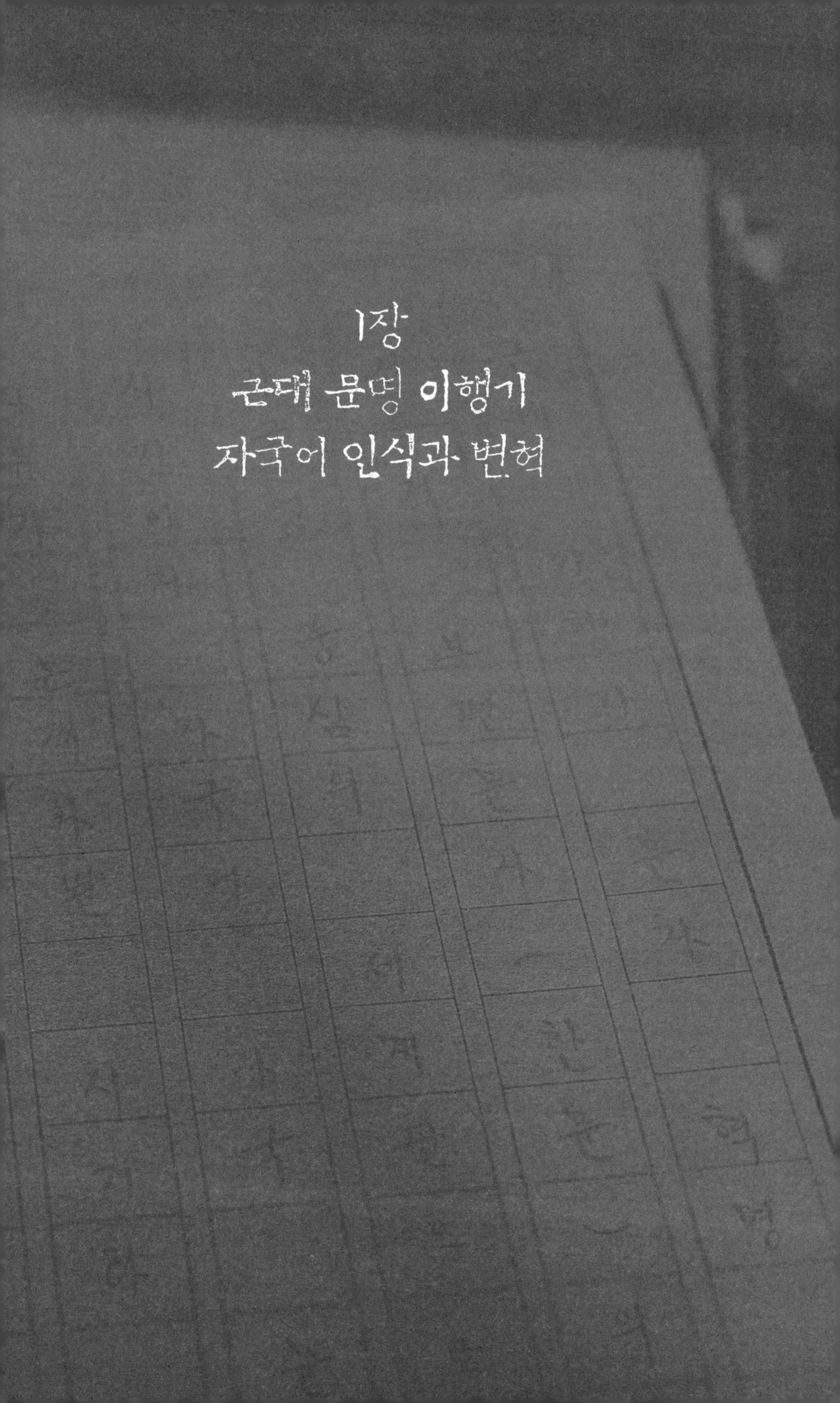

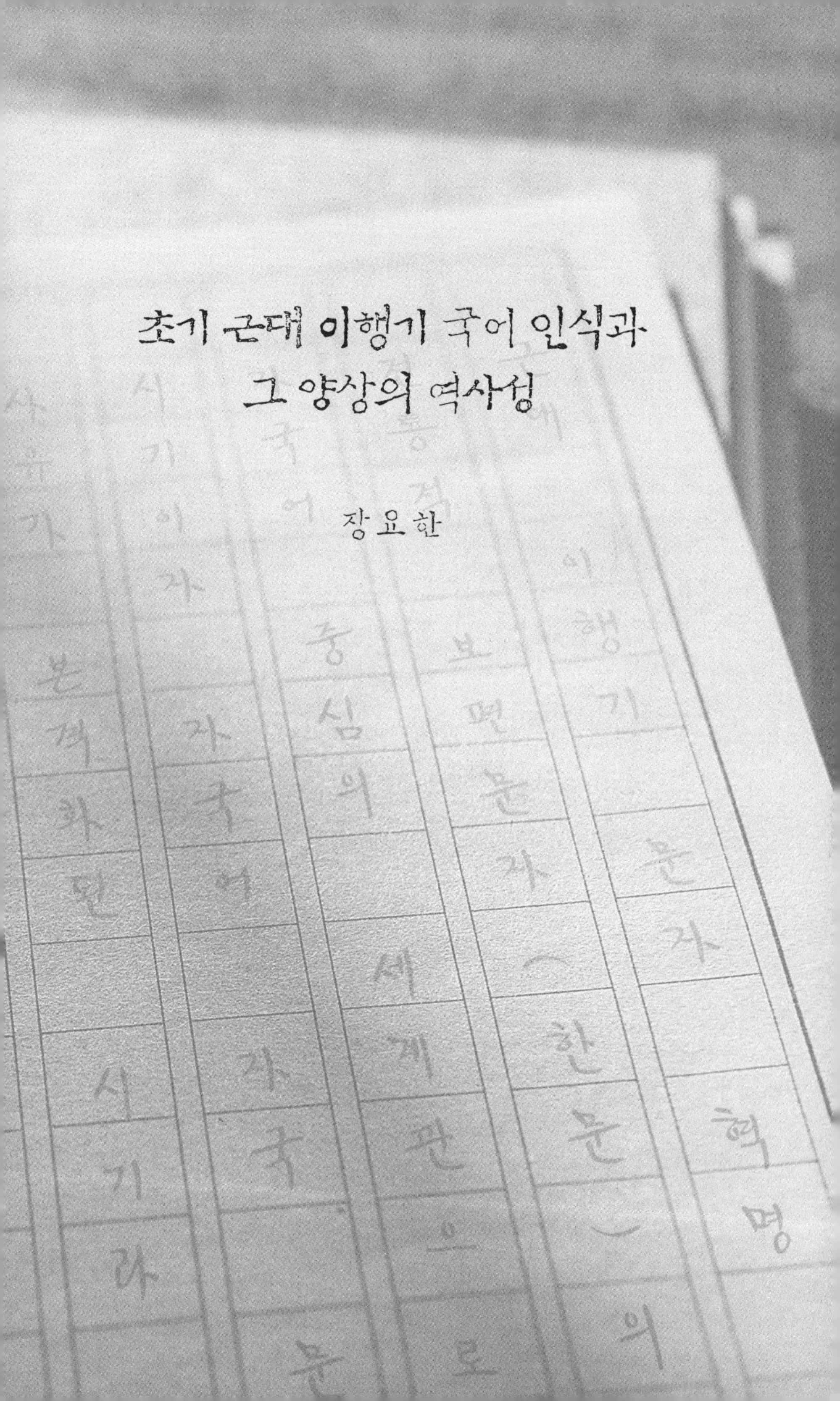

초기 근대 이행기 국어 인식과 그 양상의 역사성

장요한

초기 근대 이행기 국어 인식과 그 양상의 역사성

—

장 요 한

1. 서론

개항 이후 근대화의 격랑 속에서 국어와 국문의 인식은 근대 국가로의 체제 개혁과 맞물려 급격한 변화를 가져왔다. 절대적 지위를 누리고 있었던 한문과 달리 국가의 공적 문어로 기능하지 못했던 국문의 위상이 달라지게 된 것이다. 갑오개혁의 일환으로 관공서 문서의 표기 원칙을 국문으로 쓰도록 한 고종 칙령 공문식 제14조(1894년 11월 21일)와 칙령 제86호 9조(1895년 5월 8일)가 발표되면서 '國文'은 국가의 공적 언어로 자리잡게 되었고 자주 독립 국가의 표방으로서 국어/국문의 인식이 새롭게 정립되기 시작하였다.

새롭게 정립된 '國文' 위상은 한자와 국어의 위계 관계, 문자 체계의 확립, 문장의 규범화, 언문일치의 문제로 전개되었다. "죠션 사룸은 놈의 나라 글문 슝샹ᄒᆞ고 본국 글은 아죠 리치를 알지 못ᄒᆞ니 졀통ᄒᆞᆫ지라"(리봉운 『국문졍리』(1897) 서문), "각국에셔는 사룸들이 남녀무론하고 본국 국문을 몬져 ᄇᆡ화 능통ᄒᆞᆫ 후에야 외국 글을 ᄇᆡ오는 법인ᄃᆡ 죠션셔는 죠션 국문을 아니 ᄇᆡ오드릭도 한문만 공부ᄒᆞ는 ᄭᆞ닭에 국문을 잘 아는 사룸이 드물미라"(『독립신문』 창간호(1896) 논설)와 같이 한자를 다른 나라 문자로, 한글을 본국의 글로 인식하는 국어관의 성립은 자연히 문자의 체계 및 표기 정비, 문장의 규범화에 이어지게 되었는데 그 과정에서 언문일치의 문체는 가장 논란의 중심에 있었던 문제 중의 하나였다.

무엇보다 '國文' 위주의 새로운 국어관 성립은 국가와 민족, 언어의 관계 인식에 이르러 급기야 언어 민족주의 의식에까지 이르게 되는데 이러한 일련의 '國文'의 인식 전개가 서구의 근대 국가 형성이나 중국과 일본의 근대화 과정에서도 보편적으로 적용된 것이기에, 그 공통성과 특수성은 물론, 개항 이후 '국어'의 근대적 개념, 국어와 국문의 재인식과 그 전개 과정, 언문일치의 개념과 문체의 발달, 근대적 문체의 특성 등이 집중적으로 연구되었다.[01] 그런데 이러한 연구가 진행되면서 우리나라의 근대적 언어관이 이 시기에 형성된 것으로 간주되어, 이전 시기는 중세 유럽에서와 같이 이중 언어 체계의 중세적이고 봉건적인 언어 인식으로 치부되는 경향이 없잖아 있다.

어문 질서의 근대적 개편, 즉 국가와 민족, 언어의 관계에 대한 재인식이 일반 백성의 저변에까지 확대된 것은 근대화 시기의 일이지만 근대 이행기의 자국어 인식과 문자 체계 정립 및 문체의 정립은 역사성을 지니고 있다. 훈민정음 창제 과정에서 드러난 세종과 그 학자들의 국어관에서도 언어의 근대성을 찾을 수 있는데, 이상혁(1997), 백두현(2004)에서는 한국어를 나타내는 명칭에서 자국어의 인식이 드러나는 예들을 검토한 바 있으며, 이병기(2015)에서는 『훈민정음』에 나타난 '國語'가 우리말을 대상화하여 지시한다고 논의하였다. 또한 장윤희(2015)에서는 "국어·국문 일체관의 인식"이 훈민정음 창제 당시의 인식이며 이 인식이 근대 이행기에도 드러난다고 논의한 바 있다. 한편, 이상혁(1998)에서는 실

01 이 시기의 국어 인식에 대한 연구로는 고영근(1998, 2008), 송민(2015), 이병근(1978, 2003), 이병기(2015), 이상혁(2000), 장윤희(2015), 조태린(2009), 최경봉(2012), 허재영 외(2019), 홍종선(2006) 등이 대표적 연구인데 대체적으로 이 시기 국가와 국어, 민족이 결합된 민족어 의식이 정립된 것에 동의하는 듯하다. 단지 민족어 의식의 성립 시기에 따른 세부적인 구절의 해석에 차이가 있을 뿐이다.

학 시대의 당대 연구자들의 정음관에는 자아의식의 태동과 민족 개념의 실체를 자각하는 역사적 과정에서 민족적 주체성이 드러나는 인식이 있었다고 논의하였다. 그러나 언어 인식에 대한 역사적 논의가 대체적으로 '國語', '方言', '諺文' 등의 개념에 국한되어 그 한계를 지니고 있는 것도 사실이다.

이에 이 글에서는 "訓民正音"의 '正音'에 주목하여 세종과 그 학자들의 국어관을 살펴보고자 한다. 중세 국어 시기 "訓民正音"의 '正音'에 담긴 국어관은 본격적으로 검토된 바 없이 '正音'이 새로운 문자를 지칭하는 의미 정도에 그치거나, '正音'에 '문자는 곧 음'이라는 인식이 담겨 있다는 논의도 있었지만(장윤희 2015), 여전히 '正音'에 대한 면밀한 검토로 보기에는 어려움이 있다. 이에 이 글에서는 '훈민정음' 창제 기록에 담긴 '正音'의 배경과 그 의미를 유추해 내어 어문 질서의 초기 근대적 개편에서 발견되는 자국어 인식과 그 양상이 역사성을 지니고 있음을 밝히고자 한다.

2. 초기 근대 이행기에서의 국어 재인식 및 언문일치의 전개[02]

이 장에서는 초기 근대화 과정에서 국가와 민족, 국어에 대한 재인식이 시작되었던 자료를 바탕으로 국어 인식과 언문일치의 전개 과정을 간략히 정리하고자 한다. 여기에서 정리된 내용은 '훈민정음' 창제 기록과

02 본고에서의 '초기 근대 이행기'는 갑오개혁(1894)부터 1910년까지를 말한다. 이 시기의 국어관은 1910년 이후 본격적으로 전개되는 국어관과 다소 차이를 보이므로 우선 이 시기의 국어관의 성립에서 보이는 양상을 중심으로 살펴보기 위함이다.

'正音'에 담긴 국어관과의 역사적 연계성을 검토하는 데에 도움이 될 것이다.

고종 31년(1894) 12월 12일, 고종의 서고誓告에서 발표된 홍범 14조 "청나라에 의존하는 생각을 끊어버리고 자주 독립의 터전을 세운다."割斷附依淸國慮念, 確建自主獨立基礎에 드러나 있듯이 갑오개혁과 함께 조선은 자주 독립 국가를 창출하기 위해 예속 관계로서의 중화 문화권을 분리시키는 과정을 겪게 되는데 이 과정에서 어문 질서의 근대적 개편도 전개되었다. 근대적 개편의 첫째는 국문에 대한 인식이다. 1894년 11월 21일 고종의 국문 칙령 이후 전통적으로 '眞文'으로 여겼던 한문을 다른 나라의 문자로 인식하고 한글을 본국 글로 여기는 국어 의식이 드러나기 시작하였다.

> (1) 죠션 사ᄅᆞᆷ은 ᄂᆞᆷ의 나라 글ᄆᆞᆫ 슌샹ᄒᆞ고 본국 글은 아죠 리치를 알지 못하니 졀통ᄒᆞᆫ지라 셰종조ᄭᅴ옵셔 언문을 ᄆᆞᆫ드셧것ᄆᆞᄂᆞᆫ ᄌᆞ고로 국문 학교와 션싱이 업셔 리치와 규범을 ᄀᆞᄅᆞ치며 ᄇᆡ호지 못ᄒᆞ고 입ᄆᆞᆫ 놀녀 가갸거겨 ᄒᆞ야 음ᄆᆞᆫ 입에 올녀 안다 ᄒᆞᄃᆡ 음도 분명히 모ᄅᆞ니 ᄒᆞᆫ심ᄒᆞᆫ지라 ...... 문명의 뎨일 요긴ᄒᆞᆫ 거슨 국문이ᄃᆡ 반졀 리치를 알 사ᄅᆞᆷ이 적기로 리치를 궁구ᄒᆞ야 언문 옥편을 ᄆᆞᆫᄃᆞᄅᆞ 죠야에 발힝ᄒᆞ야 이왕 국문을 안다 ᄒᆞᄂᆞᆫ 사ᄅᆞᆷ도 리치와 ᄌᆞ음과 청탁과 고뎌를 분명히 알아 힝문케 ᄒᆞ고동몽도 교육ᄒᆞ면 우리나라 글이 ᄌᆞ연 ᄇᆞᆰ을 거시오 독립 권리와 ᄌᆞ쥬 ᄉᆞ무에 뎨일 요긴ᄒᆞᆫ 거시니 〈리봉운, 『국문정리』(1896) 서문〉

> (2) ᄯᅩ 이 디구샹 륙디가 텬연으로 구획되여 그 구역 안에 사ᄂᆞᆫ ᄒᆞᆫ ᄣᅥᆯ기 인죵이 그 풍토의 풍부ᄒᆞᆫ 토음에 뎍당ᄒᆞᆫ 말을 지어 쓰고 ᄯᅩ 그 말 음의 뎍당ᄒᆞᆫ 글을 지어 쓰ᄂᆞᆫ 거시니 이럼으로 ᄒᆞᆫ 나라에 특별ᄒᆞᆫ 말과 글이 잇ᄂᆞᆫ 거슨 곳 그 나라가 이 셰샹에 텬연으로 ᄒᆞᆫ목 ᄌᆞ쥬국 되ᄂᆞᆫ 표요 그 말과 그 글을 쓰ᄂᆞᆫ 인민은

곳 그 나라에 쇽ᄒᆞ여 ᄒᆞᆫ 단톄되ᄂᆞᆫ 표라〈주시경, 『서우』 제2호 (1907), 국어와 국문의 필요〉

위 (1)의 "죠션 사ᄅᆞᆷ은 ᄂᆞᆷ의 나라 글ᄆᆞᆫ 슌샹ᄒᆞ고 본국 글은"에서와 같이 한문을 다른 나라의 문자로, 국문을 우리의 문자로 각성하는 인식이 발견된다. 나아가 이러한 국어 의식의 변화는 (1)의 "우리나라 글이 ᄌᆞ연 ᄇᆞᆰ을 거시오 독립 권리와 ᄌᆞ쥬 ᄉᆞ무에 뎨일 요긴ᄒᆞᆫ 거시니", (2)의 "ᄒᆞᆫ 나라에 특별ᄒᆞᆫ 말과 글이 잇ᄂᆞᆫ 거슨 곳 그 나라가 이 셰샹에 텬연으로 ᄒᆞᆫ 목 ᄌᆞ쥬국 되는 표요 그 말과 그 글을 쓰ᄂᆞᆫ 인민은 곳 그 나라에 쇽ᄒᆞ여 ᄒᆞᆫ 단톄되는 표라"처럼 국가와 민족, 국어를 결합하고자 하는 노력으로 이어졌다. 이 결합 의식이 완전히 정립되었다고 보기는 어렵겠지만 갑오개혁 이후 새롭게 제기된 국어관으로 보기에는 무리가 아닐 것이다.

이와 함께 우선적으로 필요한 것이 '國文'의 규범화였다(송철의 2004). 훈민정음 창제 이후 우리나라는 음이나 표기, 문법 형식 등 많은 변화를 겪어 왔지만, 그 변화에 따른 체계의 정립을 위한 노력은 전혀 이루어지지 않아서 당시 국어 전반의 표기나 글쓰기는 개인 글쓰기에 의존하는 경향이 강했다. 그러므로 자주 독립 국가의 표방으로서 '國文'의 격상은 한자를 다른 나라의 문자로 여기는 인식 전환의 계기가 되었고 국가 공동체 구성원이 원활히 소통할 수 있는 표준음 및 표기의 정립, 문법의 규범화가 시대적 과제로 대두되는 흐름으로 전개되었다.

한편, 위 (2)에서 제시한 말과 글이 자주 국가의 표상이자 그 말과 글을 쓰는 인민은 한 나라의 공동체 구성원을 이루는 표라는 인식은 아래의 주시경 『국어문법』(1910) 서문에서 더 발전되었다.

(3) 是以로 天이 命한 性을 從하여 其域에 其種이 居하기 宜하며 其種이 其言을 言하기 適하여 天然의 社會로 國家를 成하

여 獨立이 各定하니 其域은 獨立의 基요 其種은 獨立의 體요 其言은 獨立의 性이라 此性이 無하면 體가 有하여도 其體가 안이요 基가 有하여도 其基가 안이니 其國家의 盛衰도 言語의 盛衰에 在하고 國家의 存否도 言語의 存否에 在한지라〈주시경 『국어문법』(1910) 서문〉

자연지형으로 각 구역을 경계짓고 그에 따라 인종과 언어가 각기 다르므로 천연의 사회로 국가를 이루어 독립이 정해진다는 인식, 이른바 풍토설에 따른 언어와 국가 공동체의 인식을 바탕으로 독립 국가로서의 경역境域과 종족, 언어의 관계를 결합하여 언어를 독립 국가의 성性으로 삼고 언어가 국가의 존재와 성쇠를 결정한다는 인식으로 발전된 것이다. 즉, 1910년 이후에 국어를 기반으로 민족과 국가를 이룬다는 근대적 언어 인식이 본격적으로 시작된 것으로 이해된다(최경봉 2012:157-8).

국문 중심의 표기, 즉 한글 전용 표기 운동은 언문일치의 문제로 이어지는데 이 언문일치 표기는 다소 복잡한 양상을 띤다.[03] 초기에는 "法律, 勅令, 總以國文爲本, 漢文附譯, 或混用國漢文"〈고종실록 32권, 고종 31년 11월 21일〉나 "모도 언문으로 쓰기는"〈독립신문(1896) 창간호 논설〉, "文이 言을 載치 못ᄒᆞ고 言이 文에 配치 못ᄒᆞ야 判然二致의 結果를 生하매"〈유길준, 『대한문전』(1909) 自序〉, "漢文은 言文相離의 苦難이 有

03 Anderson(1983/2006:73-83)에 따르면 서구 근대화의 과정에서 일상어로의 전환(자본주의 출판업의 공세)은 민족의식의 부상에 직접적으로 기여하였는데, 일상어로의 전환, 즉 중세 보편문어의 라틴어가 아닌 각각의 모국어로의 전환은 언어 공동체의 동질성과 정체성을 형성하게 하여 새로운 상상의 공동체를 탄생하게 하였다. 여기에서 모국어로의 전환은 곧 언문일치가 실현된 것인데 이러한 관점에서 보면 우리나라의 경우는 이보다 더 복잡한 양상을 띠는 것으로 보인다. 백채원(2014)은 이 시기 언문일치의 의미를 4가지로 분류하여 다양한 언문일치의 양상을 제시한 바 있다. 한편, 이 시기의 언문일치의 전개 관련한 연구로는 최근 김채수(2002), 백채원(2014), 趙宰亨(2019), 한영균(2017), 허재영(2011) 등이 대표적이다.

ᄒᆞᆫ 故로 普通教育에 不合ᄒᆞ고 國文은 言文一致의 便易가 有ᄒᆞᆫ 故로 普通教育에 適合ᄒᆞᄂᆞ니"〈황성신문(1909.2.16.)〉에서와 같이 우리말을 우리 문자로 적는, 즉 문자적 언문일치 관점이 형성된 듯하다(장윤희 2015: 184-186).[04] 당시 동아시아의 보편문어였던 한문이 근대에 이르기까지 압도적 위세를 떨쳤던 것을 생각해 보면 문자적 언문일치라 하더라도 발전된 국어 인식이 아닐 수 없다.

마지막으로 초기 언문일치의 문형을 소개하고자 한다. 언문일치의 국어 인식을 실현하기 위한 다양한 방편이 제시되었는데 그 중에서 이능화의 「國文一定法意見書」(大韓自强會月報 제6호, 1906년 12월)와 이각종의 『實用作文法』(1912)에 제시된 내용을 검토하기로 한다. 아래는 이능화의 「國文一定法意見書」에서 소개한 문체를 제시한 것이다.

(4) 一 天地之間萬物中唯人最貴: 純漢文 惟雅自讀
二 텬디ᄉᆞ이 만물가운ᄃᆡ 오직 ᄉᆞ람이 가장 귀ᄒᆞ니: 純國文 俗者讀
三 天地之間萬物中에 唯人이 最貴ᄒᆞ니: 今之 國漢文交用法 俗子仍不能讀
텬 디 ᄉᆞ이 만물 가운ᄃᆡ 오직 ᄉᆞ람이 가장 귀ᄒᆞ니
四 天地之 間 萬物 中에 唯 人이 最 貴ᄒᆞ니: 漢字側附書諺文 雅俗共讀

이능화는 위 문체 중에 일본 문자인 가나를 한자에 붙여 쓰는 예를 본받아 언문일치에 힘쓰면 식자층과 일반인이 함께 읽을 수 있을 것이라고 보고, 언문일치를 실현하면서 양반 계층과 일반 평민이 함께 읽을 수

04 이상혁(2000)에서는 19세기 말은 문자 중심의 언어관이 지배하였고 20세기에 들어오면서 당대 연구자들의 국어관이 문자 중심에서 벗어나 말 중심의 언어관으로 발전된 양상을 띤다고 논의하였다.

있는 문체로 '漢字側附書諺文'를 제안하였다.

다음은 이각종의 『實用作文法』(1912)에서 분류한 문체를 제시한 것이다.

(5) 一 學而時習之不亦悅乎(漢文)
二 學而時習之면 不亦悅乎아(漢文 懸吐文)
三 學ᄒᆞ야 此를 時로 習ᄒᆞ면 또ᄒᆞᆫ 悅치 아니ᄒᆞᆫ가(新體文)
　　ᄇᆡ　　이　ᄯᅢ　익　　　또　깃브　아　　가
四 學와셔 此를 時로 習키면 亦ᄒᆞᆫ 悅지 不니ᄒᆞᆫ乎(諺文傍註文)
五 ᄇᆡ와셔 이것을 ᄯᅢ마다 익키면 또ᄒᆞᆫ 깃브지 아니ᄒᆞᆫ가(諺文)

이각종에서는 네 번째의 경우가 '諺字'와 '漢字'를 교용하였으되 '漢字'를 '諺字'로 대용함과 같다고 하면서 이를 '諺文傍註文' 혹은 '言文一致體'라 하였다. 이능화와 이각종의 언문일치 형식이 다른 듯하지만 유사한 부분이 있다. 즉, 언문일치 형식을 말과 글의 일치라는 의미보다는 우리말을 드러내되 한자에 한글(구어)를 병기하는 방식을 언문일치 형식으로 보고자 한 듯하다. 현대적 관점에서 보면, (4)의 '純國文'이나 (5)의 '諺文'이 순한글체이면서 구어와 문어의 일치를 보여주는 언문일치의 문체로 생각되는데도 당시 이능화나 이각종 모두 '純國文', '諺文' 형식을 언문일치로 파악하지 않는 점이 특징적이다. 추정컨대 한문 위주 사용자와 한글 위주 사용자를 고려한 문체를 의식하여 그리 명명한 것으로 생각된다.

이처럼 초기 근대 이행기의 국어 의식은 완전한 언어 근대성을 갖추고 있는 것으로 판단하기 어려운 점이 많다. 하지만 갑오개혁 이후 '국문'의 위상 정립과 함께 국어를 바라보는 인식은 이전과는 다른 방향으로 발전하기 시작하였다. 갑오개혁 시기 자주 독립 국가의 새로운 국가관이 형성되면서 국가와 민족, 국어를 결합하는 국어관이 시작된 것이다.

한글과 한자의 위계 정립[05], 즉 한글의 위상을 '國文'으로 정립하고, 전통적으로 보편문자의 위상을 가졌던 한자(한문)을 다른 나라의 글로 각성하는 근대 이행기 국어 의식의 변화는 매우 중요한 사건이라 하겠다. 이러한 인식의 변화와 함께 표준음과 표기, 문법 규범 등의 국어 정립에 대한 문제 의식도 전개되기 시작하였다. 아울러 언문일치 문장 의식은 그 형식에는 다소 차이를 보이지만 '文'을 기록함에 있어 우리말과 우리 문자를 기반으로 하려는 의식이 전개된 것으로 파악된다.

3. 훈민정음 창제와 국어 의식

훈민정음 창제 당시 '音'을 정립하는 문제는 매우 중요한 과제였다.[06] 우리말에 따른 문자 창제뿐 아니라 표준음 정립을 위한 『동국정운』

---

05 한글과 한자의 위계 변화는 당시 보수적인 유학자의 기록에서도 확인된다. 아래 글은 이현희 외(2014: 200)에서 소개된 바 있다.

> 우리나라 말에서는 예부터 중국문자를 진서라 하고 훈민정음을 언문이라 하여 통칭 진언이라 하였다. 갑오년 이후로 시무를 추종하는 자들은 언문을 대단히 받들어 국문이라 일컫고, 진서를 구분지어 외국 것으로 취급하여 한문이라 불렀다.(我國方言 古稱華文曰眞書 稱訓民正音曰諺文 故統稱眞諺 及甲午後趨時務者 盛推諺文曰國文 別眞書以外之曰漢文)〈『梅泉野錄』〉

한편, '國文' 위주의 문자 생활을 반대하는 세력도 매우 거셌을 터 아래는 그 입장을 보여준다.

> 새로 흔 학부 대신 신긔션 씨가 샹쇼ᄒᆞ엿ᄂᆞᆫ디 … 국문을 쓰ᄂᆞᆫ 일은 사ᄅᆞᆷ을 변ᄒᆞ여 즘승을 ᄆᆞᆫ드ᄂᆞᆫ 것이요 죵ᄉᆞ를 망ᄒᆞ고 청국 글을 폐ᄒᆞᄂᆞᆫ〈독립신문(1986) 1권26호 잡보〉

06 '음'에 대한 성리학적 가치관을 엿볼 수 있는 내용이 있어 제시해 둔다. 아래는 『동국정운』(東國正韻)의 서문(序文)의 일부 내용이다.

> 더구나 글자[書契]가 만들어지지 못했을 때는 성인의 도(道)가 천지에 의탁했고, 글자[書契]가 만들어진 뒤에는 성인의 도가 서책(書册)에 실리었으니, 성

東國正韻과 『홍무정운역훈』洪武正韻譯訓의 간행에서 알 수 있듯이 '音'이 정립되지 않고서는 이 중요한 과업을 이루어낼 수 없기 때문이다. 『훈민정음』訓民正音 해례본 정인지 서문이나 각종 운서에서 이 '音'의 정립 문제를 언급하고 있다는 점에서도 그 중요성이 짐작된다. 이에 훈민정음 창제 관련 기록 중에서 '音'의 정립 관련 내용을 중점적으로 검토하여 훈민정음 창제에 담긴 국어 의식을 살펴보고자 한다. 이 과정에서 우리말의 음을 중국말의 음과 다르게 바라보는 언어 의식, '訓民正音' 속 '正音'에 담긴 언어 의식을 중심으로 검토하게 될 것이다. 훈민정음 창제 이후 새 문자의 해설서이자 조선의 국음을 정립한 『훈민정음』訓民正音 해례본, 우리나라의 한자음을 바로잡기 위해 그 표준음을 정립한 『동국정운』東國正韻, 한자의 중국음을 정확히 표시하기 위해 간행한 『홍무정운역훈』洪武正韻譯訓 등은 당시 대표적인 세종과 그 학자들의 연구 성과로 당시 그들의 국어관을 볼 수 있는 중요한 자료이다. 이 자료를 통해 훈민정음 창제 담긴 국어 의식을 살펴보기로 하겠다.

인의 도를 연구하려면 마땅히 글의 뜻을 먼저 알아야 하고, 글의 뜻을 알기 위한 요령은 마땅히 성운(聲韻)부터 알아야 하니, 성운은 곧 도를 배우는 시작[權輿]인지라.(況乎書契未作 聖人之道寓於天地 書契既作 聖人之道載諸方策 欲究聖人之道 當先文義 欲知文義之要 當自聲韻 聲韻乃學道之權輿也)〈『동국정운』 서문〉

위 내용은 '성운'(聲韻)과 '도'(道)의 관계에 대한 세종과 그 학자들의 인식을 엿볼 수 있는 내용이다. 즉, '성인지도'(聖人之道)를 연구하기 위해서는 마땅히 글자와 그 뜻을 먼저 알아야 하고 뜻을 알기 위한 요령은 성운(聲韻)부터 알아야 함을, 곧 성운(聲韻)이 배움의 시작임을 강조한 내용이다. '성인지도'가 군주가 그 경지에 도달하거나 그 경지에서 벗어나지 않기 위하여 갖추어야 할 모습과 신하와 백성들도 그 이상향에 다가갈 수 있도록 가르치는 모습을 의미한다는 점에서 당시 세종은 이 '音'의 연구를 그 경지에 도달하기 위한 시작점으로 여겼던 것으로 보인다. 이와 같이 '음'(音)과 '도'(道)의 관계 인식은 명태조(明太祖) 때 편찬된 『홍문정운』(洪武正韻)의 서문에 제시된 '其政'을 화하게 하기 위해서는 성음을 먼저 순정하게 해야 한다는 사상과 유사한데 이는 『홍문정운』(洪武正韻)의 서문에 담기 사상이 세종과 그 학자들에게도 영향을 미친 것으로 보인다(강신항 1999: 11-13).

3.1. 음의 다름에서 시작된 국어 의식

『훈민정음』 해례본은 훈민정음 창제 3년 뒤인 1446년 간행된 책으로 문자 '훈민정음'에 대한 해설서이다. 이 『훈민정음』 해례본 33장에는 새로운 문자의 창제 관련 내용과 그 성리학적 가치가 매우 상세하게 설명되어 있어 당시 세종과 그 학자들의 언어학적 역량 및 언어관을 엿볼 수 있는 중요한 자료이다. 이 『훈민정음』 해례본의 첫 문장은 다음과 같이 시작된다.[07]

> (6) 나라의 말이 중국과 달라서 문자가 서로 통하지 않으므로
> 國之語音 異乎中國 與文字不相流通

위 (6)의 '國之語音 異乎中國'은 우리나라의 말이 중국과 다르다는 사실을 명시화한 것인데 이 첫 문장에서부터 비장한 태도가 느껴지는 이유는 무엇일까? 나라의 말이 중국과 달라서 문자가 서로 통하지 않는다는 사실은 매우 자연스럽고 합리적인 사고임에도 조선의 유학 지식층에게는 매우 껄끄러운 내용이 아닐 수 없다. 당시 동아시아 공동문어共同文語이자 보편문자普遍文字의 위상을 확고하게 다진 한문은 우리나라에서 진문眞文의 위상을 가지고 있었으며(이현희 2014: 25), 성리학의 국가이자 중국을 사대하는 국가로서 조선의 전통사회 질서를 지탱하는 힘이자 권력이었다. 그러므로 유학의 지식층은 중국과 다름을 명시하는 일, 심지어 그와 다른 문자를 사용하는 일, 특권으로 누렸던 문자를 백성에게 보급하는 일을 용납하기 어려웠을 것이다.

---

07 이 글에서 『훈민정음』(訓民正音) 해례본, 『동국정운』(東國正韻), 『홍무정운』(洪武正韻), 『홍무정운역훈』(洪武正韻譯訓), 『조선왕조실록』(朝鮮王朝實錄) 등의 번역문은 국사편찬위원회 조선왕조실록의 국역과 강신항(1987/1999, 2011)의 번역문을 참고하여 제시한 것이다.

유학을 존숭하는 시대적 논리를 거스르기 어려운 상황에서도 세종은 새로운 문자를 소개하는 첫 문장에 '우리나라의 말'이 '중국의 말'과 달라 문자가 서로 통하지 않은 사실을 밝힘으로써 우리나라의 말에 맞는 새로운 문자 창제 이유를 드러내었다. 이처럼 조선에서 우리나라가 중국과 다르다는 인식을 강하게 드러낸 적이 있는가. 그만큼 이 '음의 다름'에 대한 세종과 그 학자들의 의식은 분명하였던 것이다. 그러므로 '음의 다름'에 담긴 세종과 그 학자들의 국어 인식을 살펴볼 필요가 있다. 이와 관련해서 『훈민정음』 해례본 중 정인지 '서문'과 『동국정운』의 내용을 살펴보기로 한다.

> (7) 그러나 사방의 풍토가 다르고 사람의 말의 기운聲氣도 이에 따라 다르니 대개 중국 이외의 다른 말은 그 말의 음이 있으나 그 음을 기록할 글자가 없어 중국의 글자를 빌어가지고 그 쓰임에 통용하고 있으니 이는 마치 둥근 구멍에 모난 자루를 낀 것과 같이 서로 어긋남이 있으므로 어찌 능히 통달해서 막힘이 없겠는가. 然四方風土區別 聲氣亦隨而異焉 盖外國之語 有其聲而無其字 假中國文字以通其用 是猶 鑿之也 豈能達而無乎
> 〈『훈민정음』 해례본, 정인지 서문〉

위 (7)은 사방의 기후와 토질이 나누어져 있듯이 말의 소리도 다르므로 각각 처해 있는 바를 따라 편안하게 할 것이라는, 이른바 풍토설을 드러낸 것인데 언어가 사방에 따라 다른 것은 풍토에 따라 매우 자연스러운 것임을 말하고 있다. 음의 다름을 자연지형과 관련하여 자연스러운 현상임을 인식한 것이다(이현희 외 2014: 13).

이러한 인식은 『동국정운』에서도 확인된다.

> (8) 대개 지세地勢가 다름으로써 풍습과 기질이 다르며, 풍습과

기질이 다름으로써 호흡하는 것이 다르니, 동남東南 지방의 이齒와 입술의 움직임과 서북西北 지방의 볼과 목구멍의 움직임이 이런 것이어서, 드디어 글 뜻으로는 비록 통할지라도 성음聲音으로는 같지 않게 된다. 然其五方之音各異 邪正之辨紛紜 夫音非有異同 人有異同 人非有異同 方有異同 蓋以地勢別而風氣殊 風氣殊而呼吸異 東南之齒唇 西北之頰喉是已 遂使文軌雖通 聲音不同焉〈『동국정운』 서문〉

위 (8)의 "대개 지세地勢가 다름으로써 풍습과 기질이 다르며, 풍습과 기질이 다름으로써 호흡하는 것이 다르니", "우리나라는 안팎 강산이 한 구역이 되어 풍습과 기질이 이미 중국과 다르니"에서도 풍토설을 기반한 음의 다름에 대한 인식을 보여주고 있다.[08] 우리나라의 음이 중국의 음과 다른 것은 풍습과 지질에 따른 것으로 매우 자연스러운 현상임을 명시하고 있다.

그런데 이 '음의 다름'에 대한 인식에 그치지 않고 새로운 언어관으로 발전해 가는 부분에 주목할 필요가 있다. 아래는 앞서 검토한 (7)과 (8)의 뒷부분 내용이다.

(9) 가. 그러므로 요는 각각 그 처해 있는 바를 따라 편의케 할 것이요, 억지로 똑같게 할 것이 아니다. 要皆各隨所處而安 不可强之使同也 〈『훈민정음』 해례본, 정인지 서문〉

---

08 세종과 그 학자들이 『성리대전』(性理大全)의 「황극경세서」(皇極經世書), 『홍무정운』(洪武正韻) 등의 운서를 기초로 한 언어 지식에 능통하였고 언어관 형성에 이 운서의 영향이 매우 컸던 것을 고려하면(강신항 1999: 43) 음의 다름을 풍토설로 이해한 것은 『홍무정운』의 영향인 것으로 보인다. 그런데 『홍무정운』에서는 중국의 구주(九州)를 경계하여 음의 다름을 인식하였다면, 『훈민정음』에서는 국경을 경계지어 음의 다름을 인식하였다는 점, 『홍무정운』이 표준음의 정립을 통해 음을 통일하고자 하였다면 『훈민정음』은 표준음의 정립을 통해 새로운 문자 창제를 담고 있다는 점에서 아주 큰 차이를 보인다.

나. 우리나라는 안팎 강산이 한 구역이 되어 풍습과 기질이 이미 중국과 다르니, 호흡이 어찌 중국 음과 서로 합치될 것이랴. 吾東方表裏山河 自爲一區 風氣已殊於中國 呼吸豈與華音相合歟 〈『동국정운』 서문〉

위 (9 가)는 '음의 다름'은 풍토에 따라 자연스러운 일이므로 각각 처해 있는 바를 따라 편안하게 할 것이라는 문자관으로 발전해 간 것을 보여준다. 당시 문자는 말과 달리 그 위력이 대단했다. 상층의 지식층에게 한자(한문)을 대체할 수 있는 다른 문자는 상상할 수 없는 일이었고 이적夷狄의 일이었던 것이다.[09] 그런데 위 (9)는 세종과 그 학자들이 음이 다르듯이 문자도 그에 맞게 따라야 하는 점을 드러내고 있다.

---

09 음이 다른 것은 자연 이치에 따른 것이라고 간주하더라도 이 공동문어를 따르지 않고 음에 따른 새로운 문자를 창제한다는 것은 당시 조선의 사대부들에게 받아들이기 매우 어려운 일이었을 것이다. 당시 이러한 생각은 최만리의 상소문에 여실히 드러나 있다.

> 우리 조선은 조종 때부터 내려오면서 지성스럽게 대국(大國)을 섬기어 한결같이 중화(中華)의 제도를 준행(遵行)하였는데, 이제 글을 같이하고 법도를 같이하는 때를 당하여 언문을 창작하신 것은 보고 듣기에 놀라움이 있습니다.(我朝自祖宗以來 至誠事大 一遵華制 今當同文同軌之時 創作諺文 有駭觀聽)〈세종실록 103권, 세종26년 2월 20일〉

> 옛부터 구주의 안에 풍토는 비록 다르오나 지방의 말에 따라 따로 문자를 만든 것이 없사옵고 오직 몽고(蒙古)·서하(西夏)·여진(女眞)·일본(日本)과 서번(西蕃)의 종류가 각기 그 글자가 있으되 이는 모두 이적(夷狄)의 일이므로 족히 말할 것이 없사옵니다.(自古 九州之內 風土雖異 未有因方言而別爲文字者 唯蒙古西夏女眞日本西蕃之類 各有其字 是皆夷狄事耳 無足道者)〈세종실록 103권, 세종26년 2월 20일〉

위의 최만리 상소의 내용과 같이, 새로운 문자를 창제한다는 것은 중화의 제도를 준행하는 관점에서 사대 관계를 위협할 뿐 아니라 이적의 일이므로 절대 용납할 수 없는 일인 것이다. 한편, 위의 "自古 九州之內 風土雖異 未有因方言而別爲文字者"에서와 같이 당시 사대주의에서 우리나라는 중국의 영토 내의 구주(九州) 정도로 인식하고 있었다는 점도 알 수 있다. 하나의 독립된 국가라는 인식보다는 중국의 주변 지역인 동방(東方) 정도로 인식하였던 것이다.

(9 나)는 (8)의 후반부 내용으로 우리나라는 중국과 지리적으로 구획되어 있어 풍습과 기질이 다르고 호흡이 다르므로 음도 합치될 수 없다는 인식을 드러내고 있다. 여기에서는 풍습과 기질의 차이를 드러낸 것보다 "안팎 강산이 한 구역이 되어"가 담고 있는 지리적 경계지움이 의미 있게 다가온다. 이는 (9 가)의 "각각 그 처해 있는 바"와도 관련된 표현으로 풍토설에 따른 보편적 음의 다름을 지리적 경계지움을 통해 더 자연스럽고 분명하게 받아들일 수 있기 때문이다. 한정된 자료로 단정할 수는 없지만, '음의 다름'에 대한 인식이 새로운 문자관과 지리적 경계지움으로 발달해 가는 것을 볼 때, "각각 그 처해 있는 바"와 "안팎 강산이 한 구역이 되어"에 언어와 공동체의 결합 의식이 함의되어 있는 것으로 생각되며 이 의식은 위 (6)의 "나라의 말이 중국과 달라서 문자가 서로 통하지 않으므로"의 표현과도 밀접하게 관련되어 있다 하겠다.

이러한 국어 의식의 함의는 아래 『사성통고범례』의 내용에서도 확인된다.

> (10) 대저 우리말의 음은 가볍고 얕으며 중국말의 음은 무겁고 깊은데 지금 만든 훈민정음은 우리말의 음을 바탕으로 해서 만든 것이다. 만일에 한음을 나타내는 데 쓰려면 반드시 변화시켜서 써야만 곧 제대로 쓰일 수 있다. 大抵 本國之音 輕而淺 中國之音 重而深 今訓民正音 出於本國之音 若用於漢音 則必變而通之〈『사성통고범례』〉

위 (10)에서는 우리말의 음과 중국말의 음을 각각 '本國之音', '中國之音'으로 표현하여 대립 관계를 드러내기도 하고 중국말의 음을 '漢音'으로 표현하여 '國音'과 구별하기도 하였다. 우리말을 '동방의 말'方言로 지칭하였던 것과는 전혀 다른 표현으로 말의 음을 '本國'과 '中國'이라는 국가 공동체 차원에서 인식하고 있음을 알 수 있다.

요컨대 『훈민정음』 해례본 '음이 다르다' 표현에는 단순히 음이 다르다는 차원을 넘어 지리적인 구획과 동시에 언어 공동체의 의식이 함의된 것으로 이해된다. 물론 당시에 형성된 자국어 의식이 민족의식이나 민족 자각이 형성된 민족 공동체를 자각하는 단계에까지 이른 것이 아니라는 이병기(2015: 176)의 지적처럼 민족주의의 언어 인식은 아닐 터이나 적어도 자국의 언어를 매개로 한 국가 공동체의 인식, 그리고 그에 따른 문자 창제 의식은 찾을 수 있다.

'音'을 매개로 한 언어 공동체 의식은 당시 '한국어'를 지칭하는 명칭의 인식과도 맞닿아 있다. '한국어'를 지칭하는 명칭어에 담긴 국가 의식에 대한 연구 중에서[10] '방언'方言과 '국어'國語의 논의가 주목된다.

(11)가. 元曉亦是方言也 當時人皆以鄕言稱之始旦也(원효는 역시 방언(신라어)이니 당시 사람들은 모두 향언으로 시단이라 칭하였다.)〈삼국유사 권4 義解 5 元曉不羈〉

나. 方言이 謄布聞者ㅣ 悉得以景仰ᄒᆞ리니(우리나랏 말로 옮겨 써 펴면 드릃 사ᄅᆞ미 다 시러 키 울월리니)〈월인석보 서: 23b〉

나'. 方言은 우리 東方ㅅ 마리라〈월인석보 서: 23b〉

백두현(2004)에서 언급한 바와 같이 '方言'은 고대부터 사용된 언어의 명칭어로서 중국의 주변어나 한 나라의 언어 정도로 쓰였으나, 위 (11가)는 '우리말'(신라어)을 지시하는 의미로 사용된 점이 특징적이다(이병기 2015: 172). 이처럼 '方言'이 '우리나라의 말'로 사용된 것은 (11 나)

10 역사 자료를 중심으로 '한국어'를 지칭하는 명칭과 그에 담긴 언어 인식을 연구한 논의로는 이상혁(1997), 백두현(2004), 정승철(2011), 이병기(2015)가 대표적으로 각 명칭어의 양상과 그 명칭어에 담긴 국가 의식 및 민족의식을 논의하였다.

의 '方言'에 대응하는 언해문 '우리나랏 말'을 통해서도 이해된다. 그런데 (11 나)의 협주문 (11 나')에서는 '方言'을 '우리 東方의 말'이라고 풀이한 것을 보면 당시 '方言'이 '우리나라의 말'을 의미하는 것으로만 사용되었다고 보기는 어렵다. '東方'은 중국 중심 사상을 기반할 때 성립되므로 이 당시에도 '方言'이 중국 중심의 사고를 함의하고 있다고 하겠다. 그러므로 '方言'이 '우리나라의 말'을 의미한다고 하더라도 국가 공동체를 기반으로 한 언어 인식으로 이해할 수 있을지는 분명하지 않다.

그런데 훈민정음 창제 이후 '國語'의 의미는 '方言'과는 다른 양상을 띤다. 무엇보다 '國語'가 현대국어의 개념처럼 '우리나라의 말'로 쓰이는 일이 훈민정음 창제 이후에 본격적으로 출현한 점, 더군다나 『훈민정음』 해례본에서 그 예가 처음 발견되는 점이 세종과 그 학자들의 국어관 형성과 무관하지 않은 것으로 생각되는 지점이다.

(12) 가. 國語雖不分輕重 皆得聲音(국어에서는 비록 경과 중을 구별하지 않더라도 모두 음을 이룰 수 있다.)〈『훈민정음』 해례본 합자해〉

나. ᆞㅡ起ㅣ聲 於國語無用 兒童之言 邊野之語 或有之(ᆞ나 ㅡ가 ㅣ에서 일어나는 소리는 국어에서는 쓰이지 않으나 아동의 말과 변방 시골의 말에는 혹시 있다.)〈『훈민정음』 해례본 합자해〉

(12 가. 나)의 '國語'처럼 별도의 수식 표현 없이 '國語'를 독립적으로 사용된 경우, 더군다나 이 말이 '우리나라의 말'로 해석되는 경우는 처음 발견되는 자료이어서 많은 연구자들이 주목하였다. 대표적으로 백두현(2004), 이병기(2015)를 들 수 있는데, 백두현(2004: 127)에서는 위 (12)의 '國語'가 국가적 단위를 배경으로 한 인식을 보여 주며 세종대왕의

국가 의식과 민족 주체 의식을 나타내는 것이라 하였다.[11] 이병기(2015: 177)에서는 이때 '國語'는 중국을 비롯한 다른 나라의 말과 다른 우리말을 대상화하여 지시한 것으로 기술한 바 있다.

훈민정음 창제 당시인 15세기, 우리나라는 중화 중심의 세계관이 대세를 이루고 있었지만, 세종과 그 학자들은 각각 구획된 풍토에 따라 음이 다르므로 각 처해 있는 바에 따라 편의케 하고자 하는 언어 의식, 다시 말하면 언어와 국가一區의 관계를 결합하는 국어관을 정립하기 시작하였던 것으로 추정된다. 이 국어관은 '우리나라의 말이 중국과 달라서 문자가 서로 통하지 않으므로'라는 문제 제기를 가시화하는 데에 이르렀고 마침내 이 음의 다름에 대한 인식은 혁신적이고 획기적인 문자 창제의 사유에까지 발전된 것이다. 정리하자면, 위 (6)에는 '音'의 정립('음의 다름')을 통해, 민족주의를 기반한 문자 창제까지는 아니더라도, 언어와 국가의 재인식 즉 자국어의 인식이라는 국어관을 함의하고 있는 것으로 이해하는 것은 무리가 아닐 것이다.

3.2. '正音'으로 발전된 국어 인식

"上親制諺文二十八字......是謂 訓民正音"〈세종실록 102권 세종 25년 12월 30일〉에서 처음으로 밝힌 새로운 문자의 이름 '訓民正音'은 여러 면에서 조선의 훈민정책과 어울리는 명칭이다. 그런데 명칭어에 '正音'이 들어 있는 것은 단순히 문자만을 지칭하기 위해서 내세운 것은 아닐 터이다. '正音'이라는 뜻을 생각해 보면 그 문자가 가지는 성격이나 그 지

11 이현희 외(2015: 17)에서 지적한 바와 같이, 최세진의 『訓蒙字會』에서 '國語'는 5회 사용되는데 이때도 우리말, 조선의 고유어를 지칭하고 있다.

향점도 어느 정도 담고 있을 것으로 보인다. 누구나 그렇듯이 사물의 이름을 정할 때는 여러 가지를 고려하기 마련이므로 '正音'에 담긴 의미를 살펴보는 것 또한 세종과 그 학자들의 국어 의식을 엿볼 수 있는 일이 될 것이다.

이와 관련해서 아래 내용을 우선 살펴보기로 하자.

(13) 訓民正音은 百姓 ᄀᆞᄅᆞ치논 正ᄒᆞᆫ 소리라〈훈민정음 언해:1a〉

위 (13)은 '訓民正音'에 대한 협주문의 내용으로 '正音'이 문자 그대로인 '正ᄒᆞᆫ 소리'로 언해되었다. '正ᄒᆞᆫ 소리'는 '올바른 소리' 정도로 해석될 수 있을 텐데 이 '올바른 소리'가 무엇을 의미하는지는 분명하지 않다. 최근 장윤희(2015)에서 '訓民正音'이 문자임에도 '正字' 내지 '正文'으로 하지 않고 '正音'으로 한 것은 당시 '국어·국문 일체관의 인식'이 반영된 것으로 '正音'은 곧 국문(문자)을 의미한다고 하였다. 당시 음을 문자로 인식하였던 점을 감안하면 '正音'으로 문자를 나타내고자 했던 설명은 어느 정도 설득력이 있다.[12] 그러나 이 인식이 언해된 '正ᄒᆞᆫ 소리', 즉 '올바른 소리'가 구체적으로 무엇을 의미하는지를 말해주지는 않는다.

그러므로 '正音'을 '正한 소리'로서 이해하는 것도 매우 중요한 일이다. 이와 관련하여 『홍무정운』 서문에 실린 '正音'의 의미를 살펴보자. 세종과 그 학자들은 중국 성운학에 정통하였고 명 태조의 '중원아음'中原雅

---

12 '正音'에 '국어 · 국문 일체관의 인식'이 담겨 있는 점은 동의하지만, "'訓民正音'이 문자임에도 '正字' 내지 '正文'으로 하지 않고 '正音'으로 한 것"의 문제 제기는 동의하지 않는다. 당시 '正字', '正文'이 글자를 지칭하는 개념 표현으로 사용된 일이 없었을 뿐더러 이 단어들은 별도의 개념을 표현하는 의미로 쓰였으므로 새로운 문자의 명칭을 '訓民正字' 내지 '訓民正文'은 기대하기 어렵기 때문이다. 조선 시대 '正字'는 조선 시대에, 홍문관·승문원·교서관에 속한 정구품 벼슬. 또는 그 벼슬에 있던 사람을 뜻하고 '正文'은 유학의 경서에서, 주석이 없이 원문만을 쓴 책을 주석이 있는 경서에 상대하여 이르는 말을 뜻한다.

音의 표준음 언어 정책에 대해서도 높은 식견을 갖추고 있었기에 『홍무정운』이 세종과 그 학자들의 음운 연구와 그 언어 정책에 많은 영향을 미쳤다는 것은 이미 알려진 사실이다.[13]

(14) 삼가 생각하옵건데, 황제께서 옛 문헌을 상고하고 글을 숭상하여 천하를 다스리는 틈에 운서를 친히 보시고 다른 종류들과 비교하여 볼 때, ㉠ 조리에 어긋나고 '성음'이 어지러워진 것을 확인하고 신하들을 불러 말씀하시기를 중국 음운학이 양자강 유역에서 발달하여 '정음'을 잃어 버려 … 경등이 마땅히 음운이 통하는 것을 널리 들어서 이를 정하여 다시 간행하라 하시었다. 이에 한림시강학사 악소종과 송렴 등이 … ㉡ 오로지 중원아음으로 기준을 삼고 또 방언에 사로잡힐 것을 염려하여 상하에 치우침이 없게 하고 … 홍무정운이라 이르고 신 염에게 서를 지으라 하셨다. … ㉢ 운서에 이르기까지 황제께서 대궐에서 염려하여 문신에게 명하여 음에 따라 바로잡아 오래 전해온 잘못된 관습을 씻으라 하시니 아아 참으로 아름답고 크신 황제의 뜻이다. 恭惟皇上稽古右文 萬幾之暇 親閱韻書 見其比類失倫聲音乖舛 召詞臣 諭之曰 韻學 起於江左 殊失正音 … 卿等當廣詢通音韻者 重刊定 於是 翰林侍講學士 臣樂韶鳳, 臣宋濂 … 壹以中原雅音爲定. 復恐拘於方言, 無以達於上下 … 賜名曰洪武正韻 勅臣濂爲之序 … 至於韻書亦入宸慮 下詔詞臣 隨音刋正 以洗千古之陋習 猗歟盛哉 (『홍무정운』 서문)

---

13 세종대(世宗代) 훈민정음 창제 관련한 성운학 관련 서적으로는 『성리대전』(性理大全) 중 「황극경세서」(皇極經世書), 『홍무정운』(洪武正韻), 『고금운회거요』(古今韻會擧要), 『절운지당도』(切韻指掌圖) 등으로 알려져 있으며, 『훈민정음』 해례본의 언어관이나 자모의 분류 및 체재 등은 「황극경세서」(皇極經世書), 『홍무정운』(洪武正韻)과 그 맥이 아주 유사하고, 글자에 대한 철학은 성리학 관점이 녹아들어 있다(강신항 1999:16).

위 (14)의 내용에서 명 태조明太祖 주원장朱元璋은 중원의 음이 어지러워진 것을 개탄하여 '正音'을 잃어버렸다고 말하면서 오로지 '중원아음'中原雅音을 기준으로 삼고 방언이나 상하의 치우침 없이 음을 바로잡을 것을 명한 사실을 알 수 있다. 여기에서 ㉠의 '正音'은 ㉡의 '중원아음'을, ㉢의 음의 바로잡음을 말한다고 볼 수 있다. 즉, 변질된 중국의 음을 중원아음을 기준으로 삼아 바로잡도록 한 의미로서 '正音'은 중원을 기준으로 한 '표준음 정립'을 말한다.

이 『홍무정운』 서문의 '正音'이 '표준음 정립'을 뜻하는 것은 당시 성운학을 깊이 연구한 세종과 그 학자들도 이미 알고 있었을 것이므로 새로운 문자의 이름에 '正音'을 덧붙인 것은 우연한 일치만은 아닐 것이다. 훈민정음 창제 직후 편찬된 『동국정운』과 『홍무정운역훈』 이 표준음 정립 관련 내용을 담고 있고, 『훈민정음』 해례본에 수록된 일부 내용도 표준음 정립과 관련되어 있다는 점이 이를 지지해 준다. 이와 관련해서 아래 내용도 참고된다.

> (15) 또 네가 운서韻書를 아느냐 사성칠음四聲七音에 자모字母가 몇이나 있느냐? 만일 내가 그 운서를 바로잡지 아니하면 누가 이를 바로잡을 것이냐?"且汝知韻書乎 四聲七音, 字母有幾乎 若非予正其韻書, 則伊誰正之乎"〈세종실록 103권, 세종 26년 2월 20일〉

(15)는 세종이 최만리 등에게 '만일 내가 그 운서를 바로잡지 아니하면 누가 이를 바로잡을 것인가'라고 말한 장면으로 음의 바로잡음에 대한 세종의 의지를 강하게 드러내고 있다. 여기에서 '正'은 '음을 바로잡는 것'을 의미하고, 이는 『홍무정운』 서문에서 중원아음으로 음을 바로잡는 것과도 통한다고 볼 수 있다. 요컨대 '正音' 내지 (13)의 '正흔 소리'

는 '음의 바로잡음', 즉 '표준음 정립'이라는 의미를 함의하고 있는 것으로 추정된다.

이 '음의 바로잡음'에 대한 대표적인 사례로 『동국정운』이나 『홍무정운역훈』을 들 수 있는데 음을 바로잡는 구체적인 기준이 『동국정운』 서문에 제시되어 있어 주목된다.[14]

> ⒃ 공손히 생각하건대 우리 주상 전하께옵서 유학을 숭상하고 도를 중히 여기며, 문예에 힘쓰고 교화를 일으키는 데 지극정성을 들여서 온갖 정사를 살피는 겨를에 이런 점에 개탄하는 생각을 두시고, 곧이어 신 신숙주 및 수집현전직제학 신 최항, 수직집현전 신 성삼문, 신 박팽년, 수집현전교리 신 이개, 수리조정랑 신 강희안, 수병조정랑 신 이현로, 수승문원교리 신 조변안, 승문원부교리 신 김증에게 명하여, ㉠ 두루 민간에서 말하는 습관을 채집하고, ㉡ 널리 전해 오는 이야기와 서적을 고찰하여, ㉢ 폭넓게 쓰이는 소리에다 근본을 두고, ㉣ 古韻의 反切법과 字母의 7音, 淸濁과 4聲에 맞추었고, 소리의 근원에 대한 모든 것을 자세히 연구하시고, 또 바로잡기를 거듭 하셨다. 恭惟我 主上殿下崇儒重道 右文興化 無所不用其極 萬機之暇 慨念及此 爰/ 命臣叔舟 及守集賢殿直提學臣崔恒 守直集賢殿臣成三問 臣朴彭年

14 아래는 『홍무정운역훈』 서문으로 중국음을 바로잡기 위한 여러 연구 방법이 이루어졌음을 보여주는 내용이다.

> 어음이 이미 다르고 와전이 역시 심하여 이에 신 등에게 명하여 중국의 선생이나 학사에게 물어보아 바로잡도록 하라고 명하시어 왕래가 7、8번에 이르렀고 여러 사람이 물어 보았다. 중국의 수도인 연도(북경)는 만국의 회동지로서 먼 길을 오갈 때에 일찍이 교섭해서 밝혀 보려고 한 사람이 또 적지 않고 변방이나 이역의 사신과 일반 평민에 이르기까지 만나 보지 않은 사람이 없으며 이래서 정(正)과 속(俗)이 다르고 같게 변한 것을 모두 밝히려고 했다.(然語音旣異 傳訛亦甚 乃命臣等 就正中國之先生學士 往來至于七八所 與質之者 若干人 燕都爲萬國會同之地 而其往返道途之遠所 嘗與周旋講明者 又爲不少 以至殊方異域之使 釋老卒伍之微莫不與之相接以盡 正俗異同之變)〈『홍무정운역훈』 서문〉

> 守集賢殿校理臣李塏 守吏曹正郎臣姜希顔 守兵曹正郎臣李賢老 守承文院校理臣曺變安 承文院副校理臣金曾 旁採俗習 博考傳籍 本諸廣用之音 協之古韻之切 字母七音 淸濁四聲 靡不究其源委 <u>以復乎正</u> 〈『동국정운』 서문〉

당시 혼란한 우리나라의 한자음을 바로잡아 통일된 표준음을 정하고자 간행된 운서 『동국정운』은 15세기 음운 연구에 시사하는 바가 많은데 이 책에 표준음을 바로잡기 위한 근거로 ㉠ 민간俗習에 널리 쓰이는 것, ㉡ 널리 전해 오는 서적을 상고할 것, ㉢ 가장 널리 사용되는 음을 기준으로 할 것, ㉣ 고음의 반절법과 자모 7음 청탁 사성에서 벗어나지 않도록 할 것 등이 제시되어 있다. 이는 조선에 맞는 새로운 한자 표준음을 정립한 근거로서 표준음 정립에 대한 상당한 성과를 지니고 있음을 말해 준다. 또한 이 표준음 정립을 위한 방법론은 세종과 그 학자들이 명 태조明太祖의 표준음 정책인 '正音'中原雅音 철학을 우리나라에 맞게 수용하여 우리만의 독창적이고 과학적인 표준음의 기준을 마련하였음을 보여준다 하겠다.

무엇보다 훈민정음의 28자는 당시 우리말의 음소 목록을 확립하지 않고서는 성립될 수 없는 일이기에 '正音'에서 '표준음 정립'에 대한 언어의식을 발견하는 것은 그리 부자연스러운 일은 아닐 것이다. 예컨대 『훈민정음』 해례본에 수록된 음의 음가와 성조에 대한 정립이나 5개의 '解'와 1개의 '例'에 실린 훈민정음의 초성과 중성, 종성에 대한 체계적이고 과학적인 설명, 무엇보다 음의 음가를 나타내는 한자를 중국의 36자모표와 다른 국어 음운체계에 맞는 한자음을 사용하여 제시한 것 등에서 우리말의 표준음 정립에 대한 인식을 찾을 수 있다.

한편, 아래 밑줄 친 '正音'의 정의 내용은 다른 관점에서 주목되는 부분이다.

(17) 正音은 正ᄒᆞᆫ 소리니 우리나랏 마ᄅᆞᆯ 正히 반ᄃᆞ기 올히 쓰논 그릴씨 일후믈 正音이라 ᄒᆞᄂᆞ니라〈석보상절 서:6a〉

위 (17)은 『석보상절』 서문의 내용으로 '석보상절' 명칭과 관련한 협주문 내용이다. 그런데 여기에는, 위 (13)에 없는, '우리나라의 말을 정히 반듯이 옳게 쓰는 글'의 내용이 추가되어 있다. 우선 '正音'을 '正ᄒᆞᆫ 소리'라고 설명해 놓고 그 뒤에 "우리나랏 마ᄅᆞᆯ 正히 반ᄃᆞ기 올히 쓰논 글"을 덧붙여 놓은 것인데 이를 간략히 정리하면 '正音'을 '소리'와 함께 '글'로 표현하고 있다는 점이 특징적이다. '正音'이 표준음 정립과 관련되어 있고 문자가 곧 음이라는 인식이 있었다는 점에서(장윤희 2015) '正音'을 '正ᄒᆞᆫ 소리'로 언해한 것은 이해가 되는데 '글'로 다시 표현하는 것은 무엇 때문일까? 이 언해문만으로 단정할 수는 없겠지만 '소리'와 '문자', 그리고 '글'과의 관련성을 고려해 보는 것도 하나의 방법일 듯하다. 즉 문자가 곧 음이고 음이 곧 문자라는 언어 인식에서 한 단계 더 나아간, 문자가 곧 글이 되는 인식이 반영된 것으로 이해하는 것이다.

이와 관련해서 아래 '諺文'의 쓰임을 살펴볼 필요가 있다. 이미 알고 있는 바와 같이 '諺文'은 "上親制諺文二十八字"에서와 같이 '문자 혹은 글자'를 의미하기도 하지만 아래처럼 글자가 아닌 '문장 혹은 글'을 의미하기도 한다.

(18) 가. 지금 서연관 열 사람의 언문과 의서를 제하면 겨우 신 등의 여섯 사람이 윤차로 진강하옵는데 今書筵官十人除諺文醫書 僅有臣等六人輪次進講〈세종실록 118권, 세종 29년 11월 14일〉

나. 언문을 승정원에 내렸는데, 그 사연에 이르기를 下諺文于承政院 其辭云〈단종실록 6권, 단종 1년 4월 2일〉

위 (18)은 훈민정음의 글자 명칭어로서 '諺文'이 '문장 혹은 글'을 의미하는 것을 보여주는 예이다. '諺文'이 '글자'의 의미를 나타내기도 하지만 위 (18)처럼 '문장'이나 '글'을 의미하는 것을 보면 '諺字'로 명명하지 않고 '諺文'으로 지칭어를 삼은 이유를 찾을 수 있다. 즉, 글자가 곧 글이 되는 언어 인식이 반영된 명칭으로 이해된다. 한편, 극히 드물기는 하지만 '字'가 덧붙여진 '諺字'로도 표현된 예가 성종 때 처음 보이는데 이때 '諺字'가 글자를 의미한다는 점에서도 '諺文'이 담고 있는 언어 인식을 참고할 수 있다.[15]

한편, '글'(글왈/글월)과 글자를 뜻하는 '字'의 쓰임을 통해서도 글자가 곧 글이 되는 언어 의식을 엿볼 수 있다. 중세 국어 시기 '글'(글왈/글월)과 '字'는 대체로 각각 '글자로 나타낸 기록'과 '말을 적는 일정한 체계의 부호나 글자를 세는 단위'로 구분되어 쓰여 '字'는 '글ᄌᆞ' 내지 '글ㅅ字자'로 언해되기도 하였다. 예컨대 '字'를 뜻할 때는 "陳倉ㅅ 石鼓앳 글ᄌᆡ 또 ᄒᆞ마 訛傳ᄒᆞ니"〈杜詩16:15a〉, "긄字ᄂᆞᆫ 金牓이 ᄃᆞᆯ엿ᄂᆞᆫ ᄃᆡ"〈杜詩16: 28b〉처럼 쓰인다. 그런데 아래처럼 '字'가 '글'(글왈/글월)을 뜻하기도 하고 '글'이 '글자'를 뜻하기도 한다.

(19) 가. 書는 글와리라〈석보상절 서:4a〉
　　나. 文은 글와리라〈훈민정음 언해:1b〉
　　다. 字ᄂᆞᆫ 글워리오〈금강경삼가해3:15b〉
(20)苦縣ㅅ 光和ㅅ 저긧 그릐 오히려 ᄲᅦ 셧ᄂᆞ니 긄字ᄂᆞᆫ 여위오

---

15 이와 달리 훈민정음의 명칭어 '諺字'는 문자만을 의미한다. 아래처럼 '漢字'와 대립을 이루며 '문자 혹은 글자'만을 의미하는 것으로 해석된다.

> 승전색 설맹손이 언자와 한자를 섞은 편지 한 장을 가지고 와서 승정원에 보였는데(承傳色薛孟孫 將諺字漢字相間書一紙 示政院)〈성종실록 108권, 성종 10년 9월 4일〉

세요미 貴ᄒᆞ야 보야ᄒᆞ로 神妙호매 〈杜詩16:15b〉

위 (19)는 '書', '文', '字'가 모두 '글'로 언해된 사실을 보여준다. '書'와 '文'의 쓰임과 달리 주로 글자를 지칭하는 '字'가 '글월'로 언해된 것은 흥미로운 일이다. 위 (19 다)는 "이엔 本來字脚이 업스니"〈金三3:15b〉의 협주문이다. 여기에서 '字脚'은 '주석'을 뜻한다. 그런데 (20)의 '그리'(글이)는 '글자'를 의미한다. 즉 (20)은 '고현의 광화 때 (새겨져 있는) 글자가 오히려 뼈처럼 서 있어 글자는 여위고 굳센 것이 귀하여서 바야흐로 신묘하매' 정도로 해석된다. (19)와 (20)은 당시 '字'가 글자를 의미하면서도 때로 '글'을 의미하기도 하고 '글'(글월/글왈)은 주로 문장 이상의 단위를 의미하지만 때로 '글자'를 지칭하기도 하였던 사실을 보여준다. '字'와 '글'의 쓰임이 분명히 구분되어 있는 인식 체계에서는 불가능한 일이므로 위와 같은 '字'와 '글'의 쓰임에서도 문자가 곧 글이 되는 의식을 엿볼 수 있다.

이처럼 문자가 곧 글이 되는 일치 의식은 훈민정음의 문자적 특성을 설명한 내용에서도 확인된다.

(21) 정음이 제작됨으로부터 만고萬古의 한 소리가 털끝만큼도 틀리지 아니하니, 실로 음音을 전하는 중심줄樞紐인지라. 自正音作而萬古一聲, 毫釐不差, 實傳音之樞紐也 〈『동국정운』 서문〉

(22) 이제 언문으로 그 말을 직접 써서 읽어 듣게 하면, 비록 지극히 어리석은 사람일지라도 모두 다 쉽게 알아들어서 억울함을 품을 자가 없을 것이라. 今以諺文直書其言, 讀使聽之, 則雖至愚之人, 悉皆易曉而無抱屈者〈세종실록 103권, 세종26년 2월 20일〉

위 (21)은 훈민정음이 음을 바탕으로 한 문자로서 소리를 그대로 전할 수 있다는 내용이며 (22)는 훈민정음으로 말을 직접 쓸 수 있다는 내용이다. 이를 바탕으로 보면, 훈민정음은 음을 기반으로 한 문자로서 소리를 그대로 전할 수 있는 문자이자 말을 그대로 글로 나타낼 수 있는 문자인 것이다. 특히 (22)의 '直書其言'은 말을 직접 쓴다는 의미로서 언문일치의 실현을 직접 의미하는 것으로 보이며(이현희 2014: 22-23) 본고는 이 문구가 훈민정음이 말을 그대로 글로 담아낼 수 있다는 의미를 함의하고 있다는 점에서 위 (17)의 "우리나랏 마롤 正히 반ᄃᆞ기 올히 쓰논 글"과 직접 통하는 것으로 이해된다.

말을 직접 쓴다는 의미는 아래 내용에서도 찾아볼 수 있다.

> (23) 이는 형옥의 공평하고 공평하지 못함이 옥리의 어떠하냐에 있고 말과 글의 같고 같지 않음에 있지 않은 것을 알 수 있으니, 언문으로써 옥사를 공평하게 한다는 것은 신 등은 그 옳은 줄을 알 수 없사옵니다. 是知刑獄之平不平 在於獄吏之如何 而不在於言與文之同不同也 欲以諺文而平獄辭 臣等未見其可也〈세종실록 권103권, 세종26년 2월 20일〉

위 (23)은 최만리가 '言'과 '文'이 같음을 실현하는 문자라도 형옥의 공평함을 이루지 못함을 주장하는 상소문의 내용이다. 이 내용은 말과 글이 같은 특성을 지닌 훈민정음이라도 송사의 공평함의 문제를 해결할 수 없음을 말한 것으로 새로운 글자인 훈민정음이 말과 글이 일치하는, 이른바 언문일치를 실현하는 문자임을 보여주고 있다.

"모두 한자를 빌어 쓰는 것이어서 혹은 껄껄하고 혹은 막히어서 몹시 속되고 근거가 일정하지 않을 뿐 아니라 언어를 적는 데에 이르러서는 그 만분의 일도 통달치 못하는 것이다." 然皆假字而用, 或澁或窒, 非但鄙陋無稽而已, 至於言語之間, 則不能達其萬一焉〈『훈민정음』 해례본 정인지 서문〉에서 밝힌 바와 같이 한자를 빌어 우리말을 드러내고자 하였지만 모두 담아낼 수 없었으므로 말을 직접 문자로 담고자 하였던 인식을 세종과 그 학자들은 새롭게 창제한 글자에 반영하였던 것으로 생각된다.

4. 결론

이 글에서는 초기 근대화 과정에서 확인되는 국어 의식이 역사성을 지니고 있음을 밝히기 위해 훈민정음 창제 당시의 '音'의 정립 문제와 '訓民正音' 속 '正音'의 의미에 주목하여 세종과 그 학자들의 국어관을 살펴보았다. 이를 위해서 2장에서는 초기 근대 이행기에서의 국어 의식을 간략히 정리하였고, 3장에서는 훈민정음 창제 과정에서의 국어 의식과 '正音'에 담긴 국어 의식을 검토하였다. 살펴본 내용을 정리하는 것으로 결론을 맺고자 한다.

초기 근대 이행기에는 갑오개혁과 함께 자주 독립 국가의 새로운 국가관이 형성되면서 국가와 민족, 국어를 결합하는 국어관이 시작되었다고 볼 수 있는데 이때 두드러진 국어 의식은 한글의 위상을 '國文'으로 정립하고 전통적으로 보편문자의 위상을 가졌던 한자(한문)을 다른 나라의 글로 인식한 일이라 하겠다. 이 인식의 변화는 표준음과 표기, 문법 규범 등의 국어 정립에 대한 의식으로 전개되었고 아울러 언문일치 문장 의식은 그 형식에는 다소 차이를 보이지만 '文'을 기록함에 있어 우리말 혹은 우리 문자를 기반으로 하려는 의식이 전개된 것으로 파악된다.

15세기 훈민정음 창제 관련 기록 내용을 볼 때, 당시 음이 다르다는 인식에서 시작된 언어 의식은 지리적인 구획과 동시에 언어 공동체의 인식으로 전개되어 그 음에 맞는 문자를 가지는 것이 매우 자연스러운 이치라는 자국어의 인식에 이르게 되었다. 물론 당시에 형성된 자국어의 인식이 민족의식이나 민족자각이 형성된 민족 공동체를 자각하는 단계에까지 이른 것이 아니라는 이병기(2015: 176)의 지적처럼 민족주의의 언어 인식은 아닐 터이나 적어도 언어를 매개로 한 국가 공동체의 인식과, 한문을 다른 나라의 문자로 여기는 인식은 담고 있다 하겠다. '本國之音'과 '中國之音'의 대립이나 '本國之音'과 '漢音'의 대립 관계나 '國語'의 출현과 그 함의도 참고된다.

마지막으로 '音'의 정립' 관점에서 '음의 다름'에 담긴 국어 의식과 '正音'의 의미에 담긴 국어 의식을 검토하였다. '음의 다름'의 언어 의식은 언어를 매개로 한 국가공동체의 의식으로 전개되어 그 말에 맞는 문자를 쓰는 문자관을 형성케 하였다. 이는 민족주의를 기반한 문자 창제까지는 아니더라도, 언어와 국가의 재인식 즉 자국어의 인식이라는 국어관을 이끌었다고 보았다. 또한, '正音'을 정의한 '正흔 소리'와 '우리나랏 마룰 正히 반ᄃᆞ기 올히 쓰논 글'에는 '표준음 정립'과 '글자가 곧 글이 되는 인식'이 담겨 있는 것으로 파악하였다. 아울러 '諺文直書其言'이 '글자가 곧 글이 되는 인식'이 반영되어 말을 그대로 글로 표현하는 언문일치의 의식을 드러낸다고 보았다.

정리한 내용을 고려해 볼 때, 초기 근대 이행기에 나타난 '國文'의 정립과 다른 문자로서의 한자에 대한 각성, 표준음 및 문법 규범의 정립 의식, 언문일치 문장에 대한 의식 등이 훈민정음 창제 과정에서도 매우 유사하게 확인되었다. 훈민정음 창제 당시 우리나라의 말과 중국말을 구분하여 우리나라의 말에 맞는 문자를 창제하고자 하였던 것과 새로운 문자를 '훈민정음'으로 명명하여 그 표준음의 정립과 언문일치의 글에 대한 의식을 담고자 했던 것은 초기 근대화 과정에서 보이는 국어 인식과 매우 밀접하게 관련되어 있음을 말해준다. 이는 훈민정음에 대한 세종과 그 학자들의 국어 의식이 초기 근대화 과정의 국어 의식 형성에도 영향을 미쳤음을 보여준다 하겠다.

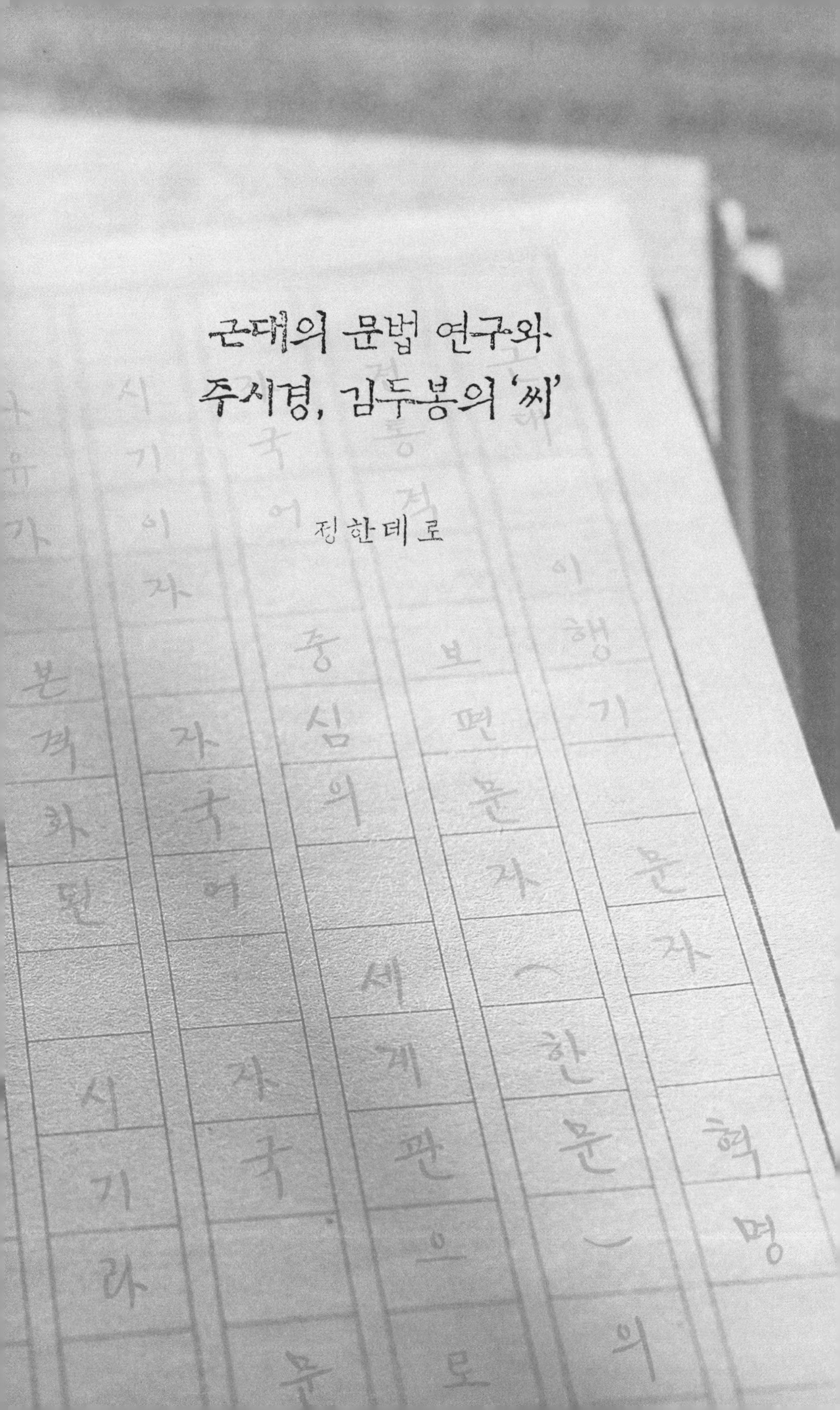

근대의 문법 연구와 주시경, 김두봉의 '씨'

정한데로

근대의 문법 연구와 주시경, 김두봉의 '씨'

정 한 데 로

1. 서론

19세기 말부터 20세기 초는 외부로부터 유입된 서구 근대 문화와 오랫동안 뿌리 내려온 우리 전통 문화가 접목되면서 국내 다양한 현장에서 변혁의 흐름이 전개된 주목할 만한 시기이다. 근대 민족의식의 태동과 더불어, 특히 일제강점기라는 특수한 국내 상황이 맞물리면서 우리말과 우리글에 대한 자국인들의 관심이 높아지게 되었다. 한국어 문법에 관한 국내 연구자들의 논저도 이 시기부터 등장하기 시작하는데, 그중에서도 특히 주목할 만한 인물은 주시경과 그 제자들이다.

주시경에서 김두봉으로 이어진 한국어 문법은 국어학사적으로 20세기 초 문법 연구의 중요한 흐름 가운데 하나이다.[01] 특히, 김두봉, 최현배, 정열모의 문법이 오늘날 남한과 북한의 언어 연구에 끼친 영향을 생각해 볼 때, 주시경에서 시작하여 그간 계승되어 온 우리말 문법 관련 문헌들

01 당시 한국어 문법 연구는 몇 가지 흐름에 따라 분류 가능하다. 첫째는 서양 선교사들이 발간한 자료로부터 영어 문법의 영향을 입은 김규식, 김희상 등의 부류, 둘째는 일본 문법의 영향을 받은 유길준, 안확 등의 부류, 셋째는 우리 민족에 의해 자생적으로 이루어진 주시경, 김두봉 등의 부류이다(고영근 2001: 111, 구본관 2003 참고). 그중 안확이 유길준의 영향을 받았다는 점은 여러 연구에서 언급된 바 있으나(정승철 2012, 김주상 2020), 안확을 온전히 일본 문법의 영향 관계만으로 설명하는 것은 다소 신중할 필요가 있다(고영근 2001: 81 참고).

은 한국어 연구에 있어서 가장 중요한 역사·문화적 자산이라고 해도 전혀 지나침이 없다.

주시경의 제자인 김두봉은 스승의 학문적 입장을 충실하게 계승한 것으로 평가받는다. 유길준(1909), 김규식(1908~1909?), 김희상(1911), 안확(1917) 등 당시 대부분의 문법서가 한자식 문법 용어를 썼던 데 반해서 주시경은 고유한 우리말식 용어를 사용하였는데, 김두봉은 주시경의 태도를 그대로 이어받으며 자신의 문법 체계를 확립하였다.

(1)

구분	용어	유형	개수
주시경, 『국어문법』 (1910)	기	임, 엇, 움, 겻, 잇, 언, 억, 놀, 끗	9
주시경, 『조선어문법』 (1913)	씨	임, 엇, 움, 겻, 잇, 언, 억, 놀, 끗	9
주시경, 『말의 소리』 (1914)	씨	임, 엇, 움 / 겻, 잇, 긋	6
김두봉, 『조선말본』 (1916)	씨	임, 얻, 움 / 겻, 잇, 맺 / 언, 억, 늑	9

주시경(1910, 1913)은 '단어'에 상당하는 용어로 '기'와 '씨'를 제안하고 총 9가지 유형을 두었는데, 큰 틀에서 볼 때 이러한 분류와 용어의 결과가 김두봉(1916)으로 이어진다.[02] 그리고 주시경(1914)에서 각 유형에 층위를 두어 '몸씨'(임, 엇, 움)와 '토씨'(겻, 잇, 긋)를 구분하였던 것이

02 주시경(1910)의 '기'는 주시경(1913)에 이르러 '씨'로 용어가 전면 수정되는데 이후의 주시경(1914), 김두봉(1916)에서도 '씨'를 활용하고 있기에 이 글에서도 주시경(1910)의 '기'를 밝혀 적어야 하는 경우가 아니라면 '씨'로 통칭하여 부르고자 한다. 이러한 배경에서 글의 제목 역시 '씨'로만 기술하였다. 그리고 김두봉(1922)는 김두봉(1916)과 큰 차이가 없기에 (1)에 따로 제시하지 않았다.

김두봉(1916)에 이르러서는 '으뜸씨'(임, 얻, 움), '토씨'(겻, 잇, 맺), '모임씨'(언, 억, 늑)로 확장된다. 물론 그 과정에서 각 용어가 지시하는 개념적 외연이 일부 변화하기도 하고 용어 자체도 역동적인 양상을 보이지만 거시적 차원에서 (1)의 네 문헌이 지닌 상관관계는 상당히 긴밀하다.

그러나 다른 한편에서는 주시경과 김두봉의 문법서가 큰 차이를 보이기도 한다. 대표적인 것이 주시경(1910, 1913)과 김두봉(1916)의 체제 구성 방식이다.

(2)

구분	유형
주시경, 『국어문법』(1910)	① 國文의소리, ② 기난갈, ③ 짬듬갈, ② 기갈래의난틀, ② 기몸박굼, ② 기몸헴, ② 기뜻박굼
김두봉, 『조선말본』(1916)	① 소리갈, ② 씨갈, ③ 월갈

(2)는 '소리, 단어, 문장'을 대상으로 한 각 부분에 ①, ②, ③의 숫자를 더하여 정리한 결과이다. 주시경(1910)이 다소 독특한 구성을 보인다는 사실은 여러 선행 연구에서 이미 언급된 바 있다(고영근 1979, 김석득 1979, 남기심 1989 등). 문장(짬듬갈)에 앞서 단어(기난갈)에 관한 사항이 먼저 소개되기는 하지만 사실상 단어에 관한 본격적인 내용은 '짬듬갈'에 후행하는 '기갈래의난틀, 기몸박굼, 기몸헴, 기뜻박굼'에서 다루어지는데 이는 주시경(1910) 체제의 가장 큰 특징이다. 유길준(1909), 김규식(1908~1909?), 김희상(1911) 등 당시의 여러 문법서가 '소리, 단어, 문장'의 순서로 구성된 사실을 고려하면, 김두봉(1916)은 주시경(1910)과는 달리 일반적이고 평범한 방식을 채택하였다.

이 글은 단어에 상당하는 '씨'를 중심으로 주시경(1910)에서 김두봉

(1916)으로 이어지는 연구 흐름을 개념적·체계적 관점에서 살피는 데에 목적이 있다. 특히 '계승'과 '변화'라는 두 측면에 초점을 두고, 주시경 문법의 제 양상이 김두봉과 비교할 때 어떠한 유사점과 차이점을 보이는지 밝히는 데 집중하고자 한다. 이러한 시도는 거시적 차원에서 이미 강복수(1972), 김민수(1980), 고영근(2001), 남기심(1989), 박선자(1993), 박종갑(2005) 등에서 논의된 바 있다. 다만 이 글에서는 '씨'에 집중하여 보다 미시적 차원에서 세부 항목들을 검토함으로써 연구의 의의를 찾고자 한다.

논의의 구성은 다음과 같다. 2장에서는 당시 다른 문법서와의 비교를 통해 주시경(1910, 1913)과 김두봉(1916)의 '씨' 유형과 범위를 살필 것이다. 3장에서는 주시경(1910)과 김두봉(1916)의 체제 구성을 비교하면서 기능과 형식의 관점에서 그 차이를 확인한다. 4장에서는 변화와 결합의 측면에서 '기몸박굼, 기뜻박굼, 기몸헴', '바꿈, 어우름' 등에 대해 논의하고자 한다.

2. 씨의 유형과 범위

20세기 초 대표 문법가들이 제시한 한국어 품사 분류 체계는 그 수와 유형에 있어서 연구자마다 상이한 양상을 띤다.

(3) 가. 유길준(1909): 名詞, 代名詞, 動詞, 助動詞, 形容詞, 接續詞, 添附詞, 感動詞 (8개)
나. 김규식(1908~1909?): 名詞, 代名詞, 動詞, 形動詞, 形容

詞, 副詞, 後詞, 接續詞, 感歎詞 (9개)

다. 김희상(1911): 名詞, 代名詞, 動詞, 形容詞, 副詞, 感嘆詞, 吐 (7개)

라. 안확(1917): 名詞, 代名詞, 數詞, 動詞, 形容詞, 助動詞, 副詞, 後詞, 接續詞, 感動詞 (10개)

적게는 7개, 많게는 10개까지 다양한 수의 품사 체계가 관찰되는데, 현대 문법의 일반적인 9품사 체계와 비교할 때 '접속사(3가, 3나, 3라), 조동사(3가, 3라)'가 포함된 당시 일부 문법의 특징이 잘 드러난다. 품사 체계 내에 유일하게 수사를 포함한 안확(1917), 형동사를 설정한 김규식(1908~1909?), 첨부사를 설정한 유길준(1909)도 주목되는 사항이다.

그중에서 몇 가지 공통된 모습이 관찰되기도 한다. 첫째는 이들이 '名詞, 代名詞, 動詞, 形容詞' 등의 한자식 용어를 사용한 점이다. 둘째, (3)에 제시된 모든 문법서가 '명사, 대명사, 동사, 형용사, 부사(첨부사), 후사(토), 감탄사(감동사)'의 7개 항목을 기본적으로 모두 포함한다.[03] 셋째, 이른바 용언의 경우는 '동사, 형용사'의 순서로 품사가 제시된다.

이와 비교할 때 주시경(1910)은 여러 측면에서 (3)과 차이를 드러낸다. 첫째, 주시경(1910)은 한자가 아닌 고유어 방식의 용어를 사용한다. 둘째, 대명사에 대응하는 유형을 독립적인 품사로 분류하지 않는다. 셋째, 오늘날 관형사에 대응하는 '언'의 유형을 독립적인 품사로 인정한다.

03 물론 이때의 각 품사가 지닌 외연이 모두 동일한 것은 아니라는 사실을 유념해야 한다. 특히 '후사, 토'의 해당 예와 그 범위는 상당히 이질적이다. 예컨대, 김규식(1908~1909?: 34-35)의 후사는 '가, 이, 의, 을, 의게, 로, 에셔, 부터, ᄭᅡ지'와 같은 오늘날 조사만을 가리키며, 안확(1917) 역시 오늘날 어미로 볼 대상을 조동사로 분류함으로써 조사에 상당하는 대상만을 후사로 보았다. 그러나 김희상(1911)의 '토'는 오늘날 조사와 어미를 모두 포함한다. 유길준(1908: 78-82)의 접속사는 '가, 은, 를, 에, 의, 로, 면, 브터, 나, 도' 등을 가리키는 바 이는 '후사, 토'와 관련지어 이해할 필요가 있다. 따라서 유길준(1908)은 '와, 과, 및, 또, 다못, 그러나, 비록, 만일'을 가리키는 김규식(1908~1909?:41-43)의 '접속사'와 용어만 같을 뿐 지시 대상은 분명히 다르다.

넷째, '엇, 움'의 순서, 즉 '동사'보다 '형용사'를 우선적으로 제시한다. 다섯째, '겻, 잇, 끗'과 같이 문법적 기능을 하는 단위에 대한 상세한 분류를 마련한다.

구체적인 사항에 대해서는 관련 기술을 중심으로 살펴보기로 하자. 주시경(1910)/주시경(1913)에 제시된 각 기/씨 유형과 대표 예시는 다음과 같다.[04]

(4) 주시경(1910: 28)의 기난틀/주시경(1913: 29)의 씨난틀

기/씨	예시
임	사람, 개, 나무, 돌, 흙, 물, 뜻, 잠, 아츰
엇	히, 크, 단단하, 착하, 이르, 이러하
움	가, 날, 자, 먹, 따리, 잡, 먹이, 잡히
겻	가, 이, 를, 을, 도, 는, 에, 에서, 로, 으로
잇	와, 과, 고, 면, 으면, 이면, 나, 으나, 이나, 다가, 는데/는대, 아, 어
언	이, 저, 그, 큰, 적은, 엇더한, 무슨, 이른, 착한, 귀한/좋은, 한, 두, 세
억	다, 잘, 이리, 저리, 그리, 천천이/천천하게, 꼭, 정하게/곱게, 매우, 곳, 크게, 착하게
놀	아, 하, 참
끗	다, 이다, 냐, 이냐, 아라, 어라, 도다, 오, 소

널리 알려진 바와 같이 '임'은 '이름'의 '이'와 'ㅁ', '엇'은 '엇더하', '움'

04 주시경(1910)과 주시경(1913)을 비교하여 차이가 있는 부분은 '/'로 함께 병기하였다.

은 '움즉이', '언'은 '엇더한'의 '어'와 'ㄴ', '억'은 '엇더하게'의 '어'와 'ㄱ', '놀'은 '놀나'로부터 만들어진 결과이다. 특정 형식을 음절 및 음소 단위로 절단하거나 절단한 결과를 다시 조합하는 방식으로 새로운 단어를 만들었다는 점에서 이는 상당히 창조적인 접근이다. '겻', '잇', '끗'은 각각 '서로 얽히는', '한 줄이 되게 하는', '마지막'의 의미와 관련지어 만들어졌는데, 이를 포함해 (4)의 9개 기/씨 모두 주시경의 문법이 기존 틀에 갇히지 않고 다양한 차원에서 새로운 시도를 하였음을 알 수 있다.

(4)에서 대명사가 배제된 것은 주시경 문법의 큰 차별점이다. (3)의 당시 문법서 다수는 모두 대명사를 품사의 한 종류로 포함하였지만, 주시경(1910: 33)은 '너, 나'를 '딕신 표하는 임'으로 보아 명사, 즉 임의 한 유형으로 파악한다. '한아, 둘, 셋'을 '혬의 임기'로 보아 수사를 별도로 설정하지 않은 사실은 안확(1917)을 제외한 (3)의 다른 문법서와 차이가 없기에 그리 특이할 만한 결과가 아닐 수 있다.[05] 그러나 대명사에 관한 입장은 분명 주시경(1910)만의 두드러진 특징이다.[06]

반면에 주시경의 '언'은 (3)의 다른 문법서에서 관찰되지 않는 품사이기에 주시경(1910)에서 처음 독립된 범주로 인정받았다는 점이 주목된다. (3)에 제시된 문법서는 물론이고 주시경(1910), 김두봉(1916)을 제외하면 1910년대 연구 중에 관형사(언)를 설정한 경우는 찾아보기 어렵다. 이후 1930년대에 비로소 지금처럼 관형사를 별도의 품사로 설정하는 경우가 더욱 많아진 것이다(남경완 2017가).

다음으로 (4)의 '겻, 잇, 끗'처럼 문법적 역할을 담당한 단위를 상세

---

05 유길준(1908: 15)은 '하나, 둘'을 명사로, 김희상(1911: 30)은 '하나, 둘, 셋'을 형용대명사로, 안확(1917: 30)은 수사를 별도의 품사로 분류하였다.

06 이렇듯 대명사를 명사의 일종으로 인정하는 입장에 대해서 안확(1923: 30-31)은 매우 강력하게 비판한 바 있는데, 이는 주시경(1910), 김두봉(1916)에 대한 직접적인 언급으로 볼 수 있다. 원문은 다음과 같다. "(註) 近來 或者는 代名詞를 名詞의 一種으로 認定하야 名詞의 附屬으로 說明한 일이 잇스나 그는 單語 分析法을 不知함이니라"

하게 분류함으로써 그 지위를 분명히 한 점도 주목된다. 유길준(1909)의 '조동사, 접속사', 김규식(1908~1909?)의 '후사', 김희상(1911)의 '토', 안확(1917)의 '조동사, 후사'처럼 오늘날 어미와 조사에 해당하는 영역이 1~2개로 범주화된 것과 달리, 주시경(1910)은 가장 많은 3개 영역에 걸쳐서 이들을 분류한다. '겻'은 조사, '끗'은 (어말) 어미에 각각 대응하며, '잇'은 오늘날 접속 조사와 접속 어미를 모두 아우르는 개념인데, 이 역시 특징적인 접근이라 할 만하다.[07]

이후, 주시경(1910, 1913)의 품사 체계는 주시경(1914)에 이르러 큰 변화를 맞이한다. 기존 9품사 체계에서 6품사 체계로 개편된 것인데, 널리 알려진 대로 주시경(1908)의 6품사가 주시경(1910, 1913)에 이르러 9품사 체계로 수정되었다가, 이후 주시경(1914)에서 6품사로 재조정된다.[08]

(5) 주시경(1914)의 씨난의틀

씨	예시
임	사람, 나무, 돌, 흙, 물, 뜻, 아츰, 나, 그, 너, 다, 더, 잘, 매우, 이리, 참, 아, 하
엇	히, 크, 길, 두겁, 좁, 굳, 세, 맑, 좋, 곱, 차, 이르, 착하, 멀, 낮

07 김희상(1911)의 '吐'는 오늘날 조사와 어미를 모두 포함하는 상당히 포괄적인 외연을 지니는데, 이때 토는 '助吐, 接續吐, 終止吐, 感嘆吐, 變動吐'로 하위분류된다. 그중 접속토에 '과, 와'와 더불어 '고, 니, 면'이 포함되어 있어 조사와 어미가 '접속'의 기능을 기준으로 한데 묶여 있다는 점에서 주시경(1910)의 '잇'과 유사하다.

08 주시경 문법의 품사 체계 변천 과정에 관한 구체적인 사항은 최형용(2012)를 참고할 수 있다. 『국문문법』(1905), 『말』(1908), 『고등국어문전』(1909), 『국어문법』(1910), 『말의소리』(1914)에 이르기까지 7개 → 6개 → 9개 → 9개 → 6개의 품사 수 변화가 확인된다.

씨	예시
움	가, 날, 뛰, 놀, 울, 짖, 늘, 녹, 흐르, 먹, 따리, 밀, 잡, 접, 잡히, 먹이, 늘이, 녹이
겻	가, 이, 를, 을, 도, 는, 마다, 든지, 이든지, 나, 이나, 야, 이야, 야, 아, 여, 이여, 의, ㄴ, 은, 게, 에, 에서, 로, 으로, 까지, 와, 과, 에는, 에도, 에야, 로도
잇	와, 과, 고, 아, 어, 다가, 며, 으며, 이며, 면서, 으면서, ㄴ대, 는대, 인대, 은대, 니, 으니, 이니, 매, 으매, 이매, 아서, 어서, 나, 으나, 이나, 되, 으되, 이되, 아도, 어도, 라도, 이라도, 거날, 어날, 이어날, 고도, 면, 으면, 이면, 거든, 어든, 이거든, 이어든, 아야, 어야, 어니와, 러, 으러
긋	다, 이다, 오, 소, 으오, 이오, 오이다, 이오이다, 옵나이다, 으옵나이다, 니라, 으니라, 이니라, 더라, 이더라, 러라, 이러라, 지, 이지, 냐, 으냐, 이냐, 뇨, 으뇨, 이뇨, 랴, 으랴, ㄴ가, 은가, 엔가, 아라, 어라, 오, 소, 야, 이야, 소서, 으소서, 도다, 이도다, 로다, 이로다, 고나, 이고나, 로고나, 이로고나

주시경(1913)의 9개 씨 가운데 언, 억, 놀이 주시경(1914)에서는 임에 포함되면서 (5)와 같이 6개의 씨를 이루게 된다. 주지하듯이 주시경(1910)과 주시경(1914)의 품사 체계 변화의 가장 근본적인 원인은 언과 억에 포함되어 있던 관형사형과 부사형이 '엇+겻', '움+겻'의 구성으로 명확하게 분석된 데에서 찾을 수 있다.

(6) 주시경(1910)

가. 그언 아기임가겻 젓임을겻 먹움다가잇 자움오끗

나. 붉은언 꼿임이겻 픠움오끗

다. 번개임가겻 매우억 빠르게억 가움오끗

라. <u>아</u>놀 달임이겻 밝엇다끗

(7) 주시경(1914)

가. <u>그</u>임 사람임이겻 착하엇다긋

나. <u>붉</u>엇<u>은</u>겻 꽃임이겻 <u>곱</u>엇<u>게</u>겻 피움오긋

다. <u>아</u>임 <u>발서</u>임 봄임이겻 되엇어잇 버들임 빗임이겻 푸르엇고나긋

(6)에서 '붉은, 빠르게'로 각각 언, 억의 한 단위를 이루었던 것이 (7)에서는 '붉+은, 곱+게'로 분석되어 '엇+겻'의 결합 구성으로 다루어진다. 그리고 (6)의 '그, 매우, 아'는 언, 억, 놀로 각각 그 지위가 상이하였지만 (7)의 '그, 발서, 아'는 모두 임으로 동일하게 처리된다. 이러한 체계 변화의 결과로 (5)처럼 씨의 수가 이전 9개에서 6개로 줄게 되었다.

주시경(1910: 28)은 '임기의 만이나 움기의 자리를 이르는 여러 가지 기를 다 이름이라'라고 겻을 설명하면서, 그 예로 (4)처럼 '가, 이, 를, 을, 도, 는, 에, 에서, 로, 으로'를 제시한다. 이때 주시경(1910)의 겻은 오늘날 조사에 대응하는 범위만을 가리킨다. 그러나 주시경(1914)의 겻은 (5)와 같이 오늘날 어미에 대응하는 'ㄴ, 은, 게'를 포함한다. 이전과 달리 관형사형과 부사형으로부터 'ㄴ, 은, 게'를 분리한 결과로 겻의 목록이 자연스럽게 확대된 것이다. 이에 (7나)에서 조사에 대응하는 '이'는 물론이고 '은, 게'도 겻으로 처리되었다.

한편, 김두봉(1916)의 '씨의갈래'에서는 앞서 언급한 주시경(1910)과 주시경(1914)의 제 양상이 복합된 결과를 관찰할 수 있다.

(8) 김두봉(1916: 55-60)의 씨의갈래

씨	예시
임	사람, 땅, 신지(사람 이름), 한양, 맘, 뜻, 아츰, 저녁, 나라, 그, 저, 나, 너, 하나, 둘, 것, 바
엇	어질, 착하, 무겁, 많, 날래, 같, 둥글, 칩, 덥, 곱, 밉
움	가, 오, 자, 깨, 맞, 잡히, 먹, 치, 따리, 시기, 먹이, 읽히, 되
겻	야, 가, 이, 의, 은, 는, 보다, 에, 게, 어
잇	와, 과, 면서, 으면서, 고
맺	이로다, 옵나이다, 더냐
언	요, 고, 조, 한, 두, 여러, 모든, 새, 외, 올, 돌, 어느, 무슨, 웬
억	이리, 저리, 그리, 늘, 곳, 각금, 어찌, 못, 아니, 암, 아마, 잘, 가장, 출렁, 얼룩
늑	허허, 하하, 아이구, 헤헤, 여보, 구구, 녜, 오냐, 암, 글세, 후유, 에그

먼저, 김두봉(1916)이 씨의 유형을 9개로 구분하고, 그 용어도 주시경(1910)을 수용한 점에서 (4)와 (8)은 상당히 유사해 보인다. 그러나 (4)와 (8)의 언, 억 목록 비교를 통해 그 차이가 확인되듯이, 김두봉(1916)은 오늘날 관형사형과 부사형 구성을 '언+겻', '움+겻'의 결합으로 파악한 점에서 주시경(1914)와 마찬가지로 분석적 접근을 바탕으로 한다. 즉, 기능 중심의 종합적 차원에서 기(씨)를 이해한 주시경(1910), 형식 중심의 분석적 차원에서 씨를 이해한 김두봉(1916)의 근본적인 차이가 관찰되는데, (2)처럼 두 문헌이 상이한 체제 구성을 보이는 것은 이러한 기본 접근에 따른 결과일 것이다.[09]

09 이에 대해서는 3장에서 구체적으로 기술할 것이다.

또한 김두봉(1916)은 씨의 다층적 체계 분류 측면에서도 주시경(1914)를 계승하고 있다. (5)의 6개 씨는 '몸씨'(임, 엇, 움)와 '토씨'(겻, 잇, 긋)로 다시 묶이는데, 이러한 접근이 김두봉(1916)에서도 그대로 관찰되기 때문이다. (8)의 각 씨가 '으뜸씨'(임, 얻, 움), '토씨'(겻, 잇, 맺), '모임씨'(언, 억, 늑)로 중간 분류된 점에서 관련 용어나 각 씨의 유형 모두 주시경(1914)의 체제와 깊은 상관관계에 있다.

(4), (5)와 비교할 때 (8)의 목록에서 두드러지는 김두봉(1916)의 특징은 '씨의갈래'를 소개하면서 오늘날 대명사, 수사, 의존 명사에 해당하는 예시가 고루 등장한다는 사실이다. 김두봉(1916: 60)은 임의 갈래로 '제임'과 '넛임代名詞'을 구분하고, 넛임을 또 다시 '사람넛임人代名詞', '셈넛임數代名詞', '가르침넛임指示代名詞', '매임넛임關係代名詞', '물음넛임問代名詞'으로 나눈다. 이때 '셈넛임'의 예로 '하나, 둘, 셋' 등이 제시되는데, '임-넛임-셈넛임'으로 상하 관계를 명확히 한 점에서 오늘날 '명사, 대명사, 수사'의 수평적 관계와는 차이가 적지 않다. 이는 오늘날의 대명사와 수사를 명사의 한 부류로 대등하게 기술한 주시경(1910)과도 차이를 보이는 부분이다.

김두봉(1916)은 주시경(1910)에서 주시경(1914)로 넘어가면서 확대된 겻의 외연이 더욱 구체화된 모습을 보여준다. 겻을 '임자토, 딸림토, 매임토, 돕음토'로 체계화하고 그중 딸림토의 '그림토'(는, ㄴ/은, 던, ㄹ/을), 매임토의 '꾸밈토'(아, 게, 도록, 니, 매 등)를 통해 오늘날 관형사형 어미와 부사형 어미를 포함하는 방식으로 체제를 갖추게 된다. 관형사형, 부사형까지도 언, 억으로 거칠게 파악했던 주시경(1910)이 해당 구성으로부터 겻을 분석해 내어 겻의 외연을 확대한 결과가 주시경(1914)라면, 김두봉(1916)은 이를 더욱 발전시켜 겻의 하위 유형과 체계 전반을 구축한 업적이라 할 것이다.

(9) 김두봉(1916: 57)

가. 동모야오너라 뫼가높고나 빠른것이해달이라

나. 봄의꽃 붉은꽃 웃는꽃

다. 날빛보다밝고나

라. 서울에간다 날래게간다 뛰어간다

겻은 으뜸씨(임, 언, 움) 사이에 쓰여 임자主掌가 되게 하거나 또는 붙음附屬이 되게 하는 씨이다(김두봉 1916: 57). 원문 기술에 따르면 (9가)의 '야, 가, 이'는 '동모, 뫼, 빠른것'을 '오, 높, 해달'의 임자가 되게 한 것, (9나)의 '의, 은, 는'은 '봄, 붉, 웃'을 임씨 '꽃'의 붙음이 되게 한 것, (9다)의 '보다'는 임씨 '날빛'을 언씨 '밝'의 붙음이 되게 한 것, (9라)의 '에, 게, 어'는 '서울, 날래, 뛰'를 움씨 '가'의 붙음이 되게 한 것이다. 현대 문법과 비교할 때 (9나, 9라)에 각각 조사와 어미가 혼재되어 있는데, 이는 분포보다는 '붙음'이라는 기능을 1차적인 기준으로 삼은 분류 체계이다.

(10) 김두봉(1916: 58)

가. 소와말을기른다 말과소리를기른다[10]

나. 말하면서웃는다 웃으면서말한다

다. 달은밝고기럭이는울도다

김두봉(1916: 58)에서 '와, 과'는 임씨 '소, 말'을 같은 값同等으로 잇는 것, '면서, 으면서'는 움씨 '말하, 웃'을 같은 값으로 잇는 것, '고'는 월文의 마디節 '달은 밝'과 '기럭이는 울도다'를 같은 값으로 잇는 것으로 정리된다. 현대 품사 체계에서는 (10가)를 조사, (10나, 10다)를 어미로 보아, 분포를 기준으로 이들을 다른 유형으로 분류하지만, (10)은 해당 단

10 이때의 '소리'는 '소'의 오자이다. 김두봉(1922)에서는 '말과소를기른다'로 제시되어 있다.

위의 기능, 즉 선행 성분과 후행 성분을 잇는 역할을 우선적인 기준으로 삼아 분류한다. 이는 이미 주시경(1910)에서 확인되는 특징이기도 하다. 결국 (9)의 겻, (10)의 잇은 이들 단위가 기능 중심의 분류 방식을 1차로 채택하고 있다는 점에서 공통적이다. 분포를 기준으로 한 오늘날의 조사와 어미 구분은 겻과 잇의 하위 층위에서 2차로 이루어진다.

정리하자면, 주시경(1910)과 주시경(1914)에 제시된 씨의 유형과 각각의 개념적 외연은 김두봉(1916)에서 역동적인 방식으로 실현되어 이어진다. 김두봉(1916)의 씨 용어와 유형 구분은 큰 틀에서 주시경(1910)의 체제를 따르고 있지만, 언, 억에 대한 분석적 태도나 중간 범주를 고려한 씨의 분류 체계 등 여러 세부 사항에서 주시경(1914)의 입장을 계승하였다. 이에 그치지 않고 각 씨의 하위 범주화를 통해 더욱 세밀한 유형 분류를 시도하고 있다는 점에서 김두봉(1916)은 기존 연구보다 훨씬 구체화된 참조 문법의 성격을 지닌다.

3. 씨의 기능과 형식

이 장에서는 주시경(1910)과 김두봉(1916)의 체제 구성을 비교·검토함으로써 씨에 관한 두 연구자의 근본적인 관점 차이를 확인하고자 한다. 전술한 바와 같이 주시경(1910)과 김두봉(1916)은 크게 3가지 대상, 즉 '소리, 단어, 문장'을 다루고 있다는 점에서는 유사하지만, 문헌 내에 각 대상을 배치한 방식에 있어서는 큰 차이가 있다. (2)처럼 각 대상에 ①~③의 번호를 매긴 결과는 다음과 같다.

〈표 1〉 주시경(1910)과 김두봉(1916)의 구성 비교

주시경(1910)	**김두봉(1916)**
① **國文**의소리 (생략) ② 기난갈 기난갈의쓰는뜻 기난틀 기난익힘 ③ 짬듬갈 (생략) ② 기갈래의난틀 임의갈래 임의**簡略**한갈래 엇의갈래 엇의**簡略**한갈래 움의갈래 겻의갈래 겻의**簡略**한갈래 잇의갈래 언의갈래 억의갈래 끗의갈래 (이하 생략) ② **기몸박굼** 엇본임 임엇본임 움본임 임움본임 임본엇 임본움 (이하 생략) ② **기몸헴** 임기의몸 엇기의몸 겻기의몸 ② **기뜻박굼**	① 소리갈 (생략) ② 씨갈 첫재 임 (몸씨, 으뜸씨) 첫재 임의갈래 둘재 임의결에 셋재 임의쓰임 **넷재 임의바꿈** **다섯재 임의어우름** 여섯재 임의보기틀 둘재 얻 (씀씨, 으뜸씨) 첫재 얻을갈래 둘재 얻의쓰임 **셋재 얻의바꿈** **넷재 얻의어우름** 다섯재 얻의보기틀 셋재 움 (씀씨, 으뜸씨) 첫재 움을갈래 둘재 움의쓰임 **셋재 움의바꿈** **넷재 움의어우름** 다섯재 움의보기틀 넷재 겻 (토씨) 첫재 겻의갈래 둘재 겻의쓰임 셋재 겻의보기틀 다섯재 잇 (토씨) (생략) 여섯재 맺 (토씨) (생략) 일곱재 언 (생략) 여듧재 억 (생략) 아홉재 늑 (생략) ③ 월갈 (생략)

〈표 1〉에서 두 문헌 간 몇 가지 차이점이 관찰된다. 첫째, 김두봉(1916)은 '소리갈, 씨갈, 월갈'의 체제에 따라 3개의 큰 범주를 두고 그 순서대로 내용을 기술한 데 반해, 주시경(1910)은 기(씨)와 관련한 ②의 내용이 분리된 채 따로 배열된다(〈표 1〉의 회색 음영 참고). 특히 '① 國文의소리, ② 기난갈, ③ 짬듬갈' 이후에 '② 기갈래의난틀~② 기뜻박굼'에서 기(씨)의 갈래와 형식적 변화(박굼)를 따로 서술함으로써 단어에 관한 내용 일부가 문장 다음에 배치되었는데, 이는 1차적으로 문장을 다루고 이후 문장 형성을 위한 각 기(씨)의 변화에 초점을 둔 주시경(1910)의 기본 태도에 기인한 것이다.

둘째, 주시경(1910)은 '기갈래의난틀, 기몸박굼, 기몸헴'의 최상위 층위 아래에 각 기(씨)별로 구체적인 예시와 설명을 제시한 데 반해, 김두봉(1916)은 각 씨를 기준으로 상위 층위를 설정하고, 그 아래에 씨별로 '갈래, 쓰임, 바꿈, 어우름' 등을 기술한다. 그중 바꿈과 어우름은 세 으뜸씨(임, 얻, 움)만을 대상으로 한다(〈표 1〉의 굵은 글씨 참고). 주시경(1910: 106-112, 116)이 '언, 억'으로의 박굼(엇본언[11], 움본언, 임본언, 엇본억, 움본억), '겻'의 기몸헴을 포함한 것과 비교할 때 김두봉(1916)의 바꿈과 어우름은 그 범위가 한정적이다. 이는 두 문헌에서 정리된 언, 억의 외연 차이로 인한 결과인데, (6)과 (7)의 비교대로 주시경(1910)에서 언급한 언, 억의 박굼은 김두봉(1916)에서 얻, 움과 겻의 결합으로 분석되었기 때문이다.

(11) 가. 주시경(1910): 기몸박굼, 기몸헴, 기뜻바꿈
　　나. 김두봉(1916): 바꿈(뜻바꿈, 몸바꿈), 어우름

11 주시경(1910) 원문에는 해당 부분의 제목에 '언본억'으로 기술되어 있으나, 이는 '언본언'이 잘못 표기된 것이다.

셋째, 주시경(1910)이 기몸박굼, 기몸헴, 기뜻박굼을 평면적으로 나열한 데 반해, 김두봉(1916)은 바꿈의 하위 유형으로 뜻바꿈과 몸바꿈을 단계적으로 보인 점에서 차이가 있다. 특히 주시경(1910)은 형식적 확장을 통한 품사 변화에 중점을 둔 기몸박굼의 기술이 대부분이고 기뜻박굼에 대한 내용은 단 하나의 예시('돌질')와 두 줄의 짧은 주석 설명에 그칠 뿐이다(주시경 1910: 116). 이와 달리 김두봉(1916)은 다수의 관련 예시를 들어 뜻바꿈을 몸바꿈보다 먼저 제시함으로써 정반대의 순서를 취한다. 이때 뜻바꿈이 먼저 배열된 사실은 씨를 바라보는 두 문법가의 상이한 태도를 드러내는 단서이다. 주시경(1910)은 문장 구성을 위한 단어의 기능에 중점을 두었기에 이들의 몸박굼에 관심이 집중되었지만, 김두봉(1916)은 각 씨 본연의 의미적·형식적 바꿈 전반을 균형 있게 고찰하면서 특히 기능과 긴밀한 몸바꿈보다는 씨 자체의 의미에 관한 뜻바꿈에 우선적인 관심을 두었던 것이 아닌가 한다.

넷째, 박굼(주시경)과 바꿈(김두봉)은 사실상 표기 정도의 차이일 뿐이지만, 헴(주시경)과 어우름(김두봉)은 관련 예시나 대상에 대한 두 문법가의 이해 측면에서 상당한 차이를 포함한다. 주시경(1910: 115)의 기몸헴은 '몇 몸으로 된 것인지 가르는 것'으로, 하나의 기(씨)로 이루어진 '낫몸'과 둘 이상의 기(씨)를 합한 '모힌몸'의 두 유형으로 구분된다.[12] 실제 주시경(1910: 115-116)에서의 기몸헴 분량이 1면 정도로 상당히 소략하고 예시도 한두 개로 한정적이기에 이를 기몸박굼과 평행한 위치에서 마치 '파생'과 '합성'의 관점에서 접근하는 것은 적절하지 않다.[13] 이와 비교한다면, 김두봉(1916: 71)의 어우름은 일단 용어부터 헴과는 달리 바꿈과 평행한 층위에서 이해 가능하다. 실제 자료 기술에서도 '솜옷, 가락

12 낫몸과 모힌몸의 구체적인 예는 후술할 〈표 4〉를 참고할 수 있다.

13 김석득(1979), 하치근(1995), 최낙복(1998, 2003) 등의 여러 선행 연구에서 주시경(1910)의 기몸박굼과 기몸헴을 파생과 합성의 틀에서 논의하여 왔다.

찌; 검붉, 굳세, 낮보; 빼닫, 여닫' 등처럼 오늘날 합성으로 볼 만한 대상을 다수 포함한다.

(12) 주시경(1910: 115)의 기몸헴
낫몸 ㉮한 낫의 기로 된 것
모힌몸 ㉯둘로 붙어 둘 더 되는 기가 모히어 한 기의 몸으로 쓰이는 것

(13) 김두봉(1916: 55)의 씨
씨는 한 소리로 된 것도 있고 여러 소리로 된 것도 있으며 또 ㉮홋으로 된 것도 있고 ㉯모이어 된 것도 있나니 이를 터면 이, 그, 나, 너, 범, 소, 따위는 한 소리로 된 것이오 여긔, 거긔, 우리, 너이, 사람, 가마귀, 따위는 여러 소리로 된 것이며 ㉮물, 범, 따위들은 홋으로 된 것이요 ㉯얼음, 코길이, 따위들은 모이어 된 것이니라

(12)의 주시경(1910)은 책 후반의 기몸헴에 이르러 ㉮와 ㉯를 기술한 데 반해, 김두봉(1916)은 씨갈의 첫머리에서 (13)처럼 씨 전반에 관한 소개를 베풀면서 해당 개념을 제시한 점에서 더욱 안정적이다.[14] 오늘날 단일어와 복합어에 대응하는 각 개념에 대한 두 저자의 인식이 드러나는데, 그중에서도 김두봉(1916)이 용어 사용의 정합성 측면(기몸헴 對 어우름)에서 더욱 정교한 모습을 보여 준다. 씨 본연의 내적 성질에 집중한 김두봉(1916)의 기본 태도를 엿볼 수 있는 대목이다.

---

14 (13) ㉯의 '얼음'이 김두봉(1916)의 체계 내에서 어우름이 아닌 몸바꿈의 대상으로 판단되기에 '얼음'이 '모이어 된 것'의 예로 적절할지에 대해서는 논의 가능하다. '히기, 붉음'은 '언의 몸바꿈'(김두봉 1916: 81)으로, '먹기, 봄'은 '움의 몸바꿈'(김두봉 1916: 98)로 다루어지기 때문이다.

4. 씨의 변화와 결합

주시경(1910)의 '기몸박굼/기뜻박굼 對 기몸헴', 김두봉(1916)의 '바꿈 對 어우름'은 '변화 對 결합'이라는 상이한 두 과정으로 종합된다.[15] 하나의 특정 형식이 외적 요구 또는 내적 동인에 의해 그 모습을 달리하는 경우가 '변화'라면, '결합'은 둘 이상의 형식이 차례로 배열되어 하나의 새로운 단위를 이룬 것을 가리킨다. 따라서 '변화'와 '결합'은 개념적으로 상당한 차이가 있다.

먼저 '변화'에 관한 '박굼'(주시경)과 '바꿈'(김두봉)을 비교해 보기로 하자. 주시경(1910)의 〈표 2〉에서 몇 가지 특징이 확인된다.[16]

15 김두봉(1916)에서 '變化', '結合'은 여러 차례에 걸쳐서 각각 '바꿈', '어우름'과 병기된 방식으로 등장한다. 일견 바꿈의 과정도 특정 형식을 더하는 것으로 보아 일종의 결합이 될 수도 있지만, 김두봉(1916)은 바꿈을 두 성분의 결합이 아닌 기본 형식의 내적 변화로 달리 파악한 것이다. (13)의 기술에 따른다면 바꿈은 홑으로 된 것, 어우름은 모이어 된 것에 해당할 것이다.

16 후술할 김두봉(1916)의 각 표는 원문의 세로쓰기를 가로쓰기로 바꾸어 내용을 그대로 가져온 것인 데 반해, 주시경(1910)의 표는 원문 내용을 참고하여 연구자가 정리한 것이다.

〈표 2〉 기몸박굼, 기뜻박굼 (주시경 1910: 101–116)

<table>
<tr><th colspan="3">유형</th><th>예시</th></tr>
<tr><td rowspan="15">기몸박굼</td><td rowspan="4">임</td><td>엇본임</td><td>힘 검음; 히지 검지; 히기 검기</td></tr>
<tr><td>임엇본임</td><td>졍함</td></tr>
<tr><td>움본임</td><td>감 먹음 가지 먹지 가기 먹기 먹이 갊 썰에 묻엄 막애 등</td></tr>
<tr><td>임움본임</td><td>일함</td></tr>
<tr><td>엇</td><td>임본엇</td><td>졍하; 해롭 사람스럽 사람답 먹음직하 쓸만하</td></tr>
<tr><td rowspan="5">움</td><td>억본움</td><td>더하 다하 잘하 못하</td></tr>
<tr><td>움억본움</td><td>자게하 먹게하</td></tr>
<tr><td>엇억본움</td><td>히게하 검게하</td></tr>
<tr><td>임움억본움</td><td>일하게하 동하게하</td></tr>
<tr><td>임엇억본움</td><td>졍하게하</td></tr>
<tr><td rowspan="3">언</td><td>엇본억(언)</td><td>힌 검은 긺(대) 가볍은(옷) 좁은(길) 찰(때) 맑을(때) 등</td></tr>
<tr><td>움본언</td><td>가는 간 갈; 가앗는 씰엇엇는 가겟는; 가던 가앗던 등</td></tr>
<tr><td>임본언</td><td>모시(옷) 면쥬(옷) 면쥬(이불) 베(이불) 아기(옷) 오리(알) 등</td></tr>
<tr><td rowspan="2">억</td><td>엇본억</td><td>히게 검게 흔하게 게르게 이르게 등</td></tr>
<tr><td>움본억</td><td>가게 먹게 일하게 동하게 오르게 등</td></tr>
<tr><td colspan="3">기뜻박굼</td><td>돌질</td></tr>
</table>

첫째, 전체적으로 주시경(1910)의 '변화'(박굼)는 기능 변화에 초점이 있기 때문에 하위 유형의 수와 기술 분량에서 볼 때 기몸박굼(품사 변화)을 중심으로 구성된다. 따라서 의미 변화에 해당하는 기뜻박굼은 해당 예나 기술이 〈표 2〉처럼 매우 한정적이다.[17]

둘째, '임엇본임, 임움억본움'과 같은 용어를 통해서 각 씨의 변화를 과정적으로 설명하는 방식은 주시경(1910)만의 특징이다. 가령 '임엇본

17 주시경(1910: 116)은 '돌'에 '질'이 덧붙으면서 품사는 '임'으로 변화가 없지만 전후 뜻은 동일하지 않기 때문에(행위의 의미가 추가되었기에) 의미가 '변화'하였다고 보고 '돌질'을 기뜻박굼의 예로 든 것이다. 그러나 이를 '변화'로 파악하는 것이 적절한지에 대해서도 논의 가능하다.

임'이라면 '임→엇→임'의 변화가 가시적으로 드러나는 방식으로 용어를 채택한 것이다. (3)에 소개된 당시 다른 문법서에서는 이러한 접근이 관찰되지 않기에 고유어식 기(씨) 이름만큼이나 주시경(1910)이 지닌 큰 특색이라 할 수 있다.[18]

셋째, 주시경(1910)은 〈표 2〉의 밑줄 친 '임, 엇, 움' 등 최종 품사가 무엇인지에 따라 내용이 기술된 점에서 그 체계가 매우 평면적이다. 이에 〈표 2〉에서는 세로로 배열된 각 기준을 토대로 해당 예시가 나열될 뿐, 가로 축을 기준으로 별도의 계열 관계가 드러나지는 않는다. 결국 유형별 예시 소개 위주로 내용이 기술된다.

넷째, 주시경(1910)의 박굼에는 총 5가지 유형이 있다. 그중 '언, 억'의 구체적인 예를 살펴보면 이는 모두 주시경(1914)의 관점에서 '엇, 움'에 '겻'이 결합한 결과들(히+ㄴ, 가+ㄴ)이다. 특히 '모시옷'의 '모시'와 같이 특정한 형태 변화가 없는 경우도 '임→언'의 몸박굼으로 포함하고 있는데, 이는 후술할 김두봉(1916)의 '그대로 바꾸임(바꿈)'이나 '어우름'과 함께 생각해 볼 대상들이다.

다섯째, '임엇본임, 임움본임, 움억본움'은 시작과 끝이 동일한 바꿈이므로 사실상 기몸박굼이라고 할 수 있을지 의문이다. 물론 결과상 품사 변화는 없다고 할지라도 중간 과정의 박굼을 강조하여 이를 기몸박굼으로 지칭하는 것이 문제되지 않을 수도 있다. 그러나 기몸박굼의 본질적인 동인이 문장 내 적절한 기능 수행에 있다는 점에 주목한다면 사실상 이를 단순히 기몸박굼만으로 보는 것은 한계가 있다.[19]

---

18 김두봉(1916)과 비교할 때, 주시경(1910)은 단어 이상의 통사적 구성이라 할 만한 대상(일하게하, 경하게하 등)도 기(씨)로 다룬 점이 특징적인데, 이러한 예가 폭넓게 포함되었기에 이와 같은 과정적 설명 방식이 더욱 주목되었던 것이 아닌가 한다.

19 '움억본움'의 '자게하'에서 포착되는 '사동' 의미처럼 중간 과정을 거치면서 특정한 의미 변화, 즉 기뜻박굼이 동반된 것으로 보아야 할 것이기 때문이다. 결국 기뜻박굼으로 제시된 '돌질'('임→임')과 마찬가지의 시작과 끝 모습을 보인다는 점이 주목된다.

〈표 3-1〉 임의 뜻바꿈 (김두봉 1916: 68-69)

<table>
<tr><th colspan="2">풀이
(說明)</th><th>밋말
(本詞)[20]</th><th>뜻 바꾸인 말
(變化語)</th><th>덜음
(減)</th><th>더함
(加)</th></tr>
<tr><td colspan="2" rowspan="2">① 그대로 바꾸임</td><td>눈(目)</td><td>눈</td><td>○</td><td>○</td></tr>
<tr><td>귀(耳)</td><td>귀</td><td>○</td><td>○</td></tr>
<tr><td rowspan="5">② 더하여 바꾸임</td><td rowspan="2">우에</td><td>돌(石)</td><td>숟돌</td><td>○</td><td>숟</td></tr>
<tr><td>옷(衣)</td><td>한옷</td><td>○</td><td>한</td></tr>
<tr><td rowspan="3">알에</td><td>스승(師)</td><td>스승님</td><td>○</td><td>님</td></tr>
<tr><td>사람(人)</td><td>사람들</td><td>○</td><td>들</td></tr>
<tr><td>짐승(獸)</td><td>짐승뿐</td><td>○</td><td>뿐</td></tr>
<tr><td colspan="2" rowspan="2">④ 덜고 더하여 바꾸임</td><td>손(手)</td><td>솜씨</td><td>ㄴ</td><td>ㅁ씨</td></tr>
<tr><td>엽ㅎ(側)</td><td>엽댕이</td><td>ㅎ</td><td>댕이</td></tr>
</table>

〈표 3-2〉 임의 몸바꿈 (김두봉 1916: 70-71)

<table>
<tr><th>풀이
(說明)</th><th>밋말</th><th>언씨로
바꾸인 말</th><th>더함</th></tr>
<tr><td>① 그대로
바꿈</td><td>가믈(旱)</td><td>가믈</td><td>○</td></tr>
<tr><td rowspan="4">② 더하여
바꿈</td><td>슬기(智)</td><td>슬기롭</td><td>롭</td></tr>
<tr><td>들(野)</td><td>들스럽</td><td>스럽</td></tr>
<tr><td>거방[21]</td><td>건방지</td><td>지</td></tr>
<tr><td>내(烟)</td><td>냅</td><td>ㅂ</td></tr>
</table>

<table>
<tr><th>풀이</th><th>밋말</th><th>움으로
바꾸인 말</th><th>더함</th></tr>
<tr><td>① 그대로
바꾸임</td><td>생각(思想)</td><td>생각</td><td>○
(或하)</td></tr>
<tr><td rowspan="2">② 더하여
바꾸임</td><td>말미(由)</td><td>말미암</td><td>암</td></tr>
<tr><td>빛(光)</td><td>빛외(照)</td><td>외</td></tr>
</table>

주시경(1910)과의 비교 과정에서 드러난 김두봉(1916)의 특징을 정리하면 다음과 같다. 첫째, 김두봉(1916)은 뜻바꿈 이후에 몸바꿈을 소

20 이때의 '詞'는 '語'의 오류로 판단된다.

21 '건방'의 오류로 판단된다.

개한 점에서 주시경(1910)과 제시 순서가 반대이다. 각 씨의 문장 내 기능이 씨 변화의 동기가 되었다고 본 주시경(1910)과 달리, 김두봉(1916)은 각 씨 본연의 속성 변화에 주목하고 '뜻바꿈'과 '몸바꿈'을 평행하게 기술하고 있다. 그 결과 주시경(1910)의 기뜻박굼 예는 '돌질'뿐이지만 김두봉(1916)의 뜻바꿈은 〈표 3-1〉처럼 상당히 다양한 예로 정리된다.

둘째, 김두봉(1916)은 주시경(1910)의 '임엇본임'처럼 과정을 드러내는 방식을 채택하지 않고, 최종 씨를 중심으로 각 유형을 소개한다. 사실상 주시경(1910)처럼 중간 과정이 복잡한 예는 다루고 있지 않기에 과정적 설명이 불필요했던 것이기도 하다. 〈표 2〉의 '자게하, 일하게하' 등처럼 오늘날 통사론적 구성으로 볼 만한 예까지 주시경(1910)에서 기(씨)로 제시한 데 반해, 김두봉(1916)은 명확하게 형태론적 구성에 해당하는 예만 다루고 있다는 차이가 있다.

셋째, 김두봉(1916)은 가로(바꿈의 대상과 결과)와 세로(바꿈 방식의 유형) 두 축을 기준으로 각 보기를 구조적으로 체계화한 점에서 주시경(1910)보다 입체적이다. 김두봉(1916)은 '① 형식 변화가 없는 경우, ② 형식을 더한 경우, ③ 형식을 제거한 경우, ④ 일부 형식을 제거한 후에 다른 형식을 더한 경우' 유형에 따라 관련 예를 정리한다.[22] 이는 씨 바꿈을 체계화한 김두봉(1916)의 태도가 형식, 즉 외형적 변화 유무와 그 방식에 기초하고 있다는 사실을 잘 드러낸다. 기능에 중점을 두고 기능 실현을 위한 형식 변화로 기(씨)에 접근했던 주시경(1910)은 정밀한 형태 분석 설명 없이 그냥 지나친 경우가 일부 확인된다.[23]

넷째, 표에 제시된 기준으로 설명하기 어려운 예까지 관련 보기로 포

22 〈표 3-1〉, 〈표 3-2〉 등의 각 번호는 연구자가 추가한 것이다.

23 가령 주시경(1910: 103)의 임본엇 예로 '먹음직하, 쓸만하'가 소개되는데, 이때 '먹, 쓰'와 같은 움이 내부적으로 분석되기에 이를 임본엇으로만 단순화하기에는 어려움이 있다.

함한 경우가 일부 관찰된다. 이는 체계를 강조한 김두봉(1916)의 기본 접근에 따른 결과일 것이다. 가령 〈표 3-1〉의 '눈, 귀'는 '그물눈, 자리귀'에서의 쓰임을 고려하여 형식적 가감 없이 뜻이 바뀐 것으로 소개된다. 오늘날 사전에서는 별도의 단어(동음이의어)로 처리하고 있지만 김두봉(1916)은 뜻바꿈으로 파악한 것이다.[24] 〈표 3-2〉의 '생각'은 임뿐만 아니라 움으로도 쓰인다고 본 것인데 '*생각고, *생각으니' 등의 어형은 불가능하기에 선뜻 이에 동의하기가 쉽지 않다. 아마도 '생각지 않다'와 같은 구성에서 '하' 탈락의 중간 과정을 고려하지 않고 '생각'을 움 자체로 파악한 듯한데 이 역시 체계에 끼워 맞춘 무리한 해석일 수 있다.

다섯째, 〈표 3-1〉의 ④는 특정 성분을 제거한 후에 새로운 형식을 더한 결과로서 이는 철저히 공시적 분석에 기초한다. '손ㅆㅣ〉솜ㅆㅣ〉솜씨'의 통시적 변화를 고려하지 않고 'ㄴ'이 제거된 후에 'ㅁ씨'가 결합하였다고 파악한 사실이 주목된다. 표에 제시된 예 가운데 '핟'이나 '님, 들, 롭, 스럽' 등은 일견 오늘날 접두사나 접미사로 이해되기도 하나, 김두봉(1916)은 이를 결합이 아닌 변화 즉 바꿈으로 보았기에 결합이 전제된 오늘날의 파생에 그대로 대입하기는 어렵다.

여섯째, 〈표 1〉처럼 김두봉(1916)의 바꿈은 '임, 얻, 움'의 3가지 유형만을 대상으로 한다. 주시경(1910)에서 '언, 억'의 박굼이 소개된 것은 두 문헌에서 드러난 '언, 억'의 외연적 차이로 인한 결과인바 김두봉(1916)의 관점에서 주시경(1910)의 '언, 억' 박굼은 모두 '얻, 움'의 바꿈으로 정리된다.

한편, '결합'에 관한 두 문헌의 차이도 비교 가능하다. 먼저 주시경(1910)에 제시된 '기몸헴'을 표로 정리하면 다음과 같다.

---

24 이와 비슷한 유형으로 '얻의 뜻바꿈'(김두봉 1916: 79-80)에서도 '검, 맵'은 '맘(마음)이 검다, 시집살이 맵다'의 문장에서 '그대로 바뀌어' 의미가 달리 쓰인 뜻바꿈 예로 제시된다. 다의어적 속성을 뜻바꿈의 범위 내에서 해석해 낸 것이다.

〈표 4〉 기몸헴 (주시경 1910: 105-106)

(유형)		(예시)
임기의몸	낫몸	사람, 새, 고기, 돌, 흙, 불, 물
	모힌몸	물불
엇기의몸	낫몸	크, 검, 차, 착하, 흔하
	모힌몸	검븕
겻기의몸	낫몸	에
	모힌몸	에는

첫째, 주시경(1910)의 기몸헴에서는 '임, 엇, 겻'의 총 3가지 유형이 소개된다. 주시경(1914)에서 '임, 엇'은 몸씨로, '겻'은 토씨로 분류될 만큼 이질적인 요소라 할 수 있는데 위 표에서는 특별한 구분 없이 함께 논의된다. 이에 반해 '움'의 기몸헴도 소개할 법하지만 이에 관한 언급은 없다.

둘째, 표에서 보듯이 주시경(1910)에서는 해당 예가 많이 소개되지는 않았다. (12)와 같이 낫몸과 모힌몸에 대한 설명 이후 각 해당 예시를 나열할 때, 모힌몸은 '물불, 검븕, 에는'으로 하나씩만 제시될 뿐이다.

셋째, 오늘날 관점에서 '착하, 흔하'는 두 형태소가 결합한 복합어로 볼 수 있지만 위 표에서는 이들이 낫몸으로 분류된다. 주시경(1910)의 체계에 기초한다면 '경하(임본엇), 일하(임본움)'와 같은 박굼의 결과일 것이지만, '착, 흔'에 대한 명확한 범주 파악이 쉽지 않아서인지 'X하'의 계열 관계가 분명히 드러남에도 불구하고 이들은 낫몸으로 처리되었다. '모시옷'은 모힌몸이 아니라는 기술도 확인되는데[25] 앞서 '모시옷'의

25 주시경(1910: 116)의 관련 기술은 다음과 같다.
"(잡이) 모시옷 이는 모시와 옷을 합하여 한 몸으로 씀이 안이요 모시는 그 옷이 무엇으로 만들엇다고 가르치어 언몸 노릇하는 임이라"

'모시'를 '임본언'의 기몸박굼으로 파악하였기 때문이다. 따라서 주시경(1910) 체계에서 '모시옷'은 '모시(언)'와 '옷(임)'이 나열된 것일 뿐 하나의 기(씨)가 아니므로 애초에 기몸헴의 대상이 아니다.

넷째, 주시경(1910)의 모힌몸은 대등한 두 성분이 결합한 경우에 한정하여 쓰인다. '물불, 검븕'은 오늘날 대등 합성어로 볼 만한 대상들이며, '에는' 역시 대등한 수준에서 두 조사가 복합한 것이기 때문이다. 따라서 '모시옷'처럼 선행 성분(모시)이 후행 성분(옷)을 수식하는 의미 구조의 경우는 각각 별도의 기(씨)로 보아 기몸박굼/기뜻박굼, 기몸헴의 대상으로 볼 수 없다.

〈표 5-1〉 임의 어우름 (김두봉 1916: 71-72)

풀이 (說明)	밋말 (本語)		어우른말 (結合語)	더하거나 덜음 (加減)
① 그대로 어우름	솜(綿)	옷(衣)	솜옷(綿衣)	○
	가락(指)	찌(穿)(움씨)	가락찌(指環)	○
② 더하고 어우름	우(上)	옷(衣)	웃옷(上衣)	ㄷ
③ 덜고 어우름	불(火)	손(手)	부손(火匙)	ㄹ
	물(水)	넘기(溢)(움씨)	무넘기	ㄹ
	여섯(六)	닐곱(七)	여닐곱(六七)	섯

〈표 5-2〉 얻의 어우름 (김두봉 1916: 83-84)

풀이 (說明)	밋말 (本語)		어우른말 (結合語)
얻씨끼리 어우름	검(黑)	븕(紅)	검븕
	굳(固)	세(强)	굳세
	재	빠르	재바르 (ㅂ을 뺌)
임씨와 어우름	늦(晩)	벼(稻)	늦벼
	넙(廣)	치(魚)	넙치

풀이 (說明)	밋말 (本語)		어우른말 (結合語)
움씨와 어우름	낮(低)	보(見)	낮보
	설(未熟)	삼	설삼
	무르	녹(消)	무르녹

〈표 5-3〉 움의 어우름 (김두봉 1916: 100)

풀이 (說明)		밋말 (本語)		어우른말 (結合語)
움씨끼리 어우름	① 그대로 어우름	빼	닫(閉)	빼닫
		지	새	지새
	③ 덜고 어우름	열(開)	닫(閉)	여닫 (ㄹ을 뺌)
		들(入)	새	드새 (ㄹ을 뺌)
임씨와 어우름		메(擔)	끈(索)	메끈
		묵(陳)	밭(田)	묵밭

앞서 김두봉(1916)의 바꿈이 주시경(1910)의 박굼과 적지 않은 차이를 보인 것처럼 김두봉(1916)의 어우름 역시 주시경(1910)과 차별화된 특징이 다수 관찰된다. 첫째, 김두봉(1916)의 어우름은 '임, 얻, 움'의 3가지 으뜸씨에서만 다루어진 점에서 주시경(1910)과 다르다. 〈표 1〉의 각 절 구성에서 으뜸씨 중심으로 어우름 항목이 기술된 것을 확인할 수 있다.

둘째, 김두봉(1916)의 어우름은 바꿈과 동일한 체계로, 즉 가로(어우름의 대상과 결과)와 세로(어우름 방식의 유형) 두 축을 기준으로 각 보기를 구조적으로 드러낸다. 이에 '임, 얻, 움'의 각 어우름을 소개하면서 상당히 다양한 유형의 예가 제시된다. 김두봉(1916)은 〈표 5-1〉과 〈표 5-3〉처럼 ①~③의 각 세부 유형을 나누고 어우름 과정에 적용된 형식적 가감까지 정밀하게 관찰하여 기술하였다. 주시경(1910)에 제시된 엇의 예는 '검븕'이 유일했지만 〈표 5-2〉의 '굳세, 재바르', 〈표 5-3〉의 '빼닫, 지새, 여닫, 드새' 등에서 얻과 움의 다양한 유형이 확인된다.

셋째, 김두봉(1916)의 '솜옷'은 어우름, 즉 결합의 결과이다. 이는 주시경(1910)의 '모시옷'이 기몸헴에서 제외된 것과 큰 차이가 있다. 주시경(1910)은 대등한 두 성분 간 결합만으로 모힌몸을 이해하였지만, 김두봉(1916)은 오늘날의 합성어와 유사한 관점에서 선행 성분이 후행 성분을 수식한 경우까지 포함한다. 이러한 기준 설정을 통해 〈표 5-1〉~〈표 5-3〉의 목록이 모두 어우름에 포괄될 수 있었다.

넷째, 〈표 5-2〉, 〈표 5-3〉에서 '얻+얻', '얻+임', '얻+움', '움+움', '움+임'의 복합 구성이 두루 정리된다. 특히 오늘날 합성 형용사('얻+얻'(검붉)), 합성 동사('움+움'(빼닫), '얻+움'(낮보)), 합성 명사('얻+임'(늦벼), '움+임'(메끈))로 볼 만한 대상이 상세히 다루어진 점에 주목할 수 있다. 동사/형용사의 어간이 명사 또는 상호 간에 직접 결합한 형태적 복합어(정한데로 2018, 2019 참고)를 어우름에서 정리하였다.

5. 결론

주시경(1910)은 새로운 문법 용어의 사용, 당시 다른 문법서와 차별화된 문헌 구성 방식으로 여러 측면에서 독창적인 성과를 이루었다. 특히 형태론적 측면에서는 오늘날 관형사에 대응할 만한 '언'의 범주를 제시한 점, '기몸박굼/기뜻박굼, 기몸헴'의 유형 구분을 시도한 점, '움본임, 임본엇'처럼 과정적 접근을 반영한 용어를 사용한 점 등에서 의미 있는 성과라 할 만하다.

김두봉(1916)은 용어 사용과 문법 체계 측면에서 상당 부분 주시경(1910)을 수용하면서도 한편으로는 적지 않은 변화와 발전을 이루었는데, 특히 각 씨의 공시적 구조 분석을 통해 설정 기준에 따라 이를 체계화하고자 한 시도는 당시 다른 문법서와 비교할 때 단연 돋보이는 결과로 여겨진다. 바꿈, 어우름의 틀로 임, 얻, 움의 확장變化, 結合을 기술한 시도는 주시경(1910)은 물론 당시 다른 어떤 연구와도 비견될 수 없는 형태론적 성과이다. 단어의 구조 분석과 체계화 측면에서 한 단계 격상된 수준을 맞이했다고 판단된다.

문헌 곳곳에서 드러나듯이 주시경(1910)이 문장 내 기(씨)의 기능에 따른 형식적 변화를 강조했다면, 김두봉(1916)은 각 씨가 지닌 본연의 의미적·형식적 양상에 집중하였다. 이는 "통사론 중심의 문법 모형에서 형태론과 통사론의 연계적 자립성을 지향하는 문법 모형으로의 변화"(박종갑 2005)라고도 할 수 있다. 이른바 결과물 중심적product-oriented, output-oriented 접근과 기원 중심적source-oriented, input-oriented 접근의 두 방향(Bybee 1995: 430)으로 각각 달리 적용해 볼 수도 있을 것이다. 주시경(1910)이 '짬듬갈' 이후에 '기몸박굼/기뜻박굼, 기몸헴'을 다루어 하향식top down 기술을 채택한 것과 달리 김두봉(1916)이 '씨갈'에 대한 완전한 기술 이후에 '월갈'을 제시함으로써 상향식bottom up 접근을 한 것은 씨를 바라보는 두 문법가의 서로 다른 이해와 관점에 말미암은 결과이다.

우리말 문법을 체계적으로 기술하는 작업은 주체적 민족의식의 바탕 위에서 수행되었으며, 정제된 방식으로 정리된 이들 문법서의 등장은 당시 조선인들이 보다 객관화된 시각에서 자국어를 이해하는 데 크게 기여하였다. 더 나아가 과학적 태도와 방법론에 근거한 언어 연구를 지향하는 방향으로의 학문적 토양을 마련하였다고 평가할 수 있다. 물론 20세기 초 당대 문법가들의 저서가 서구를 비롯한 국외 문법서의 체제와 기술 방식의 영향에서 완전히 자유로울 수는 없었을 것이다. 그러나 주시경(1910), 김두봉(1916) 등에서 관찰된 독자적인 용어 사용과 품사 수립 방식 등은 당시 문법가들의 주체적인 자의식을 드러내는 중요한 단서임이 분명하다.

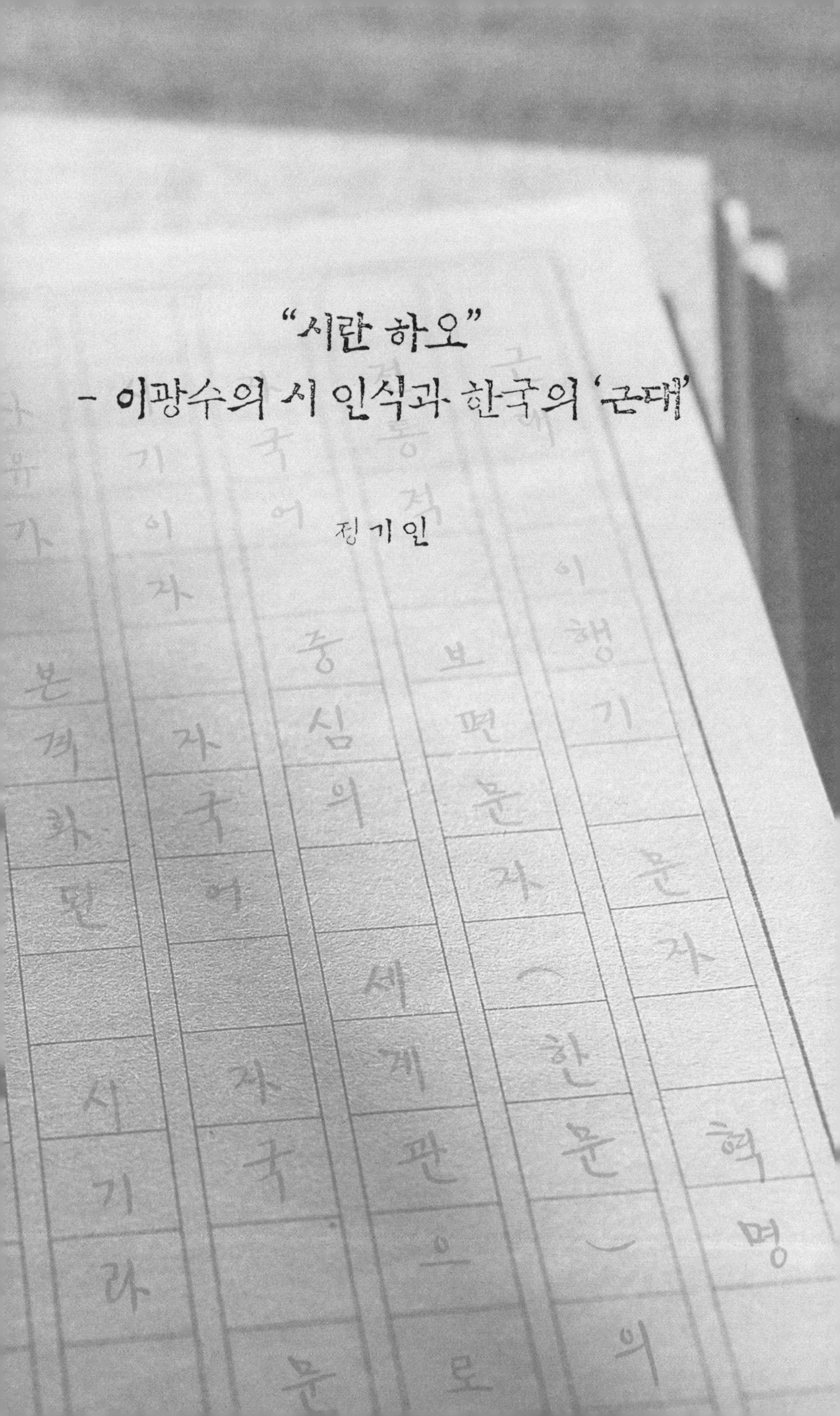

"시란 하오"
- 이광수의 시 인식과 한국의 '근대'

정기인

"시란 하오" - 이광수의 시 인식과 한국의 '근대'

—

정 기 인

1. 근대/전통이라는 이분법을 넘어서 중층적인 근대로

이 글은 본디 2020학년도 계명대학교 "한국 근대 이행기 언어와 문학의 전통과 변혁" 학술대회의 연구주제 중 "문학 장르에서의 근대와 전통의 갈등과 타협"를 주제로 하여 쓰인 것을 수정한 것이다. 여기서 "근대와 전통의 갈등과 타협"이라는 문구는 많은 전제를 내포한다. '근대'와 '전통'을 이분법적으로 나눈다는 것은 '근대'는 '전통'을 배제한 그 무엇이며, '전통'은 '근대'를 배제한 그 무엇으로 규정된다는 의미이다. 또한, 갈등과 타협이라는 단어는 협상에서 두 행위자의 관계를 의미하는 것으로, '근대'와 '전통'을 각자의 힘을 바탕으로 특정한 무엇을 더 가지기 위해 문학 장르라는 장 속에서 상호교섭하는 행위자로 비유한 것이다.

이러한 '전통'과 '근대'라는 개념은, 특정 시기의 현실을 의미하는 근대[01]와는 거리가 있다. '전통'이 과거의 것이 계통을 이루며 전하여 내려오는 것을 의미한다면, 계명대학교 학술대회에서 사용된 것처럼 '근대'라는 말은 이러한 전통과는 다른 새로운 것, 일본을 통해 들어온 '서구적인

---

01 본 글에서는 이념형인 '근대'와 '전통'을 '근대'/'전통'이라고 표기하고, 실제 20세기를 근대로 표기한다.

것'을 의미한다. 그러나 어느 누구도 죽었다가 다시 태어날 수 없는 것처럼, 실제 근대는 전통을 온전히 거부하고 새로 시작한 것이 아니며 전통과 이분법적으로 구분할 수 있는 것이 아니다. 많은 학자가 중세와는 다른 '근대'를 규정하기 위해서 노력했다. 자본주의(마르크스), 형식적 합리성(베버), 자본주의 생산양식 성취와 민족국가 건설을 지향점으로 하는 인간의지(김윤식)[02]라고 규정되었고, 특히 '근대문학'은 문학담당층, 유통 방식, 사고 형태, 언어 사용, 문학갈래에서 독특한 특성을 지니는 시기로 한국에서는 1919년부터 오늘날까지의 문학(조동일)으로 규정된 바 있다. 이들의 논의는 '근대'를 특정한 시기에 대한 귀납적 분석을 끝까지 밀어붙인 결과라기보다는, 연역적인 규정으로 보인다. 예를 들어 조동일은 "근대문학은 1919년 이후 오늘날까지의 문학"이라 규정한 이후에, 언어 사용에 있어서 한문문학과 국문문학의 "공존을 청산"하고, "민족어를 공용어 또는 국어로 삼고 민족어문학을 민족문학으로 발전시킨 문학"[03]으로 규정한다. 그러나 1919년 이후에도 수많은 한문문학이 쓰였다.[04] 이는 민족어만을 사용해야 한다는 두 번째 규정에 따르자면 근대문학이 아니고, 1919년 이후의 문학이라는 첫 번째 규정에 따르자면 근대문학이다. 이러한 난점은 '지금-여기'를 기준으로 근대문학의 기원을 찾으려는 목적 때문에 그러했던 것으로 보인다. 과거의 수많은 가능성들 중에서 '지금-여기'의 기원을 찾으려는 시도는, '지금-여기'와 직결되어 보이지 않는 과거의 수많은 사례를 사장시킬 수 있다. 그래서 이 글은, 기원으로서의 '근대'를 찾으려는 노력보다는 실제 가까운 시기로서의 근대에서 "문학 장르에서의 근대와 전통의 갈등과 타협"을 살펴봄으로서, 실제 근

---

02 김윤식, 『문협정통파의 사상구조 －한국 근대문학 사상연구 2』, 아세아문화사, 1994, 101쪽.

03 조동일, 『한국문학통사』 5, 제4판, 지식산업사, 2005, 9-10쪽.

04 일례로 1898~1925년에 근대매체에 실린 한시만해도 3만여 수를 상회한다. 이희목 외, 『식민지시기 한시자료집』, 성균관대학교 대동문화연구원, 2009, 8-10쪽.

대인들은 무엇을 고민했고 무엇을 창출했는지를 밝히고자 한다.[05]

이를 위해 이 글이 초점을 맞추는 것은 한국 근대문학의 선구자로 평가받는 이광수이다. 지금까지 이광수의 '문학'론과 소설에 관한 연구는 무수한 성과를 구축해왔다. 특히 그의 「문학이란 하오」(『매일신보』 1916.11.10.~23.)는 기존의 '전통'적 문학관과는 전혀 다른 '신문학'론을 구축했다고 평가되었다. 김윤식은 일찍이 이 글에 대해 "한국근대문학론의 최초의 확립"[06]이라 평가하며 그 이유를 "서구적 의미의 문학론으로 체계를 이루었다는 점"과 "춘원문학론의 원형이 된다는 점", "독창적인 논문은 못 되나 '조선문학'을 끝까지 의식했다는 점" 등을 들었다. 그러면서 쓰보우치 쇼요坪內逍遙의 『소설신수小說神髓』(1885)와의 관계를 지적하며, 이광수가 '문학의 목적은 정의 만족'이라는 논의는 여기에 근거하고 있으며, '문학의 실효' 항목은 '小說の裨益'과 유사하다는 점을 지적했다. 또한, "「문학이란 하오」는 문학일반론이지만 그 내용은 소설론으로 되어 있다"라고 지적한 바 있다. 또 조동일은 이광수가 내세운 지정의론이 조선 후기 허균에서부터 시작된 문학의 본질을 정으로 이해하는 사상을 발전시키지 않고, 정의 개념에 혼란을 야기하고 기존 문학사상의 발전을 저해한다고 평가하며, 고전문학의 문학사상과 단절이 있음을 분명히 했다.[07]

이후 「문학이란 하오」에 대한 오늘날 연구자들의 인식에 큰 영향을 미친 것은 황종연의 연구이다.[08] 이 글은 「문학이란 하오」를 문학이

---

05 이러한 관점은 영국의 지성사 연구로부터 영향을 받았다. 퀜틴 스키너는 '오늘'날의 관점으로 과거를 재단하는 것을 비판하면서, 과거 논자들의 맥락을 복원하는 것을 지성사 연구의 핵심적인 방법론으로 보았다. 퀜틴 스키너, 『역사를 읽는 방법』, 황정아, 김용수 옮김, 돌베개, 2012.

06 김윤식, 「초창기의 문학론과 비평의 양상」, 『근대 한국문학 연구』 재판, 일지사, 1973, 65쪽.

07 조동일, 「이광수」, 『한국문학사상사시론』, 지식산업사, 1978, 333-335쪽.

08 황종연, 「문학이라는 역어 -'문학이란 하오' 혹은 한국 근대문학론의 성립에 관한 고

literature의 역어라는 데에서 출발해서 조선에서 문학을 사유하고 논변하는 새로운 방식을 열었다고 평가한다. 이광수가 문학을 심미화하고 민족문학의 이념을 제시했으며, 이는 한국문학에서 근대적 기획의 면모라는 것이다. 이를 논증하기 위해 황종연은 이광수의 '문학'론이 얼마나 종전의 유교적 '문학'과는 다른지를 보인다. 이러한 이광수의 문학론은 일본에서 '문학' 담론의 변천에 영향을 받은 것으로서, 지-정-의 삼분법으로 인간의 정신을 삼분한 것을 수용하여, '정'을 문학이 만족시키고 기르는 독립적이고 자율적인 분야에 할당한다. 이를 통해 문학을 과학(지), 윤리(의)와 대등하고 별개인 영역으로 확립시킨 것이다.[09] 그리고 이러한 조선문학의 발전을 조선민족의 발전과 연결하며, 조선문학을 조선어로 된 문학에 한정함으로써 중국(적인 것)을 타자화시키는 방식으로 '조선'이라는 것을 규정한다. 이때 조선(인)은 조선어(문)을 통해 보증되며, 여기에는 "언문일치"라는 개념이 전제되어 있다.

이러한 김윤식, 조동일, 황종연의 논의는 이후 이광수의 「문학이란 하오」의 의미를 규정하는 데 큰 역할을 했다. 이 논의에 대해서 이것이 쓰보우치 쇼오보다는 시마무라 호게츠의 논의에 더 직접으로 연결된다는 주장[10]이나 스코틀랜드의 알렉산더 베인의 논의와 연결시키는 등의 주장[11]들이 있어왔지만 대부분 '문학' 일반이나 소설, 또는 '정'이라는 개념에 대해 초점을 맞춰왔다. 이 글은 이러한 논의 위에서, 이광수의 「문학

찰」, 『동악어문학』 32, 동악어문학회, 1997.

09 이에 대해서는 백지은이 반박한 바 있다. 그에 따르면 지-정-의는 결코 대등하고 자율적인 영역이 아니라, 정이 지와 의를 포섭하는 초월적인 의미를 지닌다. 백지은, 「정의 문학론과 근대 문학 개념의 미분화 양상 고찰」, 『민족문화연구』 56, 고려대 민족문화연구원, 2012; 「문(학)의 이념 –근대 초기 문학 담론에서 "문(체)"의 문제」, 『민족문화연구』 65, 고려대 민족문화연구원, 2014. 참조.

10 이재선, 『이광수 문학의 지적 편력』, 서강대학교출판부, 2010, 25-26쪽.

11 김용규, 「문화번역과 '정'의 고고학: 이광수의 「문학이란 하오」의 한 읽기」, 『한국근대문학연구』 17(2), 한국근대문학회, 2016.

이란 하오」를 중점적으로 다루되, 그의 다른 시론을 분석대상으로 하여 기존 논의가 누락하고 있는 이광수의 시 인식이라는 측면을 부각함으로써 이광수 문학론의 중층성을 밝히고자 한다.

2. Literature의 역어로서의 문학과 詩로서의 시

이광수의 시와 시론에 대한 연구는 그의 소설이나 문학론에 대한 연구에 비해서 매우 소략하다. 일반적으로 이는 이광수 문학의 본령이 소설에 있고, 시는 가치가 떨어진다는 전제 때문에 그러했다고 여겨진다.[12] 그러나 특히 1910년대 이광수는 한국문단에 결정적인 역할을 했고, 그의 시론을 분석하는 것을 통해서 당대 시는 어떻게 규정되었는지를 탐색할 수 있으며, 이를 바탕으로 시론의 유개념인 문학론의 특성을 규명할 수 있다는 점에서 당대 이광수 시론 탐구의 의의는 분명하다. 그런 점에서 김유선와 김보겸의 연구는 이광수의 시론을 탐색하는데 있어 매우 유용하다. 김유선은 이광수의 시론이 내용이 아니라 형식, 즉 '음율'에 중점을 두고 있다는 점을 강조하며 특히 한국고전 시가와의 관련성을 시사했다.[13] 김유선의 논의는 이광수 시 연구의 사전탐색으로서 시론을 다루고 있어서 이광수 시론과 전통시관과의 관련성을 시사하는데 그치고 분석을 본격적으로 진행하지는 않아서 아쉬움이 남는다. 이러한 아쉬움을 해결하려고 한 것이 바로 김보겸의 연구로, 김보겸은 이광수의 시론을 전

12 김영민, 「근대 한국 100년 문학사의 재조명: 남북한에서의 이광수 문학 연구사 정리와 검토」, 『동방학지』 83, 연세대학교 국학연구원, 1994, 173쪽.

13 김유선, 『춘원 이광수의 시연구』, 경운출판사, 1995, 35-39쪽 참조.

체적으로 분석하여 전통지향적 속성을 밝혔다는 점에서 큰 의의가 있다. 그러나 전통지향성을 범박하게 "한시를 토대로 하는 시가 개념"으로 설정하고, 이광수의 시론이 이에서 벗어나고 있지 못한다는 한계를 가진다는 식의 평가[14]를 되풀이하고 있다는 점은 문제이다. 이것이 '한계'라는 평가는 '근대=서구'라는 도식 하에 근대적이지 못한 것이 '전통지향'인 것이며 이는 달성해야 할 목표로서의 '근대'를 가로막은 한계라는 평가이다. 현재까지 이광수 시론을 본격적으로 다룬 논자는 위에서 언급한 김유선과 김보겸 외에는 찾아보기 힘든데, 이들도 그의 시론을 집중적으로 분석하여 실제 이광수의 시 인식을 종합적으로 설명하지는 못했다. 이 글은 섣부른 가치평가에서 한발 물러나서, 이광수가 시에 대해서 어떻게 판단했는지를 귀납적으로 분석하는 것을 목표로 한다.

기존 논자들이 조명하지 못한 이광수 문학론의 중층성은 그의 '시'론과 '문학'론을 대비했을 때 밝혀질 수 있다. 주지하듯, 이광수는 문학을 literature의 역어로 파악하며, 전혀 새로운 서구적인 의미의 문학론을 주창했다. 만약 이렇게 문학이 literature의 역어로 완전히 새로운 것이라면, 문학의 종개념인 시 또한 poetry의 역어로서 완전히 새로운 것이어야 할 것이다. 그러나 그렇지 않았다. 이광수는 「문학이란 하오」의 시작부터 '문학'은 과거의 文學과는 다른 것을 지칭한다고 규정했다. 마치, "짐朕"이나 "경卿"이 고대에는 "이爾, 오吾"와 동일한 뜻이었지만 후대에는 그 의미가 달라진 것처럼 문학도 예전에 쓰던 말과 전혀 다른 말이라고 했다. 또 소설에 대해서는 "朝鮮에서 '才談'이나 '이야기'를 小說이라 하고 此를 善히 하는 者를 小說家라 稱하는 者가 有하나니 此는 無識한 所致다. 小說은 이렇게 簡易한, 輕한, 無價値한 것이 아니니라."(513)라고 하

14 김보겸, 「이광수 시론 연구 -전통시학을 중심으로」, 단국대 석사논문, 2016, 15-16쪽.

며 당대의 소설 인식과 단절을 선언했다. 그러나 시에 대해서는 전혀 다른 태도를 보인다.

> 中國文學의 一種인 詩經이나, 律詩等을 讀할 時에도 上述한 偏狹한 觀念으로 詩中에서 道德的, 勸善懲惡的 意味만 是求하려 하여 淸醇爛漫한 人情의 美를 嘗玩할 줄 不知하니 讀詩의 本意가 何에 在하리요. (『전집』 1, 509[15]) (이하 밑줄 인용자)

위 인용문에서 여실하게 드러나는 것처럼 이광수에게 『시경』은 "문학"의 일종이고, 이는 여전히 "시"로 인식되고 있었다. 이광수에게 '문학'이 과거의 문학과는 전혀 다른 의미의 단어였음에도 불구하고 시詩는 여전히 시詩였고, 이 시는 '문학' 즉, literature의 한 종류로 인정되고 있는 것이다. 따라서 이광수가 '문학'이라는 것이 literature의 번역어라고 주장한 것은 단지 '문학'이라는 말 뜻이 과거의 의미와는 달라졌다는 것을 의미하고, 그 하위 갈래인 '시'는 과거의 '시'의 의미를 지속하고 있고 이는 poetry와 정확히 같은 의미라고 파악하고 있다고 봐야 한다. 이는 한편으로는 놀라운 일이다. 기존의 '문'(학)을 거부하고 이는 서구에서 유래한 literature의 번역어라고 보았지만, 왜 시는 그대로 시인 것일까? 이에 대한 의문은 이광수에게 존재하지 않는다. 시가 시이며 이것이 곧 poetry인 것은 너무나도 당연했기 때문이다. 여기에 이광수 시 인식의 핵심이 놓여있다.

인용한 위 대목에서 이광수는 『시경』을 비판하지 않는다. 이광수는 『시경』이나 율시가 문제인 것이 아니라, 이를 읽을 때 도덕적, 권선징악적 의미만 구하려 하고 인정의 미를 감상할 줄 모르는 것을 문제시한다. 달리 말하면, 『시경』이나 율시에 이광수가 강조했던 문학의 본질적인 특성

15 이하 전집은 『이광수전집』, 삼중당, 1971.을 의미한다.

인 '정'이 들어있고, 이를 제대로 감상하지 못하는 것이 문제라고 비판한 것이며, 이는 곧 『시경』과 율시의 문학적 가치를 인정하고 있다는 의미이다. 실제로 이광수는 같은 글에서 『시경』의 권위를 인정하며, 이의 "기부분"은 "대문학"(『전집』 1, 517) 임을 인정하는 데에서도 『시경』에 대한 존중의 뜻이 드러나 있다. 여기서 이광수가 "중국문학의 일종인 시경"과 "종래 조선문학"에 대한 평가가 갈린다는 것을 알 수 있다. 즉, 이광수는 시경의 일부는 인정하지만, "고려이전은 물론" 조선문학 또한 "散文, 韻文을 勿論하고 반드시 儒教道德으로 骨子를 삼아 一步도 此範圍를 出하기 不能하며, 萬卷 文學書가 有하더라도 皆是 千篇一律"이라고 비판하고 있다. 이광수는 뒤이어 문학은 도덕을 고취할 의사는 없지만, 자연스럽게 교훈을 주어서 "품성을 도야"하게 한다고 주장하는 것을 보면, 이광수는 도덕을 고취하는 것으로 문학을 한정시킴을 비판하는 것이지, 그 도덕적 효과는 인정하고 있음을 알 수 있다.

그렇다면 이렇게 문학이 사상과 감정을 기록하고, 정을 만족케한다는 주장은 얼마나 동양 전통의 문(학)관과 거리가 있는 것인가? 동양에서는 『시경』 이전부터 "시언지詩言志"라는 개념이 통용되었다.[16] 특히 '정情'은 이광수도 "대문학"이라고 칭송한 『시경』의 모시서에 이미 "정" 때문에 말이 생기고 이것이 결국 시의 근원이라는 것을 지적한 바 있으니[17], 본디 정과 시는 유학에서도 매우 중요한 연관성을 지닌 것으로 파악되었다. 그렇다면 이광수의 논의도 여기에서 크게 먼 것은 아니다. 이광수가 주장하는 "정"이 무엇인지를 파악하기 위해서는 그의 「금일 아한 청년과 정육」[18]을 살펴봐야 한다. 여기에서 그는 "정"을 강조하며 "窮村僻巷에

---

16 김원중, 「'시언지' 설의 경학적 토대에 관한 검토」, 『중국어문학』 35, 영남중국어문학회, 2000, 11-12쪽.

17 詩者, 志之所之也, 在心為志 , 發言為詩°情動於中而形於言, 言之不足故嗟嘆之, 嗟嘆之不足故永歌之, 永歌之不足, 不知手之舞之, 足之蹈之也°「毛詩序」, 『詩經』

18 『대한흥학보』 10, 1910.2. 『이광수전집』 1, 삼중당, 1971.

生於長於하여 文字의 知識과 道德의 涵養이 蔑如한 者"라고 해도 "동정"으로 효를 할 수 있다고 주장하며 이를 바탕으로 이웃을 동정하고, 이를 "확이충지擴而充之"하여 사회와 세계를 사랑할 수 있다고 한다. 여기서 "확이충지"라는 표현과 논리는 맹자에서 배운 것이다.[19] 또한 이광수의 '지-정-의' 삼분법에서 정이 지와 의를 포섭하는 초월적인 의미를 지닌다는 점에서, 이광수의 정은 유학적인 '성정性情'과 유사한 개념이라는 점에서 유학적인 특성을 강하게 지닌다는 지적[20]을 염두에 둔다면, 이광수 시론은 여전히 강한 유학적인 색채를 지니고 있다고 할 수 있다.

이후 이광수는 문학을 분류하고 있는데, 여기에서도 이광수의 시에 대한 인식을 엿볼 수 있다.

> 形式으로 文學을 分類하면 散文文學, 韻文文學에 大分함을 得하고, 更히 散文文學을 論文, 小說, 劇 及 散文詩로 分할지요, 韻文文學은 詩라, 又 此를 更히 小分할 수는 有하나, 此에 略하며 또 煩擧할 必要도 無하다. (『전집』 1, 513)

운문과 산문을 나누고 운문은 시라 하고 산문을 문이라고 부르는 것은 당대唐代에 시작하여 송대에 일반화된 것으로,[21] 여기서도 전통적인 운문=시라는 인식을 보여주고 있다. 다만 이 분류에서 문제가 되는 것은 시는 운문이라는 규정과 동시에 산문문학에 산문시를 포함시키고 있다는 것이다. 시를 '운문韻文'으로 규정하는 것은 시와 운을 연결시키는 것이고 이는 한시를 비롯한 정형시만이 해당되는 것으로, 동아시아에서 보

---

19 이에 대한 논의는 정기인, 『한국 근대시와 한문맥의 재구성』, 고려대학교민족문화연구원, 2020, 140-146쪽 참조.

20 백지은, 앞의 글, 2012; 2014. 참조.

21 스즈키 사다미, 『일본의 문학개념 -동서의 문학개념과 비교고찰』, 김채수 옮김, 보고사, 2001, 106쪽.

편적인 시 인식이었다.

이광수는 이러한 전통적인 분류방법을 당연한 것으로 인식하면서도 동시에 "산문시"라는 운문이 아닌 산문도 시 분류에 포함시킨다. 시를 운문으로 규정한 후, '시'의 종개념인 '산문시散文詩'를 산문문학에 포함시키는 것은 운문이 아닌 시도 있다는 것을 강조한다는 점에서 "운문문학은 시"라는 규정의 모순을 보여준다. 왜 이광수는 이러한 모순을 노출할 수밖에 없었을까? 여기에 이광수 문학관의 중층성, 즉 "근대와 전통의 갈등과 타협"의 면모가 나타난다. 이광수에게 전통적인 의미에서 시는 운문이라는 전제가 너무나도 강력했지만, 그는 근대적인 산문시라는 형식을 언급할 수밖에 없었던 난관에 처해 있었다. 문학은 literature의 번역어였지만 동시에, 먼 과거의 중국의 시나 현재의 시나 모두 '시'라는 생각을 이광수는 가지고 있었다. 그러한 전제 속에서 그에게는 시는 운문이라는 것이 당연했지만, 한편으로 프랑스나 일본의 산문시, 또는 자신의 「옥중호걸」(『대한흥학보』, 1910.1.)같은 산문시를 염두에 둘 수밖에 없었다. 즉, 시 또한 원래 시가 아니라 poetry의 번역어라는 생각을 했다면 지금처럼 시는 운문이고 또 산문에는 산문시가 있다라는 식의 문장을 적지 않았을 것이다. 여전히 시는 과거로부터 이어져온 시라는 관념을 지속하고 있었기 때문에, 새로운 형식으로서의 산문의 하위분류인 산문시와 운문으로서의 시라는 모순을 노정하고 있는 것이다.

이처럼 과거의 시 관념은 다음과 같은 대목에도 여실히 드러난다.

> 散文을 '읽는 것'이라 하면, 詩는 '읊는 것'이라 할 지니, (…중략…) 詩는 作者가 人生의 一方面 又는 自己의 想像內의 世界中에 最히 興味 有한 者를 選出하여 音律 좋은 言語로 此를 描出하여 讀者로 하여금 咨嗟咏嘆케하는 것이요, 形式으로 論하건대 一, 韻을 押할 것 二, 平仄을 排列할 것이니, 此는 實로 詩

人이 感을 最히 有力하게 讀者에게 傳하기 爲하여 言語에 自然한 曲調가 生하게 하려는 方便이라. 韻은 漢詩나 西洋詩에 皆有하는 바이나, 日本語에는 押韻에 不便함이 多하여, 惑 此를 試한 者가 有하였으니, 皆失敗에 歸하였나니, 朝鮮語도 文法構造가 此와 似하며, 押韻에 不便이 有할지라. 大概 漢文이나 西洋文은 主語와 客語를 倒置하는 便이 有하여 假令, '좋은 사람', '사람 좋은'을 並用하기 可得하므로 韻이 豊富하거니와 日本文이나 朝鮮文에도 此便이 無함이라, 然이나 從此로 大詩人이 輩出하면 朝鮮文의 新詩法이 生할 것은 勿論이라, 現今도 押韻은 못하더라도 또 所謂 '響의 好, 不好'가 有하여, 韻은 아니로되, 韻과 效力이 想等한 響이 有하나니, 此는 時調를 讀한 者의 共認하는 바라, 韻이 無하건마는 自然히 어울리는 맛이 有함이 詩다. 平仄이라 함은 朝鮮語에 在하여는 長短音의 交錯이니라. (『전집』 1, 514)

여기서 시는 "읊는 것"이라는 말은 전통적인 음영吟詠을 의미로 시나 노래를 낭송하는 방식을 일컫는 것이다.[22] 또 "자차영탄咨嗟咏嘆"는 『시경』 「모시서」의 "차탄嗟嘆"을 의미하는 것으로, 언어에서 시로 나아가는 단계이다.[23] 그럼에도 염두에 두어야 하는 것은, 동아시아에서 원래 "읊는 것"은 운문에 한정되지 않고, 성인의 뜻이 담긴 『시경』이나 『서경』을 포함해서, 자신이 믿고 좋아하는 글은 산문이나 운문이나 "음영"하는 것이었다는 점이다.[24] 이광수는 이러한 전통을 일부는 계승하며 일부는 단절한다. 이제 산문은 읽는 것이며, 운문의 대표로 시를 꼽았으니 시만이 읊는 것이다. 따라서 이후 자연스럽게 '읊는 것'으로서 시의 중요한 특징으

---

22 정기인, 앞의 책, 148-149쪽 참조.

23 詩者, 志之所之也, 在心為志, 發言為詩。情動於中而形於言, 言之不足故嗟嘆之, 嗟嘆之不足故永歌之, 永歌之不足, 不知手之舞之, 足之蹈之也。「毛詩序」, 『詩經』

24 사이토 마레시, 「음역의 공간: 시와 노래」, 노요한 옮김, 『한자한문연구』 10, 한자한문연구소, 2015, 226-228쪽 참조.

로 "음율 좋은 언어"로 독자가 "자차영탄"하게 해야 하는 것을 든다. 이를 위해서 시가 갖춰야 할 형식으로 압운과 평측을 제시했다는 것은 한시를 기준으로 시를 사고했다는 것을 방증한다. 따라서 이광수는 현재로서는 조선어로 압운하는 것이 "불편"하지만 대시인이 이를 극복해서 새로운 작법을 창출할 것이라 기대한다. 이러한 관점의 연장선에서, 현재는 압운은 못하지만 음향이 좋은 시들이 있고 시조가 그 예라고 제시하고 있다. 즉, 압운은 시에서 마땅히 있어야 하는 것이고 이는 조선어로는 구현이 어려워서 대시인을 기다려야 되지만, 이와 유사한 효과를 내는 음향을 시조처럼 할 수 있다는 것이다. 여전히 시에 대해서 온전한 자유시가 아닌, 운과 평측과 같은 일정한 제약으로 "자연한 곡조"가 있어야 한다는 인식을 확인할 수 있다. 이러한 인식을 바탕으로 했기 때문에, 이광수는 문학은 literature의 번역어라고 했지만, 여전히 시는 시라고 생각하며 과거 시에 대한 관념들을 바탕으로 시를 설명하는 면모를 보인다.

3. 노래에서 분리된 문학으로서의 시가(詩歌)와 노래의 기원을 간직한 시가

이광수 시론에서 중요한 또 다른 특성은 노래와 분리되어 문장으로 적힌 것으로서의 시가의 개념을 분명히 했다는 것이다. 이광수는 「문학의 가치」(『대한흥학보』 11, 1910.3.)에서 "詩歌, 小說 等 情의 分子를 包含亢 文章"이 문학이라고 규정한다. 여기서는 시가 아니라 '시가'라고 한 점에 주목해야 한다. 이 글이 실린 『대한흥학보』 11호에는 '시'라는 분류는 따로 없으며, '사조詞藻'라는 분류 하에 한시가 게재되고 있었고, '소설

小說'이라는 분류 하에 이광수의 「무정無情」이 게재되었다. 다른 호에도 마찬가지로 '사조'는 한시를 의미하고, 시조는 '가歌'가 붙어서 「태평산가太白山歌」와 같은 제목으로 게재된다. 6년후 그가 「문학이란 하오」에서 삼국유사에 실린 향가와 이방원과 정몽주의 시조를 "가歌"라고 지칭하고 있다는 것[25]과 그 이후 10년 후에도 시조를 시가로 지칭한 것을 보면[26], 『대한흥학보』와 마찬가지로 이광수도 '가'를 과거의 노래로 불렸던 가사의 의미로 사용하고 있다고 볼 수 있다. 그러나 다른 글에서는 다시 "조선에도 시가 있었다 하면 그것은 시조일 것이다"[27]라는 것을 보면, '가'와 '시'를 명확히 구분하지 않은 면모도 보인다. 이러한 원인을 전통적인 '시가'의 관념을 받아들인 것인지[28], 또는 일본 국문학 운동의 영향인지[29]를 확정할 수 있는 증거는 부족하다. 다만 여기에서 알 수 있는 것은, 그는 문학의 하위분류로 '시'가 아니라 '시가'를 소설과 대등한 것으로 파악했다는 것이다. 여기서 문제는 '가'는 본래 노래로 불릴 수 있었기에 '가'라는 단어가 붙었다는 것이다. 그런데 이광수는 분명히 "정情의 분자를 포함한 문장을 문학"이라고 규정하고 그 안의 하위분류로 시가와 소설을 들었다. 그렇다는 것은 이광수는 이미 시가를 노래와 분리되어 문장으로 적힌 가사歌詞를 의미했다고 봐야 한다. 즉 여기서 이광수는 '시가'라는 개념을 사용하고 있지만, 노래로 불리기 위한 것이 아니라 정의 분자를 포함한 '문장文章'으로 적힌 것을 중요한 특징으로 파악하고 있다. 이는 과거에 시는 한시를 의미했고, 이와 가를 분명하게 구분하고, 노래로

25 이광수, 『전집』 1, 삼중당, 1971, 517-518쪽.

26 이광수, 「육당과 시조」, 최남선, 『백팔번뇌』, 1926.11. 『이광수전집』 10, 삼중당, 1971, 549쪽.

27 이광수, 「부활의 서광」, 『청춘』 12, 삼중당, 1918.

28 박슬기, 「한국 근대시의 형성과 율의 이념」, 서울대 박사논문, 2011, 10쪽.

29 구인모, 『한국 근대시의 이상과 허상』, 소명, 2008, 42-45쪽.

불릴 수 있는 것을 '가'로 표기한 것과는 구분된다.[30]

이광수의 이러한 '문장'에 대한 집착은, 신라의 '전설'에서부터 기록된 시편이나 소설의 흔적을 찾는 모습에서 잘 드러난다.[31] 그는 현재 전하는 신라 시대 문학이 없다는 것을 한탄하며, 신라 시대의 석굴암을 보면 신라인들의 높은 예술성을 짐작할 수 있기 때문에 당연히 당시에도 문학이 있었어야 한다고 주장한다. 그 이후에 『삼국유사』 등에 실린 신라 시대의 전설이 당대 문학의 존재를 증명하는 것이라고 추정한다. 이러한 시각의 배후에는 문장화되지 못한 구비문학은 문학이 아니라는 것이 전제되어 있다. 또 춘향가, 심청가가 아무리 조선인 생활에 밀접한 관련을 맺고 있는 전설이라고 하더라도 예술가의 손에 의해서 문장으로 적히지 않은 이상 이는 문학이라 할 수 없다고 주장하며, 문장으로 적힌 것만이 문학이라는 주장을 되풀이한다.[32]

이후 이광수는 시와 가를 분리해서, "詩, 歌, 小說 等도 文學의 一部分"이라고 명시하기도 한다. 즉 이광수는 '시'와 '가'를 구분해서 사용하기도 하고, 이를 함께 붙여서 '시가'라고 표현하기도 한다. 그럼에도 이 '시', '가', '시가' 모두 '문장'으로 된 것을 의미한다는 점에서, 노래와 분리

---

30 이종건, 「한국문학 용어 '시가' 비판론」, 『국제어문』 16, 국제어문학회, 1995, 79-80쪽 참조

31 "只今 漢字로 記錄한 新羅史며 東京誌等에 傳하는 所謂 荒誕無稽의 傳說은 當時 詩人, 文士의 손에 된 文學的 作品의 內容의 梗槪가 아닐까. 假令 始祖 朴氏의 傳說 閼英, 閼智며, 其他 六氏始祖의 傳說이며, 金庾信 斬馬의 傳說 같은 것도 當時 詩人이나 文士가 民族的 英雄을 材料로 하여 지은 詩篇이나 小說中에 쓴 바가 아닐까. 處容舞 같은 것은 音樂과 舞蹈와 詩歌를 合한 것임과 같은 이러한 傳說이 當時文學의 存在를 證明하는 것이 아닐까." 이광수, 「부활의 서광」, 『청춘』 12, 신문관, 1918. 『이광수전집』 10권, 삼중당, 1971, 27쪽.

32 "春香歌, 深靑傳 같은 것을 歌劇이라 할 수도 있지마는 이 亦是 原始的, 傳說的, 遊戲的이요 決코 藝術的이라 할 수는 없다. 그 劇本 되는 春香歌, 沈淸歌가 爲先 一個 傳說에 不過하는 것이요 藝術品이라고 許할 수가 없다. 이 傳說은 果然 朝鮮人의 傳說, 眞實로 朝鮮人의 生活에 接觸한 傳說이지마는 그것이 어느 藝術家의 손을 거쳐 나오기 前에는 傳說的 一材料에 不過하는 것이지그려, 決코 藝術品은 아니다." 위의 글, 26쪽.

된 글자로 적힌 텍스트를 문학으로 파악하고 있음을 알 수 있다. 한글 창제 이후의 조선 문학의 대표적인 예로 "용비어천가"와 "월인천강지곡"을 제시하면서도 조선 음악은 발달하지 못했다고 비판하는 면모도 가사와 노래를 분리해서 판단하고, 노래에서 분리된 가사는 곧 문학이라 여기는 태도를 보여준다.[33] 이러한 태도는 20년대 말에 발표된 이광수의 유일한 시조론이라고 할 수 있는 글에서도 강조된다.

> 時調가 원래 부르기 위한 노래인 것은 勿論이니, 이는 時調뿐 아니라 어느 노래라도 그러할 것이다. 章, 句를 規則과 音數, 韻律의 約束이 모두 이 부르기 위한 데 緣한 것이다. 그러나 時調는 다른 詩歌와 마찬가지로 音樂인 屬性을 除하고 文學만으로 存立할 수도 있는 것이니, 時調를 愛好한다고 반드시 時調를 愛唱하거나 愛聽한다는 것을 意味할 것은 아니다. 비록 聾啞라도 時調를 理解할 文學의 힘만 있으면 時調의 愛好者가 되기에 아무 障礙가 없을 것이다.
> 그렇다고 文學인 時調는 全혀 音樂的 要素를 無視할 수 있다는 것은 아니니, 一編의 時調를 構成하는 章, 句, 語, 音에 一種 特別한 高低, 長短이 內在하여 내려 읽으매 저절로 吾人의 音樂的 要求를 滿足시켜야 하는 것이다.[34]

위 대목에서 이광수는 시조를 포함하는 '시가'는 부르기 위한 노래이지만, 음악의 속성을 제외하고더라도 "문학만으로 존립"할 수 있다고 주

---

33 한글의 創造는 實로 朝鮮文學發興의 萌芽이었어야 할 것이다. 世宗께서는 親히 龍飛御天歌, 月印千江之曲 等을 지어 朝鮮人에게는 朝鮮文學이 있을 것을 보였다. (28) 音樂, 美術에 至하여서는 거의 擧論할 必要조차 없다. 音樂으로 보건댄 所謂 正樂이라는 것이 있어 李氏朝鮮의 標準音樂이라 할 수 있으나 그것도 朝鮮人 全體에 普及되었다 할 수가 없고, 歌謠는 아직도 民謠時代를 脫却치 못하였다. (25)

34 이광수, 「시조」, 『동아일보』 1928.11.1.~9. 『이광수전집』 10, 삼중당, 1971, 444-445쪽.

장한다. 즉 이광수는 시조에서 음악적 속성을 제외하고 남는 것을 문학이라고 생각했던 것이고, 이는 문장으로 적혔다는 의미에서 노래에서 분리된 것이었다. 그러나 곧이어 이광수는 그럼에도 시조의 음악적 요소는 무시할 수 없다고 주장하며, 시조 안에는 고저장단이 만들어내는 음악적 요소를 만족해야만 한다고 주장한다. 여기서 흥미로운 것은 그가 시조의 "음악인 속성"을 제외하더라도 문학이지만, 이 시조는 "음악적 요소"는 담고 있어야 하며 또 우리의 "음악적 요구"를 만족시켜야 한다고 주장한다는 점이다. 이광수는 노래로 불릴 필요는 없지만, 노래와 같은 요소는 있어야 한다고 주장하는 것이 모순이 아니라고 생각했을지도 모른다. 이러한 궁색한 논리를 마련해야 했던 이유는, 이광수는 문학은 literature의 번역어라고 굳게 믿으면서도 동시에 과거의 '시' 개념을 기반하여 시를 사유했기 때문이다.

이렇게 문장으로 쓰인 것을 강조하는 것은 서구의 literature의 의미와 밀접하게 연관되어 있다. 라틴어 litteratura는 음성에 대비해서 문자라는 것을 의미한다. 여기에서 파생된 literature는 '쓰여진 것'이라는 의미를 지속하고 있다.[35] 그런 점에서, 이광수의 '시가' 개념은 "근대와 전통의 갈등과 타협"의 면모를 보여준다. literature로서의 문학은 글자로 적힌 것만을 대상으로 한다. 따라서 '가'도 문학이기 위해서는 문장으로 적혀야 한다. 그러나 '歌'는 글자가 나타내듯이 노래할 수 있는 것이라는 점이 본질적 요소이다. 이런 점을 잘 보여주는 것이 당대 최남선의 창가이다. 최남선은 창가를 지으면서, 노래와의 분리를 강조한 것이 아니라 오히려 노래로 불릴 수 있도록 노력했다. 최남선에게는 '가'나 '노래'라고 이름을 붙이는 것과 '시'라고 이름 붙인 것이 달랐다. 최남선이 '시'라고 규정했을 때는 악보를 첨부하지 않지만, '가'나 '노래'라고 분류하면서는 노

35 스즈키 사다미, 앞의 책, 98면.

래로 불릴 수 있도록 악보도 함께 게시한다.[36] 이와 달리 이광수는 기원으로서의 노래는 인정하나, 노래와 분리되어 문장으로 쓰인 것을 강조하는 것이다. 그럼에도 이광수는 이러한 '가'를 문학의 한 분야로 포섭하는 것을 포기하지 않고, 노래와 분리되었다면 그 본질적 요소가 가창이라고 하더라도 문학으로 보았다. 이러한 시각은 앞에서 살펴본 그의 시 인식이 전통적인 시 인식과 매우 밀접한 것과 상관이 있다. 그에게 시는 운문이고, 읊는 것이었기에, 운율, 평측이 중요했고, 그래서 음율 좋은 언어라는 점이 강조된다.[37] 즉, 이광수에게 시는 노래와 가까운 것이었고, 따라서 기존의 노래로 불렀던 '가'도 노래와 분리해서 문장으로 적기만 하면 그 가사는 시와 매우 흡사한 것으로 여겨졌을 것이다. 그는 조선의 시조는 "中國으로 말하면 詩經이요, 日本으로 말하면 萬葉, 古今의 和歌에 비할 것"[38]으로 여겼다. 『시경』, 『만엽집』, 와카 모두 시가라는 것은 곧 시경에 근거를 둔 '한시'도 시가로 바라보고 있다는 것을 의미한다. 따라서 같은 글에서도 시와 가를 합해서 '시가'를 소설과 대등한 문학의 갈래로 제시하기도 하고, 이를 분리해서 "詩, 歌, 小說 等도 文學의 一部分"이라고 명시하는 것이 이광수 내적으로는 아무런 모순도 없었던 것으로 보인다. 이처럼 시와 가의 친연성은, 동아시아 시의 경전인 『시경』에서부터 나타나는 것으로, 시경의 '시'도 기원을 따지자면 노래를 문자로 적은 것이기 때문에 노래에 기원을 둔다. 이런 점에서 『시경』을 '대문학'으로 인정하며 이것에 비견되는 것이 조선의 시조라고 여겼던 이광수의 입장에

36 예를 들어 '시'로 분류한 「해에게서 소년에게」는 악보를 제시하지 않지만, '노래'로 분류하는 「세계일주가」와 같은 경우에는 노래로 불릴 수 있도록 악보를 첨부한다. 최남선, 「해에게서 소년에게」, 『소년』 창간호, 신문관, 1908; 「세계일주가」, 『청춘』 창간호, 신문관, 1914.

37 이런 점에서 박슬기는 1920년대 자유시론자들에게 시는 노래였다고 하며, 여기에는 "율의 이념"이 작동하고 있다고 주장한 바 있다. 박슬기, 앞의 글.

38 이광수, 「시조」, 『동아일보』 1928.11.1.~9. 『이광수전집』 10, 삼중당, 1971, 443쪽.

서, 문장으로 적힌 '가'를 문학으로 분류하는 것은 당연한 일이었을 것이다.

때문에 1910년대에 이광수가 전통부정론에서 1920년대에 국민문학운동을 통해 돌연 민요와 시조를 주장한 것은 단절이 아니라 그 안의 연속적인 계기를 담고 있다. 시론의 관점에서 보았을 때 이광수는 일관되게 노래에 기원을 둔 시와 가를 강조하고 있었기 때문이다. 이러한 이광수의 시에 대한 인식은, 1920년대에 국민문학운동에서 김억과 주요한은 민요를 주창하고, 최남선과 이병기 등은 시조를 주창했던 상황 속에서 민요시와 시조를 둘 다 옹호하는 모습으로 나타난다. 그러나 이때 이광수가 민요는 곧 문학이라 인정한 것은 아니다. 그는 한편으로는 "시가는 그 나라의 민요를 뿌리로 발달한 것"[39]이라고 하며 민요를 옹호하는 동시에, 민요와 문학은 분명하게 선을 그어서 문학 이전의 원시적 형태라고 인식함을 분명히 했다.

> 순전한 조선말로 된 것으로 **민요의 역을 벗어난 것은 가사와 시조다**. 그러나 그것도 대부분은 형식이나 생각이나 다 한문식이기 때문에 일반적, 민중적인 지경에는 달하지 못하였고, **우리의 노래는 아직 민요 시대를 벗어 나지 못하였다**.[40]

위의 인용대목을 살펴보면, '민요'를 벗어난 것으로 가사와 시조를 들고 있는데, 이는 문장으로 적힌 것이다. 그 후에 "우리의 노래는 아직 민요 시대를 벗어 나지 못하였다"라는 대목은 민요 시대를 원시적 시대로 판단하고 있음을 드러낸다. 이광수의 주장은 이렇게 조선인의 정조에 바탕을 둔 민요를 참조해서 새로운 문학을 창조하자는 것이지, 민요가

39 이광수, 「민요소고」, 『조선문단』 3, 1924.11. 『이광수전집』 10, 삼중당, 1971, 395쪽.
40 위의 글.

곧 근대문학이라는 것은 아니었다.[41] 또 민요의 형식을 분석하면서도 음수율, 대구, 운을 기준으로 하고 있어 시를 분석하는데 한시를 여전히 기준으로 삼고 있는 면모를 보인다.[42]

이처럼 이광수는 literature의 번역어로서의 문학을 강조하며, 노래나 음성과 분리된 문장으로 적힌 시가를 문학이라 인정했다. 그러나 여전히 전통적인 시와 가의 개념을 지속하며 노래와 친연성이 있는 시와 가의 개념을 유지하고 있었다. 여기에 이광수 문학의 "근대와 전통"의 중층적 측면이 드러난다. 이광수에게 시가는 literature로서의 문학이었기에 노래나 음성에서 분리된 문장으로 적혀야 했으며, 동시에 '시가'는 시와 가 모두 노래의 기원을 두고 있었기 때문에 음악적 요소를 중시했던 것이다.

4. 이광수 시론의 중층성과 그 의미

지금까지 이광수 시론에서 나타나는 근대와 전통의 중층적 면모를 살폈다. 이광수는 문학은 전혀 새로운 서구적인 개념으로, literature의 번역어라고 주장했다. 그러나 문학의 종개념인 시는 전통적인 詩의 개념을 지속하고 있었다. 그의 시가 개념도 이러한 분열의 모습을 보여준다. 그는 노래나 음성과 대비되는 literature로서의 문학을 강조하며 문장으로

41 새로운 문학을 지으려 하는 우리는 우리의 민요와 전설(이야기)에서 이것을 찾는 것이 절대로 필요하다. 위의 글, 396쪽.

42 1 우리 노래의 리듬은 소리의 높낮이에 있는 이보다도 음절의 수에 있는 것 (…중략…) 4 머리운이나 발운은 달았다고 할 수 없으나, 서로 대 되는 구절에 어디든지 서로 대하는 위치에 운을 다는 것. 위의 글, 398쪽.

적힌 것만이 문학일 수 있다고 전제한다. 그러나 동시에 그에게는 노래에 뿌리를 둔 전통적인 시와 가의 인식이 강해서, 노래와 분리되면서도 동시에 노래와 유사한 효과를 지녀야 함을 거듭 강조하며 시와 가의 본질을 음악적 요소에서 찾았다.

이와 같은 중층성이야말로 한국과 같은 주변부 문학의 근대성을 특징 짓는 요소이지 않을까? 지금까지 이광수 문학은 그 '새로움'에 과도하게 초점이 맞춰져 왔다. 이는 '서구=근대'라는 도식을 확인하고 고전문학과의 경계를 확정하기 위한 욕망으로 그의 문학을 분석했기 때문일지도 모른다. 또 다른 측면으로는 한국어 또는 국문 전통만을 강조하려는 민족주의적 욕망으로 이광수 문학의 전통성에 초점을 맞추기도 했다. 이러한 두 주류적 흐름에서 배제하고 있었던 것이 바로 한문 전통이었다. 이 글에서 살펴보았듯이 그는 스스로 인정하지 않을 수도 있지만, 한문 전통의 시 개념에 많은 것을 빚지고 있었다. 이러한 관점에서 이광수의 1910년대 문학과 도덕의 분화에서 1920년대 문학과 도덕의 탈분화脫分化라는 단절[43]을 이해할 수 있는 계기도 찾을 수 있다. 이광수가 주장하는 '정'은 '지'나 '의'와 대등한 자율적인 분야가 아니라, 정이 지와 의를 포섭하는 초월적인 의미를 지녔고, 이는 인간의 본성이라는 의미에서 '성정'과 매우 유사했다.[44] 또 그의 문학론은 문이재도론에 입각해서 문보다는 도에 중심을 두었고, 문학으로 인간의 성정을 교화해야한다는 전통적 문학론을 지속하고 있다는 점에서 이광수의 문학론은 1910년대와 1920년대에 "근본적인 변화"[45]를 보였다기 보다는 그 속에 일관된 흐름을 내재

---

43 김동식, 「민족개조와 감정의 진화: 1920년대 이광수 문학론에 대한 예비적 고찰」, 『한국학연구』 29, 한국학연구소, 2013, 49쪽.

44 백지은, 앞의 글, 2012; 앞의 글, 2014. 참조.

45 김동식, 앞의 글, 49쪽.

하고 있다고 파악할 수 있다.[46]

이처럼 전통적 한문 문학관의 영향은 비단 이광수만 그러한 것은 아니었다. 당대의 최남선, 김억, 김소월[47], 한용운이나 그 이후 정지용, 조지훈, 신석정 등도 그러했다. 이러한 시인들이 예외적이었던 것도 아니었다. 당대 시대에 한학 소양은 당연한 것이면서 동시에 제도적인 것으로 1920년대까지 공립학교나 사립학교에 다니는 학생 수보다 한문 교육에 중점을 둔 서당에 다니는 학생 수가 더 많았고,[48] 일본의 근대적 학교에서도 한문은 필수적인 교과목이었으며, 일제 강점기에 출세하거나 상급학교에 진학하기 위한 시험에서도 한문 능력은 중요했다.[49] 또한, 1898~1925년에 근대매체에 실린 한시가 3만여 수를 상회한다는 점[50]을 감안한다면, 오늘날 '근대문학'이라는 이름 아래 이러한 면면들이 억지로 가려져 있었던 것이 놀라울 정도이다. 이 글에서 분석한 이광수의 시론이 게재된 지면에서도 한시는 함께 게재되고 있었다. 문학은 literature의 번역어라고 주장했던 「문학이란 하오」가 게재된 『매일신보』에는 1910~45년까지 11,776수의 한시가 게재되었고, 심지어 「문학이란 하오」 바로 옆에는 '문원文苑'란이 있어서 「문학이란 하오」가 연재되기 시작한 1916.11.10.에는 한문 축사인 「입태자식축사立太子式祝辭」가 쓰여있었다. 「문학의 가치」가 실린 『대한흥학보』(1910.3.)에서는 조선어 시보다는 한시가 훨씬 많았으며[51], 이 글이 실린 11호에서도 조선어 시는 없고 한시만이 9수 게재

46 정기인, 앞의 책, 136-154쪽 참조.

47 최남선, 이광수, 김억, 김소월의 시와 시론에 나타난 한문맥의 요소에 관해서는 위의 책 참조.

48 「통계연보」, 조선총독부, 1911~1931. 박종선, 「일제 강점기(1920~30년대) 조선인의 서당개량운동」, 『역사교육』 71, 역사교육연구회, 1999, 38면에서 재인용.

49 정기인, 앞의 책, 49-56쪽 참조.

50 이희목 외, 앞의 책, 8-10쪽.

51 『대한흥학보』에 게재된 시가는 총 71편으로 이 중 한시가 65편, 시조 3편, 가사 3편으로 91.5%가 한시에 해당한다. 전은경, 「유학생 잡지 『대한흥학보』와 문학 독자의

되어 있다.

이러한 중층성이 제대로 파악하지 못했던 까닭은 발전론적 도식으로 문학사를 파악하려 했기 때문이다. 근대는 곧 '가까운 시대'인데, 가깝다는 의미를 물리적으로 가깝다는 의미가 아니라 오늘날과 유사한 시대로 의미하고, 오늘날의 문학의 '기원'을 찾으려 했다. 그러니, 오늘날과 유사한 지점만이 초점화되고 오늘날과 거리가 먼 것으로 여겨지는 지점은 사각지대에 남는다. 실제로 당대 국문 문학이 한문 문학을 뚜렷하게 인식하고 이와 상호작용하고 있었다는 점을 염두에 둔다면[52], 오늘날 '근대문학'에서 한문과 관련된 내용들은 삭제되어 있는 것은 반쪽짜리 문학만 연구되고 있는 것이다. 이러한 서술은 문학을 발전론적 도식과 한민족의 자기전개로 파악하려는 욕망이 개입한 것이다.[53] 이러한 태도는 당대 시대의 복잡성을 단순화시키고, 당대 시대에 대한 중층적 이해를 방해한다. 이광수 시론에서 나타나듯이 당대의 복잡성을 최대한 있는 그대로 복원하고 그것의 의미를 파악할 때, 해당 시대의 고민과 성취들을 포착할 수 있을 것이다.

이러한 관점에서 볼 때, 20세기 전반기 문학으로서의 '근대'문학에 대해서 많은 중요한 연구들이 축적되었지만, 여전히 미지인 부분도 많이 남겨져 있다고 할 수 있다. 국문과 한문 전통, 서구와 일본의 영향 속에서 당대 문인들은 무엇을 고민하고 이를 어떻게 소화해서 자신의 문학을 전개해나갔던 것일까? 이를 당대의 맥락을 최대한 섬세하게 복원하면

형성」, 『국어국문학』 169, 국어국문학회, 2014, 317쪽.

52 관련 내용으로 『청춘』에 소재한 한시와 국문시의 상호 작용과 한시와 국문시의 역할을 탐색한 논의로는 정기인 · 채송화, 「『청춘』 소재 국문시와 한시의 역할 고찰」, 『한문학논집』 51, 근역한문학회, 2018과 『풍악기유』에서 국문산문과 한시의 상호작용과 관계를 탐색한 정기인 · 채송화, 「육당 최남선과 석전 박한영의 여행기 『풍악기유』」, 『사이』 24, 국제한국문학문화학회, 2018이 있다.

53 허병식, 「한국문학사 서술의 정치적 무의식」, 『한국근대문학연구』 21, 한국근대문학회, 2010, 26-27쪽.

서, 너무 쉽게 단일한 '이야기'로 서술하는 것을 지양하며 서술해야 한다. 다행히 오늘날 연구들은 이 부분에 주목하기 시작했다.[54] 당대의 국문시와 한시는 서로를 의식하면서 쓰이고 있었으며[55], 당대의 문학 개념은 이러한 관점에서 다시 살펴야만 한다. 이를 위해 이 글에서는 이광수 시론에서 어떻게 literature로서의 문학이라는 개념과 전통적인 시의 개념이 균열을 내보이면서 혼재하고 있는지를 서술했다. 추후 그의 시 작품에서도 이러한 균열과 중층성이 어떻게 나타나는지를 파악하는 연구를 진행할 계획이다.[56]

54 유건수의 논의는 이런 관점에서 이광수의 '천재' 개념을 토마스 칼라일에서 촉발되어 도쿠토미 소호, 양계초, 신채호 등의 동아시아 지식인들로부터 한문 전통을 매개로 수용되는 과정을 탐구했다는 점에서 유의미하다. 유건수, 「이광수 초기 문학에 드러난 천재의 의미」, 서울대학교 석사논문, 2019, 18-46쪽 참조.

55 정기인 · 채송화, 앞의 글, 2018.

56 그의 시에 나타난 한문 전통의 영향에 관해서는 정기인, 앞의 글, 155-174쪽 참조.

2장
근대적 문체 인식과 수용

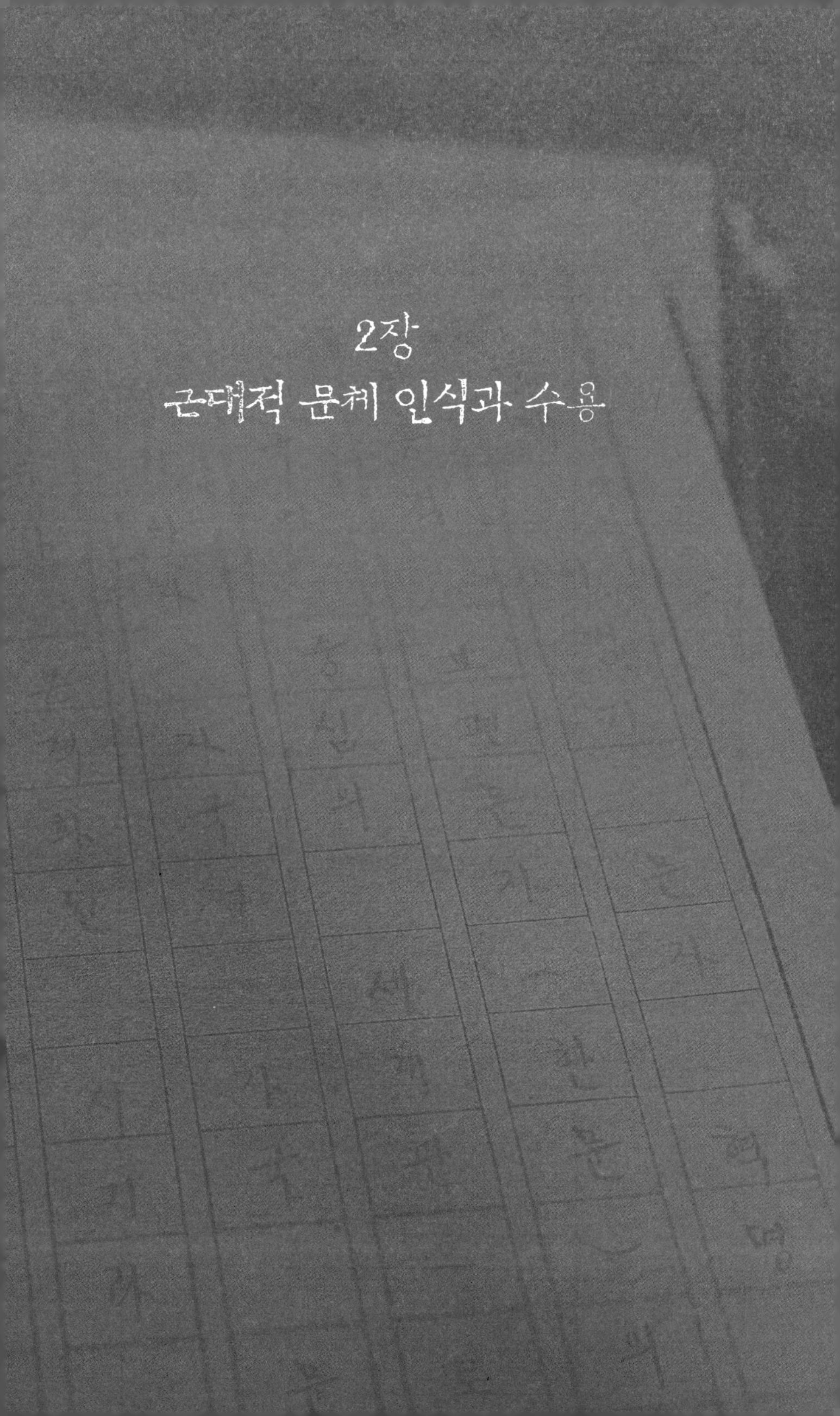

일·한 번안소설을 통한 표기법의 근대화 연구

– 『想夫憐』과 『ᄌᆡ봉춘』을 중심으로 –

황 연 지·스기모토 가요코(杉本加代子)

일·한 번안소설을 통한 표기법의 근대화 연구
-『想夫憐』과『지봉춘』을 중심으로 -

황 연 지 · 스기모토 가요코杉本加代子

1. 서론

본고에서는『想夫憐』과 이를 원작으로 번안된『지봉춘』 간의 비교를 통해 20세기 초 일·한 번안소설의 양상을 검토하고, 나아가『지봉춘』에서 드러나는 당시의 한국어 표기법 및 문체와 관련하여 주목되는 현상을 살펴보고자 한다.

조선시대는 한문과 한글, 이두를 사용하는 3중 문자체계를 이루고 있었으나(이현희 외 2014), 19세기 말엽부터 개항과 더불어 서구의 문물과 일제의 압력이 가해지면서 점차 중화 중심의 사상에서 벗어나 자주적인 독립국가로 거듭나고자 하는 움직임이 일어나게 되었고, 1894년에 고종이 한글을 나라의 공식적인 문자로 인정하면서 이전까지 언문으로 취급되던 한글의 지위를 대폭 상승시켰다. 이러한 사회적 분위기는 자연히 우리 고유의 말과 문자인 국어와 국문에 대한 관심으로 이어지며 입으로는 조선어를 하고, 글은 한문을 사용함으로써 말과 글이 서로 통하지 않는 언문이치의 상황에서 벗어나 말과 글을 통일하려는 언문일치 사상이 대두되기에 이른다.

이에 따라 1896년에 최초의 순한글 신문인『독립신문』이 창간되었고, 국어 교과서·문법서 및 순한글 신소설이 간행되는 등 사회 전반에서 국문을 널리 보급하기 위한 노력이 수행되었다. 또한 우리보다 먼저 언문일치를 안정적으로 이루어낸 일본에서 창작된 작품이나 일본어로 번역된 서양 문학을 다시 조선어로 번역하는 등 일련의 과정들을 통해 점진적으로 언문일치체의 근대적 문체를 확립해 나간다(정혜영 2019). 곧, 우리의 근대적 문체를 형성하는 데에는 일제강점기라는 사회적 배경과 더불어 일정 부분 일본어와 일본 문학의 영향이 있었을 것으로 추정할 수 있다. 한국에서 근대의 경험은 서구적 근대와 직접 대면하는 것 속에서 이루어진 것이 아니라, 그것을 우리보다 먼저 경험한 일본을 매개로 한 것이었기 때문이다(권용선 2004). 이러한 측면에서 일본 소설을 우리의 문장으로 바꾸어 서술한 번안소설은 우리 문체의 근대화 과정과 당시의 언어적 현실을 확인할 수 있으며, 이에 더하여 일본어와의 영향 관계를 함께 고찰할 수 있다는 점에서 주요한 자료가 된다. 그럼에도 지금까지의 근대적 문체 연구나 번안소설 연구에서 『想夫憐』과 『지봉춘』은 주목받지 못했던 경향이 있어 작품에 대한 전반적인 검토가 미비한 실정이다.

본고의 2장에서는 먼저 『想夫憐』과 『지봉춘』의 서지사항에 대해 검토하면서 작품의 성격을 규명할 것이다. 그리고 3장에서는 두 작품의 비교를 통해 20세기 초 한국어에서 등장하기 시작한 근대적 문체, 특히 접속부사와 문장부호의 등장 양상 및 사용 환경을 면밀히 정리함으로써 문체의 근대화 과정에서 드러나는 일본어와 한국어 간의 영향 관계를 밝히고, 당시의 언어 현실을 확인하고자 한다.

2. 『想夫憐』과 『지봉춘』의 서지사항

1) 渡辺霞亭(와타나베 카테이)와 『想夫憐』

원작가 渡辺霞亭와타나베 카테이, 1864~1926는 明治·大正시대를 걸쳐 활약했던 작가이지만 현재 그의 작품은 모두 절판되었고, 선행연구도 극소수에 불과한 실정이다. 한국에서는 카테이의 대표작인 『渦巻』이 趙重桓에 의해 『續編長恨夢』으로 번안된 바 있으나, 『長恨夢』과의 연속성을 추구해 개변을 하다 보니 원작과 괴리한 작품이 되었다(노혜경 2013). 또한 카테이의 경력에 대해 언급된 문헌에도 잘못된 기술이 많고 전거가 명확하지 않아(相良真理子 2017), 한·일 양국 모두 카테이의 작품이나 생애에 대한 연구가 미흡한 지점이 많다.

카테이는 10대 중반에 岐阜日日新聞의 기자로 활동을 시작, 만 25세 때 大阪朝日新聞의 기자 겸 작가가 되었다. 이후 전국 각지의 신문과 잡지에서 다수의 연재를 통해 소설을 집필했다. 1900년대에 들어서면서는 〈大阪朝日新聞〉과 〈大阪毎日新聞〉의 경쟁이 격화되어 〈大阪毎日新聞〉의 간판 작가인 菊地幽芳키쿠치 유호와의 경쟁 구도가 만들어지고, 독자의 쟁탈전이 벌어지기도 하고 삽화에 관련된 패션 유행을 일으켰으며, 대중문화 형상 과도기에 있어서 큰 역할을 했다고 할 수 있다. 신문연재소설작가도 빠르게 교체되는 가운데 카테이는 1890년대부터 1910년대까지 해마다 끊임없이 집필해온 유일한 작가였다. 이처럼 압도적인 연재수과 언론인으로서 사회문제를 보는 시각, 당시 독자들의 마음을 사로잡은 필력 등에 비해 지금까지 霞亭카테이와 그의 작품에 대한 학계의 연구는 일본과 한국을 막론하고 모두 미비한 실정이며, 그의 작품에 대한 재조명이 요구된다.

그가 1903년 6월 23일부터 같은 해 9월 4일까지 〈読売新聞〉에 연재한 『想夫憐』소우부렌은 익년 2월에 今古堂書店에서 출판된 가정소설이다.[01] 출판되자 그 같은 해에 바로 신파에 의해 극화돼 반복 상연될 만큼 당시에 큰 인기를 얻은 작품이었다.[02]

『想夫憐』 중에서 와타나베 카테이는 서술문은 문어체로, 대화부분을 구어체로 쓰는 '雅俗折衷体'를 사용했다. 카타카나는 거의 사용하지 않고 한자에다가 히라가나로 음을 달았다. '火酒'라고 한자로 써 놓고 'ぶらんでい브랜디'라고 히라가나로 음을 달아준 것이다. 이는 『장한몽』의 원작으로 알려진 신문연재소설 『금색야차金色夜叉』(1897~1902)의 작가 尾崎紅葉오자키 코요와 『나는 고양이로소이다』(1905)로 알려진 夏目漱石나츠메 소세키 등 당시의 많은 작가들이 외래어를 카타카나로 표기하거나 한자에다가 카타카나로 음을 달아준 것과는 다른 양상이다. 카테이가 카타카나로 썼던 곳은 일부 의성어나 구어체를 사용한 대화 부분의 장음과 촉음 뿐이다. 즉, 장음부호를 사용하지 않고「ぢやア」「やア」「あのウ」와 같이 모음을 카타카나로 표기하는 것과「ホッ」「江ッ」와 같이 촉음을 카타카나로 표기하는 것이다. 이러한 표기법은 戰前 소설까지에서도 종종 찾아 볼 수 있고, 1954년의 국어심의회의「외국어 표기법에 대해」에서 장음부호 사용을 규정하기 전까지는 작가마다 차이를 보인다(久保田篤 2013).

---

01 본고에서 참고로 하는 원본은 今古堂書店에서 출판된 제4판이다. 소장된 곳은 일본 국내에서 두 군데밖에 없어 山口県立大学의 加藤禎行先生이 호의로 개인 소유의 원본을 山口県立大学의 井竿富雄先生이 일일이 촬영해 데이터를 보내주셨다. 진심으로 감사드린다.

02 1905년, 1906년, 1910년, 1937년에 상연된 기록이 확인되는데, 1937년을 마지막으로 상연 기록이 없다. 일본연예·연극 총합산연년표데이터베이스 (검색일:2022.1.26.) https://www.dh-jac.net/db/nenpyo/results.php?-format=results-1p.htm&f45=%E6%83%B3%E5%A4%AB%E6%86%90&-max=30&&enter=default

또한 서양 구독법을 참고로 한 보조부호도 근대성의 지표라고 할 수 있는데, 보조부호 사용에 있어서도 카테이 나름대로의 방식이 보인다. 카테이는 보조부호에 관해서는 물음표나 느낌표를 전혀 사용하지 않았으며, 문장 끝에 맺는 구점 '。'을 세 군데만 사용하고 나머지는 독점 '、'을 사용했다. 『금색야차』의 경우, 물음표·말줄임표·느낌표를 사용했으며 구점·독점을 다 사용하였고, 『나는 고양이로소이다』에서도 물음표·말줄임표와 구점·독점 이 다 사용되었으나, 이 작품에서는 그렇지 않다. 대화 부분에는 겹낫표 '『』'를 사용했는데, 대화만으로 끝나거나 대화가 계속 이어질 때는 시작점에만 겹낫표를 표기하고 닫지 않았으나, 대화에 술어가 붙어 있을 때는 그 대화 끝에도 겹낫표를 표기하여 닫아주었다. 코요와 소세키도 대화에서 주로 낫표를 사용했지만 낫표와 겹낫표 사용법에 있어서 역시 작가마다 차이가 있고 같은 작가도 작품에 따라 변화가 있다.[03] 따라서 주로 앞겹낫표를 사용하는 카테이의 방식은 카테이만의 특징이라고는 할 수 없지만, 겹낫표를 표기하는 데 있어 그 나름대로의 규칙이 있는 것을 알 수 있다. 또한 강조할 때와 마음속의 소리에도 겹낫표를 사용하였다. 3장에서 자세히 살펴보겠지만, 이는 그대로 『지봉춘』에 영향을 주고 있다.

2) 이상협과 『지봉춘』

소설가이자 언론인인 이상협(1893-1957)은 1983년에 서울에서 태어나 보성고보를 거쳐 관립 한성법어학교官立漢城法語學校를 수료한 후, 1909

03 부호 사용의 선구적인 예로서, 二葉亭四迷(후히바 테이시메이) 『新編 浮雲(신편 부운)』(1887~1889년)의 경우 3편으로 구성이 되었는데, 뒤로 갈수록 낫표 사용법이 달라지고 있다. 1906년에 「구독법안」이 나오기 전까지는 규칙이 명지된 바 없다.

년 慶応大学게이오대학에서 2년간 유학생활을 하였다(정가람 2007). 귀국한 후 1912년에 동양서원을 통해 최초의 번안작 『직봉춘』을 발표하였고,[04] 이를 시작으로 이후 〈매일신보〉에서 기자생활을 하며 『눈물』(1913), 『정부원』(1914), 『해왕성』(1916)과 같은 번안소설과 창작소설 『무궁화』(1918)를 연재·발표하였는데, 이후 3·1운동을 계기로 기자생활에서 물러나 〈만주일보〉 발간, 〈동아일보〉 창간, 〈조선일보〉 편집고문 등 언론인으로서 활동했다.

당시에는 1910년대를 전후로 하여 『직봉춘再逢春』(1912)을 비롯하여 『두견성杜鵑聲』(1912), 『쌍옥루雙玉淚』(1912), 『장한몽長恨夢』(1913) 등 일본 소설의 번안작이 활발히 간행·연재되었는데, 당대에 일본에서 사회적으로 소외되었던 여성 독자를 대상으로 간행된 '가정소설'이라는 장르를 순한글체로 번안하여 한국에 소개함으로써 한글을 주로 사용하였던 당시 조선의 여성 독자들을 주요 대상으로 삼고자 하였다(정가람 2007). 이러한 움직임 속에서 이상협은 당대에 인기를 끌고 있던 渡辺霞亭의 수많은 작품 중 여성의 삶과 신분제도의 타파를 이야기하고 있는 『想夫憐』을 선택하여 순국문체를 사용한 번안과 더불어 소설의 처음과 끝에 '가졍소셜 직봉츈'이라고 제목을 달아줌으로써 여성과 사회적 약자계층을 위한 계몽적 메시지를 담고 있는 작품이라는 성격을 명확히 하고 있다는 점에서 문학사적 의의를 지닌다.

---

04 『再逢春』은 원작이 연재된 지 10년이 지난 후에 간행되었는데, 이 소설에 앞서 『想夫憐』이 연극으로써 1908년에 서울의 일본인 경영극장에서 먼저 상연되었고, 한국극단인 文秀星에 의해서도 상연되었다. 즉, 『想夫憐』은 먼저 연극이라는 장르로 한국에 수용되었고, 대중적인 성공을 거둠으로써 소설 출판으로 이어졌던 것으로 추정된다(洪善英 2000).

3) 『想夫憐』과 『지봉춘』의 번안 양상과 주제의식

『지봉춘』에서는 원작과 달리 내용이 일부 생략되거나 새롭게 창작된 부분도 확인할 수 있으나, 전반적으로는 『想夫憐』의 줄거리와 전개에 충실하다. 따라서 내용의 중복을 피하기 위해 두 작품의 통일된 줄거리를 간략하게 서술한 다음에 차이가 나는 부분에 대해 언급하겠다.

여주인공은 천민계급이지만 자산가의 딸이다. 아버지는 딸의 행복을 위해 다른 집으로 입양까지 시켜 좋은 집안으로 시집을 보냈는데, 신분을 숨긴 채 시집살이를 하는 여주인공의 약점을 이용한 양아버지는 여주인공한테 금품을 갈취하며, 결혼반지까지 빼앗아간다. 그뿐만 아니라 병상에 있는 친어머니를 만나게 해준다는 핑계로 300엔이나 되는 돈을 요구한다. 궁지에 빠진 여주인공은 도움을 받으려 친아버지와 몰래 만나다가 남편에게 들켜 오해를 사게 되면서 결국 시댁을 나간다. 소식을 들은 양아버지는 여주인공의 친아버지에게 따지러 가지만, 오히려 친아버지에게 질책을 당함으로써 자신의 잘못을 깨닫고, 뉘우치게 된다. 이후 양아버지는 여주인공의 남편을 찾아가 자신의 악행을 소상히 털어놓으면서 진실이 밝혀지게 되고, 남편은 신분에 관계치 않는 채 여주인공을 다시 데리러 찾아가고, 일주일 후 각 신문사가 두 사람이 결혼했다는 소식을 전함으로써 소설이 마무리된다.

작품의 시대적 배경은 두 작품 모두 집필된 당시에 해당되며, 『지봉춘』에서는 지리적 배경을 교토에서 서울로 옮겨 등장인물과 설정을 조선식으로 바꾸었다. 『想夫憐』과 『지봉춘』의 등장인물을 대비하면 다음과 같다.

〈표 1〉『想夫憐』과 『지봉춘』의 등장인물

『想夫憐』	『지봉춘』
岩崎雅子 이와사키 마사코	許英子 허씨부인
岩崎一彦 이와사키 카즈히코 마사코의 남편	李均榮 리참셔 許英子의 남편
小泉修蔵 코이즈미 슈조 마사코의 양아버지, 휴직 해군 대위	許均 허부령 許英子의 양아버지, 전 육군 부령
小泉假名子 코이즈미 카나코 마사코의 양어머니	허부령의 마누라 許英子의 양어머니
中野清助 나카노 세스케 마사코의 친아버지, 新平民 자산가	白聖達 許英子의 친아버지, 백정 자산가
中野富(お富) 나카노 토미(오토미) 마사코의 친어머니	최씨부인 許英子의 친어머니
吉田玉(お玉) 요시타 타마(오타마) 마사코의 하인	계순 許英子의 하인
岩崎貞子(お貞) 이와사키 사다코(오사다) 마사코의 시어머니	됴씨부인 許英子의 시어머니
濱子 하마코 카즈히코의 전 약혼자, 사다코의 여동생의 딸	金淑姬 숙희 李均榮의 전 약혼자, 됴씨부인의 큰언니의 딸
菊(お菊) 오키쿠 카즈히코의 하인	복월 李均榮의 하인
駒(お駒) 오타마 사다코(오사다)의 하인	칠녀 됴씨부인의 하인
	슈철어멈 계순의 이모, 白聖達의 전 하인

이상의 표에서 확인할 수 있듯이 등장인물은 원작에 없는 한 사람, '슈철어멈'을 제외하고 모두 정확히 통일되었다. 그런데 이 '슈철어멈'은 이상협이 창작한 장면, 즉 원작에 없는 장면에 나온 인물이다. 이상협이 원작에 없는 장면을 새로 창작하여 삽입한 것은 이 부분이 유일한데, 여

주인공인 허영자가 집을 나간 뒤 몸을 은신할 곳을 찾다가 우연히 만난 계순의 이모가 허영자의 유모였다는 설정을 더하여 신분계급의 가장 아래층에 있는 인물을 추가시키고 있는 것이다.[05] 이에 대해 洪善英(2000)에서는 천민 계층 인물을 등장시킴으로써 백정 출신의 허영자와 함께 신분제도가 타파된 새로운 시대의 도래를 시사하고 있는 것으로 해석한 바 있다. 필자는 거기에 더불어 이 장면은 주제의식을 더욱더 분명하게 하기 위한 설정이었다고 보고 있다. 이 장면이야말로 유일하게 즐거워하고 행복해하는 여주인공이 묘사되었고, 계급이 높아도 인품이 없는 사람들과 대비함으로써 인간의 계급보다 인품이 중요하다는 것이 강조되어 있다. 또한 여주인공에게는 유모였던 슈철어멈은 서로 의리가 있는 관계이기 때문에, 돈으로 얻은 신분 상승보다 의리가 훨씬 소중하게 느껴지는 장면이기도 하다. 즉, 이러한 장면을 삽입함으로써 이상협은 최소한의 변경으로 독자들에게 주제를 효과적으로 전달하고 있는 것이다.

한편, 『지봉춘』에서는 원작에서 10페이지 넘게 서술된 부분을 통째로 생략한 장면이 있다. 이 장면은 이와사키가의 모든 사람들과 카즈히코의 전 약혼자인 하마코까지 모여 두 팀으로 갈라져 카루타 놀이(전통 카드 놀이)를 하는 장면이다. 여주인공인 마사코를 둘러싼 인물들의 관계성이나 이로 인한 마사코의 갈등, 심정에 대한 심리묘사가 섬세한 명장면이긴 하지만 특별히 주제가 또렷해지는 장면도 아니므로 번안작에서는 생략이 되었던 것으로 보인다. 이러한 구성상의 보충과 생략에서 이상협의 작가의식을 엿볼 수 있으며, 구체적인 번안 양상에 대해서는 두 작품의 텍스트 인용문 비교를 통해 살펴보겠다.

다음 인용문은 모두 『想夫憐』과 『지봉춘』에서 동일한 장면을 서술

05 이처럼 『再逢春』에서 원작에 없는 부분을 창작한 것에 대해 洪善英(2000)에서 천민 계층 인물을 등장시킴으로써 백정 출신의 허영자와 함께 신분제도가 타파된 새로운 시대의 도래를 시사하고 있는 것으로 해석한 바 있다.

하고 있는 부분이다.

(1) 가.『あら、濱子さんですか』と答へたる声の力なさ、詞の響き咽喉にかゝるが如くぞ覚えし濱子ハ近寄りて
『私、是からお宅へ参る処ですわ、あなたお手づから郵便をお入れでしたの』と憚る様なし、〈想夫憐:122〉

가′.「부」 누님이오
한 마듸 ᄒᆞ고는 다시 아모 말도 아니 나와 가만히 셧스니 숙희가 사람 죽일 눈우슴을 치며 넝거집고 말을 ᄒᆞᆫ다
「슉」 나는 지금 져녁밥을 먹고 덕으로 가는 길이오 형님은 손수 편지를 너흐라 나오셧습더잇가 〈지봉춘:56〉

나. 今日ハ五月六日、軒の菖蒲に露乾きて、雅子が隠居所へ機嫌窺ひの時刻、早や九時過ぎたるを嘲る如し、座には濱子あり、お駒あり、雅子は襖細目に開けて『お早うございます』と声かくるを、貞子は待ち兼ね顔にじろりと見て『雅子さんかい、大そうお早いのう』と笑ひ顔、雅子は聞こえぬ振して、濱子の方へ膝を向け『來らつしやいまし、今日ハ好いお天気でございます』と笑ひかけぬ、濱子ハ貞子の詞の頭折らんことを想はれたるか、其挨拶に答へは無くて、密と貞子を見遣りたり貞子『雅子さん、お前ハ何かい、今日のお天気の好いのを、今お心付きぢやつたかい』〈想夫憐:35〉

나′. 오늘은 오월 륙일이라 뜰 압헤 장포꼿은 아참 이슬을 먹음어 웃는 듯ᄒᆞᆫ데 허씨부인이 시어머니ᄭᅦ 문안 드러갈 ᄯᅵ에 일곱시가 지낫더라 안방 장지문을 열고 드러서니 슉희도 벌셔 와 안졋더라
「부」 어머님 안령히 주무셔겝시오 누님은 벌셔 오셧습드닛가 오늘은 날이 ᄆᆡ우 좃치
「됴」 이ᄋᆡ 너 오늘 ᄭᅫ 일즉 이러낫고나 오늘 날 좃코 슝ᄒᆞᆫ 것을 인제야 알앗ᄂᆞ냐 여긔 잇는 사람은 죄 바보라고

날 좃코 슝흔 것도 네가 말흐기 젼에는 아지 못흘셧 흐야 흐는 말이냐 〈지봉춘:18-19〉

다. 一彦はホツト息を吐き流して、それですか、そんな事は私ちツとも念頭に置いて居ないのです、殊に雅子は叔父さんの養女として迎えて居るのですから、假令身分にいかな變動があらうとも、夫が為に愛情を變えるやうなことはありません

『きつとかな

『勿論です、岩崎一彦不肖ながら偽言は云ひません〈想夫憐:215〉

다′. 리참셔는 다년 문명흔 외국 풍조에 익어셔 만민평등을 쥬장흐는 사름이라 활발흔 남아가 엇지 요런 사소흔 계급에 거럿씨리오 흐고

「리」 그런 일은 나난 조곰도 상관치 안슴니다 더군다나 처는 장인 양녀로만 알고 장가든 것이 닛가 졔 신분에 엇더흔 관계가 잇던지 글로 인흐야 마음 변흘 리는 만무흠니다 〈지봉춘:120〉

(1가)와 (1가′)는 여주인공이 남몰래 친아버지에게 편지를 보내는 것을 남편의 전 약혼자가 목격한 장면이다. (1가)처럼 원작에서는 雅子(마사코)가 당황해하는 모습이 하마코의 시선을 통해 그리면서 '濱子(하마코)가 가까이 와서 (이야기한다)'정도로 서술되었을 뿐이지만, 『지봉춘』에서는 (1가′)와 같이 '숙희가 사람 죽일 눈웃음을 치며'라는 인물묘사를 첨가함으로써 숙희에게 악인의 이미지를 확실하게 부여해준다. 원작에서 하마코의 시선으로 마사코의 모습을 묘사한 것은 마사코의 곤란한 상황을 알면서 일부러 말을 거는 악의를 표현하고 있는 것이다. 원작에서는 주로 이처럼 직설적인 표현을 피하는 경향이 보이는 것에 비해 번안작에서는 확실한 표현을 보다 강조하는 것이다.

또한 (1나)와 (1나′)는 여주인공이 시어머니의 방으로 문안하러 간 장면이다. (1나)와 같이 원작에서는 인물의 심리를 장황하게 풀어서 설명하고 있는 반면, 『지봉춘』에서는 이러한 부분을 최소화하여 (1나′)과 같이 간략하게 서술하고 있다. 또한 원작에서 여주인공과 시어머니와의 대화가 두 번 왕복되는데 『지봉춘』에서는 한 번으로 합쳤다. 이처럼 원작에서 계속 이어지는 대화나 중복되는 문장은 『지봉춘』에서 대부분 간략화하고 있는 것을 확인할 수 있다.

(1다)와 (1다′) 역시 원작을 간략화하는 동시에 원작을 보충하려는 의도도 보이는 예이다. 이는 여주인공의 양아버지가 여주인공의 남편에게 진실을 알게 되더라도 마음에 변화가 없는지 묻고 있는 장면이다. 원작에서는 修蔵슈조가 一彦카즈히코의 답을 듣고서도 꼭이냐고 재확인하고 있는 반면, 『지봉춘』에서는 그 부분이 생략되어 리참셔가 한 번에 답하고 있다. 그러나 여기서 밑줄 부분과 같이 원작에 없는 설명을 보충하기도 하는데, 그것은 리참셔의 언행에 설득력을 주려고 하기 위한 설정일 것으로 보인다. 이처럼 이상협은 원작의 내용을 줄이면서 합리적인 보충도 잊지 않았던 것을 알 수 있다. 또한 이러한 번안 방식은 작품의 주제와 관련이 있는 것으로 보인다.

그렇다면 카테이와 이상협이 이 작품을 통해 일본과 조선의 독자들에게 전달하고자 했던 것은 무엇일까. 카테이는 신분계급으로 인한 인간의 차별의식을 문제로 삼으면서 작중의 주요 인물로 슈조로 대별되는 계급이 높아도 인품이 없는 사람과 雅子마사코로 대별되는 천민계급이지만 인품과 마음씨가 좋은 사람을 설정함으로써 인간의 가치는 그 신분계급에 따라 결정되는 것이 아니라는 점을 강조한다. 또한 천한 신분임에도 주인을 지키기 위해 스스로 누명을 뒤집어쓰고 집을 나가는 吉田玉오타마의 행동이나, 남편의 명예를 지키기 위해 아무런 변명도 하지 않고 그저 숨어 살겠다는 마사코의 다짐을 통해 부귀보다 의리가 귀하다는 것을 말하고 있다. 그리고 마사코의 행복을 위해 슈조의 부당한 요구에도 이를 참고 견디는 清助세스케와 마사코의 계급은 중요하게 생각하지 않는다는 카즈히코를 통해 부자간, 부부간의 사랑과 믿음을 전하고 있다. 결국 이 작품을 통해 카테이는 인간의 가치는 계급이나 부귀로 결정되는 것이 아니며, 이보다 인품과 의리가 중요하다는 것을 독자들에게 말하고자 한 것이다. 추정컨대 이상협은 이러한 부분을 고려하여『想夫憐』을 번안해 조선에 소개하면서 당시 조선에 만연하던 신분제도와 사회적 현실에 대해 비판하고, 나아가 평등사상을 말하고자 했던 것으로 보인다.

또한 카테이와 이상협은『想夫憐』과『ᄌᆡ봉츈』의 첫 장에 아래와 같은 서문을 남겨 이 작품의 주제의식을 뚜렷하게 드러내고 있다.

(2) はしがき

想夫憐は何んの為に作られたるそ、世の所請善男善女を得度せん為か、あらず、美の神髄神脳を説かんが為か、あらず、想夫憐一編は現代社会の有様を直写せるなり、位階のみ高く、地位のみ高く、然も心も行為も無下に卑しき人あらば如何、素姓のみ悪く階級のみ卑く、心も行為も勝れて高き人あらば如何今の世は是等両端の人々に向つて如何の態度をか取れる、如何の待遇をか為せる、人情義理に背きたる所なきか、言う所行ふ所に差う事なきか、千百万人中もし富を捨てゝ義を取るものあらば、即て此書の為れる眞意を知らん

穴かしこ／＼

辰年の春　　黒法師　密に記す

(3) 편두단언編頭短言

ᄌᆡ봉츈은 엇지ᄒᆞᆫ 연고로 지엇ᄂᆞᆫ가 선남선녀의 사젹을 긔록

코져 ᄒᆞᆷ인가 아니오 효졔츙신의 도리를 셜명코져 ᄒᆞᆷ인가 아니오 ᄌᆡ봉츈 한편은 현ᄃᆡ사회의 형편을 빗취ᄂᆞᆫ 거울이라 품계만 놉고 지위만 귀ᄒᆞ나 심지와 ᄒᆡᆼ위가 지극히 비루ᄒᆞᆫ 사람이 잇스면 엇더케 될가 지쳬만 쳔ᄒᆞ고 계급만 나즈나 심지와 ᄒᆡᆼ위가 지극히 고상ᄒᆞᆫ 사람이 잇스면 엇더케 될가 현금 세상은 이러ᄒᆞᆫ 사람들의게 ᄃᆡᄒᆞ야 엇더ᄒᆞᆫ ᄐᆡ도를 취ᄒᆞ며 엇더ᄒᆞᆫ ᄃᆡ우를 ᄒᆞᄂᆞᆫ지 인졍 의리에 위ᄇᆡ되ᄂᆞᆫ 바이 업스며 교졔 담화에 차이ᄒᆞᆫ 일이 업스나 쳔ᄇᆡᆨ만인 즁에 부귀를 놋코 의리를 취ᄒᆞᄂᆞᆫ 사ᄅᆞᆷ이 잇스면 ᄌᆡ봉츈의 지은 뜻을 거위 짐작ᄒᆞᆯ 듯

신ᄒᆡ의 여름 져자ᄂᆞᆫ 스ᄉᆞ로 긔록ᄒᆞᆷ

(2)는 원작『想夫憐』의 서문이고, (3)은『ᄌᆡ봉춘』의 서문이다. (2)에서 霞亭카테이는 직접 작품의 창작 의도를 설명하고 있으며, 이를 번역한 것이 (3)이지만 일부 수정된 부분도 확인할 수 있다. "美の神髄神脳"라는 표현을 "효졔츙신의 도리"라는 보다 현실적인 단어로 옮겼고, "現代社会の有様を直写せるなり"는 "현ᄃᆡ사회의 형편을 빗취ᄂᆞᆫ 거울"이라고 보다 더 독자들의 가슴에 와닿는 표현을 선택했다. 이상협의 또 다른 번안소설인『정부원』 연재(매일신보 1914년)에 앞서 "소설은 우리 인생을 비추는 거울"이라는 글이 있어 이상협의『想夫憐』의 주제의식에 충실하면서도 독자들에게 이를 보다 명확하게 전달하려고 했던 의도와 작가로서의 사명감을 알 수 있다.

이상협은『想夫憐』을 번안함에 있어 큰 이야기의 맥락은 동일하게 가져가면서도 일본적인 문화, 요소를 조선의 상황에 맞추어 변경했고, 등장인물의 성격과 그 선악성을 보다 분명하게 하여 한국적 정서에 맞는 인물상을 제시하고 있다. 또한 문장의 순서를 바꾸거나 과감한 생략과 요약을 통해 원작을 축약하면서도 일부 맥락에서는 타당성 있는 보충도

했다. 이러한 번안 양상에는 독자들로 하여금 흥미를 유발시키고, 소설의 주제를 명확히 전달하려는 작가의식이 투영되어 있다고 하겠다.

3.『지봉춘』에서 드러난 문체의 근대화 양상

19세기 말엽, 자주독립국가로 나아가고자 하는 움직임의 일환으로 시작된 자국어에 대한 관심은 국가적 차원에서부터 민간 차원으로 나아가 언문으로 쓰인 다양한 소설 작품을 간행하기에 이른다. 이 시기 국문소설은 이전 시기 소설들의 표기수단으로 사용되던 한문에서 벗어나 독자층을 서민으로 확대하면서 구어체, 이야기형의 구어담론을 통해 소설의 대중화를 본격화하며(양문규 2013) 새로운 언어, 문체의식을 확보해 가는 근대화의 양상을 보인다. 곧, 소설은 언문일치체 문장의 효시가 된 사용역이므로 문체의 분석에서 반드시 살펴보아야 할 자료가 된다(안예리 2014). 특히『지봉춘』을 비롯한 일·한 번안소설은 일본 소설을 우리의 문장으로 바꾸어 서술한 것으로서 일본어 문장과 한글 문장의 비교 검토가 가능하기 때문에 우리의 근대적 문체가 성립되는 데 있어 일본어와의 영향 관계를 확인할 수 있으며, 우리 문체의 근대화 과정과 당시의 언어적 현실을 함께 확인할 수 있다는 점에서 주요한 자료가 된다.

지금까지의 근대적 문체에 대한 선행연구는 대체적으로 종결형을 중심으로 수행되었는데, 한국문학 분야의 관점에서 '-라'체에서 '-다'체로 대표되는 종결형의 변화를 검토하고, 이러한 변화는 작가의 의도에 따라 근대적인 것으로 선택되어진 것이라고 설명하고 있다(권보드래 2000, 김미형 2003, 류준필 2003, 정은균 2009). 그러나 이지영(2019)의 지적처럼 한국어학의 관점에서 이러한 분석법은 수용하기 어려운 점이 많다. '-라'체가 '-다'체로 변화하는 과정은 서로 다른 의미를 지닌 개별 형태소 간의 선택이 아니라 이형태의 결합 환경 및 이형태 관계의 변화로 인한 결과이기 때문이다. 곧, '-라'와 '-다'는 고형과 개신형으로서의 대립을 보이는 개별 형태소가 아니라 동일한 형태소의 이형태이며, '-라'체에서 '-다'체로의 변화는 근대적 문체로의 지향이라기보다 이형태 간 통합 양상의 변화로 인해 유발된 것이다. 따라서 종결어미의 변화가 근대적 문체로의 지향을 방증한다는 기존의 논의는 재고할 여지가 있어 보인다.

이러한 점을 고려하여 본고에서는 20세기 초 문체의 근대화 양상을 살펴봄에 있어 선행연구들에서 주목해 왔던 종결어미의 변화보다는 이 시기에 급격한 생산성의 증가를 보이는 문법형태와 새롭게 형성된 문법형태에 초점을 맞추어 논의를 진행하고자 한다. 또한 이러한 새로운 문법형태의 출현은 일제강점기라는 시대적 배경 아래에서 수행되었기 때문에 일·한 번안소설이라는 장르의 특수성을 활용한 일본어 문체와의 대조를 통해 이러한 근대적 문법형태들이 어떻게 우리의 문장에 도입되어 왔는지 그 초기적 양상을 함께 검토해볼 것이다.

1) 접속부사의 사용

『지봉춘』의 서술적 특징 중 가장 눈에 띄는 것은 다양한 접속부사가 사용되었다는 점인데, 이는 문장을 짧게 나누어 각 문장을 이어줌으로써 문장 간의 논리적 관계를 표시하고자 하였다는 점에서 이전 시기의 고소설들과 큰 차이를 보이고 있다. 근대 이전의 우리 문장이 연결어미를 사용하여 여러 서술 내용을 하나의 긴 문장으로 이어서 표현하는 방법을 사용했다면, 이처럼 문장을 짧게 나누고 접속부사를 통해 다시 이들을 이어주는 표현 방식은 문어에 구어체를 반영하려는 근대적 인식이 작용하였다는 것을 의미한다. 이전 시기까지는 연결어미를 가진 절들로 접속되면서 연결어미가 절 사이의 관계를 표현할 수 있는 장치였으나, 문장들이 짧게 끊어지면서 문장 간의 관계를 연결어미로 표현할 수 없게 됨에 따라 접속사가 요구된 것이다(안주호 2000).

『지봉춘』에서는 '그런데', '쏘', '쏘흔', '게다가', '그러면', '그러나', '더구나', '더군다나', '다만', '그릐셔', '그릐도'의 11가지 접속부사가 나타나며, 각 형태의 출현 횟수는 다음과 같다.

〈표 14〉『지봉춘』에서의 접속부사 사용 양상

형태	빈도
그런데	2
그런딕	2
쏘	60
쏘흔	3
게다가	1
그러면	53
그러나	26
더구나	1
더군다나	2
다만	10
그릐셔	2
그릐도	6
계	168

접속부사는 중세국어 시기부터 꾸준히 그 수가 증가하는 양상을 보이는데(안주호 2000), 『지봉춘』에서 높은 활용 빈도를 보이는 '쏘/쏘흔', '그러면', '그러나', '다만'과 같은 접속부사들은 중세국어 시기에도 사용

되던 것이었으나, '그럭도'는 18세기부터, '그럭셔', '그런데/그런딕'는 19세기부터 새롭게 문법화를 통해 만들어진 형태이다(이금영 2016). 또한 '게다가'나 '더구나', '더군다나'와 같은 접속부사들도 19세기에서 20세기경에 새로이 출현하기 시작한 접속부사로서 『지봉춘』에서 그 용례를 소수 확인할 수 있다.

그런데 『지봉춘』에서 접속부사가 사용된 맥락은 아래와 같이 원작인 『想夫憐』과 동일한 문장구조를 보인다.

(4) 가.「최」 그러면 압문으로는 갈 수가 업스니 누구의 일흠을 비러셔 리실의게 편지를 ᄒᆞ시오 그럭셔 어늬 날 어늬 시 엇의셔 잠간 만나ᄌᆞ고 작졍을 ᄒᆞ고 가보는 수박게는 아모 도리 업소〈지봉춘:64〉

가'.『もし夫ならば表面からは行かれませぬ、誰なりとも名を借りて、雅子へお手紙をお出しなされませ、さうして日と時と場所とを定め、樹陰にて一寸の逢瀬、それに心付く人はあるまじ、〈想夫憐:136〉

나.「계」 마님 그까짓 일에 은혜란 말슴이 쳔만에 망녕이심니다 그런데 어듸를 이러케 혼ᄌᆞ 가심닛가 쇤네가 어듸던지 모셔다 드리겟슴니다〈지봉춘:93〉

나'.『あら、奥様、お禮なんぞ被仰るほどのことでハございません、それよりハお単独で何處へ行らッしやるのでございます、私お供を致して参り度うございますけれど』〈想夫憐:178〉

(4가, 나)는 『지봉춘』에서 접속부사가 사용된 예인데, 문장 사이에 접속부사가 출현하여 두 문장을 서로 이어주고 있다. 그런데 원작인 (4가', 나')처럼 『想夫憐』에서도 해당 맥락에서 같은 위치에 동일한 의미의 접속사를 사용하여 문장을 이어주고 있다는 점이 주목된다. 즉, (4가')

의 일본어 접속사 'さうして'에 대응되는 접속부사로 (4가)처럼 '그리셔'가 사용되었고, (4나')의 일본어 접속사 'それよりハ'에 대응되는 접속부사로 (4나)처럼 '그런데'가 사용된 것이다. 한국어 접속부사 '그리셔'와 '그런데'가 19세기에서 20세기경에 문법화를 거쳐 새롭게 형성된 접속부사라는 점을 고려하면 일본어 문장에서 접속사가 사용된 환경에 대응하여 새로운 접속부사 형태가 등장하고 있는 것을 확인할 수 있다.

이처럼 접속부사를 이용한 문장의 접속이 다수 나타난다는 것은 이전 시기의 문어체 형식에서 벗어나 구어체로의 지향을 의미한다고 할 수 있는데, 문어에서 문장이 주로 연결어미에 의해 접속되는 것에 반해 구어에서는 주로 접속부사를 통해 이루어지기 때문이다.[06] 그리고 이러한 접속부사 사용 빈도의 증가는 일본어 문체의 영향이 아니었을까 추정된다. 곧, 이미 문체의 근대화를 이룩하여 짧은 문장과 접속사의 연결로 이루어진 일본 원작을 번안하는 과정에서 일본어 문체의 영향으로 자연스럽게 구어체에 가까운 짧은 문장으로 대응되고, 일본어의 접속사에 대응되는 접속부사를 삽입하게 된 것이다. 그리고 이러한 과정이 결국 국어 접속부사의 다양화를 유발하게 된 동인으로 보인다.

본고에서 검토한 『想夫憐』과 『지봉춘』의 접속부사 대응 양상을 표로 정리하면 아래와 같다.[07]

---

06 전영옥(2007)에서는 문어보다 구어에서 접속부사가 약 2.5배 많이 나타나는 양상을 확인하여 구어는 단문의 구성으로 주로 이루어지고 접속부사에 의해 연결되는 특성을 보임을 밝힌 바 있다.

07 『想夫憐』과 『지봉춘』의 문장은 일대일로 대응하는 것이 아니기 때문에 내용의 축약 및 삭제, 문장의 변경 등의 이유로 접속부사가 대응하지 않는 경우는 제외하고, 동일 맥락에서 나타나는 어형만 비교한 것이다.

〈표 15〉『想夫憐』과 『지봉춘』의 접속부사 대응 양상

『想夫憐』	『지봉춘』	『想夫憐』	『지봉춘』
それよりハ〈178p〉	그런데〈93p〉	すると〈92p〉	그러면〈42p〉
更に〈89p〉	쏘〈40p〉	すると〈102p〉	그러면〈46p〉
外に〈91p〉	쏘〈41p〉	すると〈167p〉	그러면〈86p〉
それに〈150p〉	쏘〈74p〉	すると〈175p〉	그러면〈91p〉
二には〈158p〉	쏘〈80p〉	すると〈214p〉	그러면〈119p〉
又〈112p〉	쏘〈51p〉	さらハ〈63p〉	그러면〈26p〉
又〈113p〉	쏘〈52p〉	さらば〈71p〉	그러면〈31p〉
又〈155p〉	쏘〈77p〉	さすれば〈92p〉	그러면〈42p〉
又〈159p〉	쏘〈80p〉	斯くせば〈107p〉	그러면〈48p〉
又〈185p〉	쏘〈100p〉	然し〈63p〉	그러나〈27p〉
又〈185p〉	쏘〈100p〉	然し〈71p〉	그러나〈31p〉
又〈189p〉	쏘〈100p〉	然し〈88p〉	그러나〈40p〉
又〈17p〉	쏘흔〈12p〉	然し〈92p〉	그러나〈42p〉
それに〈9p〉	게다가〈8p〉	然し〈92p〉	그러나〈42p〉
それでハ〈11p〉	그러면〈9p〉	然し〈118p〉	그러나〈53p〉
それでは〈102p〉	그러면〈46p〉	然し〈126p〉	그러나〈59p〉
それでハ〈112p〉	그러면〈51p〉	然し〈143p〉	그러나〈68p〉
それでは〈127p〉	그러면〈59p〉	然し〈143p〉	그러나〈68p〉
それでは〈141p〉	그러면〈68p〉	然し〈147p〉	그러나〈72p〉
それでは〈150p〉	그러면〈74p〉	然し〈150p〉	그러나〈74p〉
それでハ〈167p〉	그러면〈86p〉	然し〈150p〉	그러나〈74p〉
それでハ〈179p〉	그러면〈93p〉	然し〈155p〉	그러나〈77p〉
それでハ〈196p〉	그러면〈107p〉	然し〈174p〉	그러나〈90p〉
それでハ〈199p〉	그러면〈109p〉	さらば〈71p〉	그러나〈31p〉
それで〈147p〉	그러면〈71p〉	されど〈82p〉	그러나〈36p〉
それで〈215p〉	그러면〈120p〉	されど〈135p〉	그러나〈63p〉
それハ〈147p〉	그러면〈72p〉	されど〈154p〉	그러나〈77p〉
それは〈150p〉	그러면〈74p〉	けれど〈89p〉	그러나〈40p〉
それなれば〈77p〉	그러면〈34p〉	殊に〈74p〉	더구나〈33p〉
それなれば〈83p〉	그러면〈37p〉	殊に〈141p〉	더군다나〈67p〉
それならば〈85p〉	그러면〈38p〉	只〈107p〉	다만〈48p〉
それならば〈129p〉	그러면〈60p〉	只〈144p〉	다만〈70p〉
それなら〈164p〉	그러면〈84p〉	只〈146p〉	다만〈71p〉

『想夫憐』	『ᄌᆡ봉춘』	『想夫憐』	『ᄌᆡ봉춘』
では〈20p〉	그러면〈13p〉	只〈158p〉	다만〈80p〉
でハ〈99p〉	그러면〈44p〉	只〈159p〉	다만〈81p〉
ぢやア〈20p〉	그러면〈12p〉	只〈204p〉	다만〈113p〉
ぢや〈112p〉	그러면〈50p〉	只〈216p〉	다만〈121p〉
ぢや〈141p〉	그러면〈67p〉	さうして〈136p〉	그ᄅᆡ셔〈64p〉
ぢやア〈202p〉	그러면〈111p〉	兎も角も〈139p〉	그ᄅᆡ도〈66p〉
すると〈86p〉	그러면〈23p〉		

2) 문장부호의 출현

19세기 후반부터 소설에서는 서술과 발화의 층위를 표기 차원에서 구분하려는 움직임이 대두되었다(이희정 2007). 이전까지의 낭독 형식의 서사에서 벗어나 지면에 기록하기 시작하면서 괄호 부호를 이용하여 발화 주체와 발화 내용을 분리하기 시작한 것이다(권보드래 2000). 이처럼 '눈으로 읽는 소설(권영민 1975)'이라는 틀 속에서 당대의 소설에서는 지문과 대화를 분리시키기 시작하였으며, 다양한 문장부호를 삽입함으로써 가독성을 높이고, 보다 구어체에 가까운 대화 형식을 구현하고자 하는 모습을 보인다.

이러한 움직임 속에서 기존의 1900년대부터 1910년대까지의 신소설에서는 발화자를 구분하기 위해 문장부호 '( )'를 사용하고 지문과 발화의 행을 바꾸어 표기하였으나, 이후 일본의 가정소설을 번안한 『쌍옥루』(1912)부터는 행을 구분하지 않고 '「」'를 인용부호로 대화문의 앞뒤에 붙여 표기하는 방식으로 지문과 발화의 구분 방법이 변경되었다(이희정 2007). 이를 고려하면 1910년대 초반의 번안소설로 인해 새로운 문장부호 '「」'가 일본으로부터 유입되었음을 추정할 수 있다.

이 장에서는 동시대에 간행된 번안소설 『ᄌᆡ봉춘』에서 어떠한 근대식 문장부호들이 사용되었는가를 검토하고, 원작과 함께 살펴봄으로써 이들이 어떠한 환경에서 우리의 문장으로 유입되어 왔는지 초기적 양상을 살펴보도록 하겠다.

먼저 원작인 『想夫憐』에서는 대화문을 표기하기 위해 겹낫표 '『 』'가 사용되었는데, 아래와 같이 상황에 따라 겹낫표 표기 방식을 구분하여 활용하고 있다.

(5) 가.『お車は』と問ひ掛けし時、一彦よりの使いにお菊は駈けつけ『奥さま、御用意ハ出来ましたか、旦那さまお待ちでござります』と息急し、お玉ハ始 めて笑を漏らしぬ〈想夫憐:57〉

나.『あなたは私のやうなものでも、友人と思つてくださるでございませうね『あなたは私の友人ぢやありませんは、私の御親類ですわ、御親類はお友人よりもまだ 深いものだつて云ひますわ〈想夫憐:123〉

다. 修蔵『えツ、指輪を……誰が盗んだのかおきく『お玉と申すお小間使ひでございますの修蔵『うむ、あのお玉が……夫がどうして知れたのだお駒『當人が白状したのですわ〈想夫憐:175〉

라. さすがの修蔵も、斯くと聞きてハ、何んとなく心安からず『さうか、すると夫が為に、御家内の沸騰が起こつたのかお駒『いえ、左様でもございません、其お指環を盗んだ者が分かりました修蔵『えツ、指環を……誰が盗んだのかおきく『お玉と申すお小間使ひでございますの〈想夫憐:175〉

마.『よもや／＼、よもや雅子が』と思ひつゝ見て居たるに、〈想夫憐:153〉

『想夫憐』에서는 (5가)에서처럼 대화문을 표기하는 데 겹낫표를 사용하였는데, 현대국어의 큰따옴표와 마찬가지로 대화문의 앞뒤에 겹낫표를 붙여 해당 문장이 대화임을 표시해주는 양상을 보인다. 또한 (5나)처럼 지문 없이 다른 발화자의 대화문이 바로 이어질 때에는 대화문의 앞에만 겹낫표를 표기하고, 대화문의 끝에는 표기하지 않는다. 한편, (5다)와 같이 대화문 앞에 발화자를 명기해주는 경우도 확인되는데, 셋 이상의 사람이 대화하는 장면에서 지문 없이 대화가 이어질 경우나, 새로운 장면의 시작 지점에서 지문 없이 대화가 바로 시작될 경우에 사용된다. 그런데 (5라)의 경우처럼 셋 이상의 대화에서도 대화문 바로 앞에 지문으로 발화자를 나타내준 경우에는 해당 대화문의 발화자가 표기되지 않는다. 그리고 (5마)처럼 내적 발화의 경우에도 대화문과 동일하게 겹낫표를 사용하여 이를 명시해주고 있다. 이처럼 『想夫憐』에서의 대화문 표기법은 상황에 따라 다양하게 나타나며, 작품 전체에서 동일하게 규칙적인 활용을 보이고 있다.

이러한 양상은 『지봉춘』에서도 확인되는데, 원작에서 겹낫표 '『』'를 사용한 것과 달리 다음과 같이 홑낫표 '「」'를 활용하여 지문과 대화를 구분하고 있다.

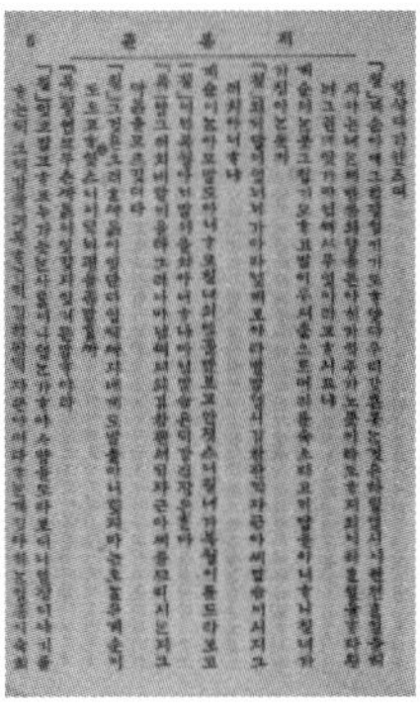

〈그림 1〉 『지봉춘』에서의 발화자 표기 양상

〈그림 1〉에서처럼 『ᄌᆡ봉춘』에서는 지문 다음에 대화가 등장할 때 행을 바꾸어 지문과 대화를 구분하고 있으며, 문장부호 '「」'를 사용하여 홑낫표 사이에 발화자 이름의 첫 글자를 써 대화의 발화자가 누구인지 명시해주고 있다.

그런데 발화자 표기 외에도 다음과 같은 경우에 홑낫표가 사용된다.

(6) 가. 「허」 암 그렷치」 ᄒᆞ면셔 계순이가 갓다 놋ᄂᆞᆫ 차를 훌쿡 마시고 〈ᄌᆡ봉춘:9〉

나. 허씨부인은 속이 바작々々 죄여 억지로 나오ᄂᆞᆫ 소리로 「녜-」ᄒᆞ고 셔셔 작고 울기만 ᄒᆞ니 〈ᄌᆡ봉춘:34〉

다. 리ᄎᆞᆷ셔ᄂᆞᆫ 담 밋헤 가 븟허 셔々 그 거동을 자세히 보아도 녀편네ᄂᆞᆫ 달을 등지고 셔々 ᄌᆞ긔 부인인지 자세히 알 슈가 업ᄂᆞᆫ 고로 속으로 「아모리 ᄒᆞ기로 우리 마누라야」ᄒᆞ고 ᄉᆡᆼ각을 ᄒᆞ면셔 ᄂᆡ다보니 〈ᄌᆡ봉춘:76〉

(6가)에서 확인할 수 있듯이 행갈이 없이 대화문 다음에 바로 지문이 이어지는 경우에는 대화문의 마지막에 '」'를 추가적으로 삽입하여 후행하는 지문과 구분하고 있으며, (6나)처럼 지문 가운데에서 대화를 직접 표시할 때에는 지문과 발화를 구별하기 위해 대화문의 앞뒤에 홑낫표를 삽입하고 있다. 한편, (6다)의 경우는 원작과 마찬가지로 마음속의 생각을 표현하는 데 홑낫표가 사용된 양상을 보여준다.

즉, 『ᄌᆡ봉춘』에서는 『想夫憐』과 동일하게 기본적으로 지문 다음에 대화가 이어질 경우 행갈이를 통하여 이들을 구별해주고 있으며, 문장부호를 사용하여 대화문을 표시하고 있지만 그 활용에서 원작과 다소 다른 양상을 보인다. 『想夫憐』에서는 겹낫표를 대화문의 앞뒤에 삽입함으로써 대화문과 지문을 구별했다면, 『ᄌᆡ봉춘』은 대화문 앞에 홑낫표를 이용하여 발화자의 이름을 써 누구의 발화인지를 더 명시적으로 드러내고 있다. 그리고 만약 행을 바꾸지 않고 지문 사이에 대화를 삽입할 경우에는 원작과 동일하게 대화문의 앞뒤에 홑낫표를 삽입하여 지문과 대화문을 구분하는 방식을 사용한다.

그렇다면 『지봉춘』은 기본적으로 이전 시기의 소설과 같이 행갈이와 발화자를 표기하는 방식으로 지문과 대화를 구분하는 형식을 유지하면서도 일부 맥락에서 지문 사이에 대화를 삽입할 경우 원작의 인용부호를 차용하여 표시하였으며, 발화자를 표시하는 문장부호 또한 기존의 '()'에서 '「」'로 교체하는 방식을 선택함으로써 근대적 서술 양식도 함께 보이고 있는 것이다. 이는 표기법의 변화 과정에서 발생한 과도기적 모습으로 추정되는데, 동일 시기에 간행된 번안소설 『쌍옥루』에서는 행갈이와 발화자 표기 없이 인용 부호로만 지문과 대화를 구분했다는 점을 고려하면 『지봉춘』에서 이와 같은 혼용된 방식이 사용되었다는 점은 상당히 독특한 양상이다.

한편, 홑낫표 외에도 『지봉춘』에서는 여러 문장부호들이 사용되었는데, 그중에서도 물음표의 출현이 주목된다.

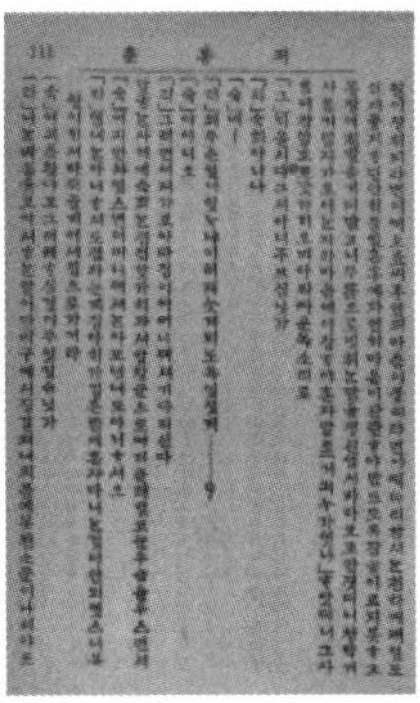

〈그림 2〉 『지봉춘』에서 물음표('?') 출현 장면

〈그림 2〉에서 확인할 수 있듯이 『지봉춘』에는 물음표가 사용된 문장이 확인되는데, 다른 의문문에서는 전혀 찾아볼 수 없고 소설의 후반부인 111쪽에서 하나의 용례만 나타난다. 그런데 원작인 『想夫憐』에서는 동일 장면을 비롯한 작품 내에 물음표가 하나도 사용되지 않았다는 점이 특징적이다.

한편, 이러한 서구의 문장부호는 19세기 말에서 20세기 무렵에 일본을 통하여 잡지와 신문, 번역·번안물 등을 통해 국어에 토착화되었는데, 잡지 『소년』(1908)이나 신소설 『송뢰금』(1908)에 이르러 점차 활용되는 양상을 보인다(원해연 2010). 『지봉춘』이 간행된 시기를 고려하면 이는 물음표가 한국어 문장에 사용되기 시작한 초기의 모습으로 보이며, 비록 용례는 적으나 근대화의 산물인 서구식 문장부호를 사용했다는 점에서 작가의 근대적 인식이 투영되어 있다고 할 수 있겠다.

3) 어휘의 대응 양상

『想夫憐』을 『지봉춘』으로 번안하는 과정에서 나타나는 특징적인 현상으로 어휘의 대응 양상도 관찰된다. 개화기는 일본의 정치적 영향력이 강해지고 서구사상과 문물이 대량으로 유입되면서 새로운 문화를 반영하기 위한 새 단어가 창조되고, 기존 단어의 의미가 변화하는 등 어휘의 근대화 현상이 나타났다(박영섭 2002). 특히 우리나라는 서양어를 받아들이는 데 있어 중국과 일본을 경유하여 차용한 경우가 많았는데, 19세기 말엽부터는 일본의 정치적 영향력이 증대하면서 일본계 어휘가 급증하는 양상을 보인다(김형철 1999). 이러한 점에서 『지봉춘』은 일본어 소설을 원작으로 번안된 작품으로서 당시 일본을 통한 외래어의 유입을 실제적으로 반영하고 있어 이러한 일본계 어휘들을 다수 확인할 수 있다.

먼저 서구의 어휘를 일본에서 음역하고, 이를 다시 일본식 발음 그대로 음차하여 표기한 어휘가 발견된다.

(7) 가. 洋盃(こつぷ) 〈想夫憐:32〉 → 곱부 〈지봉춘:17〉
나. 金剛石入(だいやもんどいり)の指環(ゆびわ) 〈想夫憐:17〉 → 도토리 만흔 보셕(짜야몬드)을 박은 순금 반지 〈지봉춘:11〉

(7)은 외국어를 일본식으로 음차하여 한국어로 표기한 예이다. 먼저 (7가)를 보면, 원작인 『想夫憐』에서 서양의 잔인 'Cup'을 일본식 한자어 '洋盃'로 표기하고, 이를 음차하여 'こつぷ'라고 루비를 달아준 것에 대해 『지봉춘』에서 일본식 발음 그대로 '곱부'라고 표기하고 있다. 이와 마찬가지로 (7나)에서도 원작에서 서양의 어휘인 'Diamond'를 '金剛石'이라는 한자로 쓰고, 'だいやもんど'라고 음역하여 루비를 달아 준 것에 대해 『지봉춘』에서는 이러한 발음법을 그대로 음차하여 '짜야몬드'로 표기하는 양상을 보인다.

한편, 『지봉춘』이 원작의 내용을 그대로 번역하지 않고 우리의 정서에 맞추어 다소간 수정을 거친 번안소설이기 때문에 한·일 양국 간의 배경적·문화적 차이로 인하여 어휘나 문장이 다르게 번역된 경우도 확인된다.

(8) 가. 茶活花習字読本 〈想夫憐:2〉 → 바느질이던지 글이던지 무엇이던지 〈지봉춘:4〉
나. 香を聴き居れる時 〈想夫憐:10〉 → 미화 한 폭을 거릴 시 〈지봉춘:8〉
다. 人参麝香 〈想夫憐:30〉 → 산삼녹용 〈지봉춘:16〉

라. 火酒(ぶらんでい) 〈想夫憐:37〉 → 술 〈지봉춘:19〉
마. 黒の羽織 〈想夫憐:151〉 → 흰 두루마기 〈지봉춘:75〉
바. 維新(いしん) 〈想夫憐:21〉 → 갑오경장 〈지봉춘:13〉
사. 京都銀行 〈想夫憐:149〉 → 한일은힝 〈지봉춘:73〉

(8가)는 원작에서 '다도, 꽃꽂이, 서예, 독서'를 뜻하는 단어인데 『지봉춘』에서는 '바느질, 글, 무엇'으로 어휘를 바꾸어 서술하였으며, (8나)는 원작에서 '향목을 피우고 마음 속으로 감상하고 있을 때' 정도의 문장인데 '매화 한 폭을 그릴 때' 정도의 문장으로 바꾸어 번역하고 있다. 이들은 모두 조선의 사회문화적 배경 상 '다도'나 '꽃꽂이', '향을 맡는'행위보다 '바느질, 글, 매화 그림을 그리는'행위가 우리 민중의 생활사에 부합한다는 사고 아래에 작가의 의도에 의해 수정을 거친 것으로 보인다. (8다)에서 '人参, 麝香'을 '산삼, 녹용'으로, (8라)에서 서양의 술인'火酒'를 '술'로, (8마)에서 일본의 전통 의복인 '羽織'을 한국의 전통 의복인 '두루마기'로 각각 바꾸어 번역한 것도 이와 같은 양상을 띤다. 또한 (8바, 사)의 경우에도 각각 '維新'을 '갑오경장'으로, 당시 일본에 소재한 '京都銀行'을 조선에 소재한 '한일은힝'으로 수정함으로써 단순히 소설을 번역하는 데 그치지 않고 조선의 사회문화적 배경을 작품에 반영하여 독자들의 이해도를 높이고자 하였다.

이러한 어휘의 변경은 작가가 당시의 한·일간 문화적 차이를 고려하여 한국의 문화와 생활습관에서 익숙하지 않은 어휘를 한국인들에게 익숙한 어휘로 바꾸어 서술함으로써 한국인 독자들이 소설의 내용을 보다 쉽고 친밀하게 이해할 수 있도록 돕고자 한 결과이다. 번역이 자국어에 대한 의식과 자국어가 전제되지 않은 상태에서는 불가능한 것임을 고려하면(권용선 2004), 곧 작가는 당대의 사회 언어적 현실을 작품에 반영한 것이며, 이는 일본어와 한국어 간의 차이에 대한 명확한 인식을 토대로 수행되었다고 할 수 있다.

4. 결론

본고에서는 『想夫憐』과 이를 원작으로 번안된 『지봉춘』 간의 비교를 통해 20세기 초 일·한 번안소설의 양상을 검토하고, 나아가 『지봉춘』에서 드러나는 당시의 한국어 표기법 및 문체와 관련하여 주목되는 현상을 살펴보고자 하였다.

2장에서는 먼저 『想夫憐』과 『지봉춘』의 서지사항을 검토하였는데, 이 과정에서 이상협이 『想夫憐』을 번안함에 있어 큰 이야기의 맥락은 동일하게 가져가면서도 일본적인 문화, 요소를 조선의 상황에 맞추어 변경하는 양상을 보인다는 점을 확인하였다. 또한 『想夫憐』과 『지봉춘』 모두 작품의 첫머리에 편두단언編頭短言을 써 주제의식을 확연히 드러냄으로써 전근대적 사고방식과 사회적 인식에서 벗어나 신분제도가 철폐된 근대적 사회로의 발전을 촉구하고자 했던 인식을 해석할 수 있었다.

3장에서는 20세기 초 문체의 근대화 양상을 살펴보았는데, 접속부사와 문장부호, 근대적 어휘의 사용 양상을 정리하고 이를 일본어 문체와 대조함으로써 이러한 근대적 문법형태들이 어떻게 우리의 문장에 도입되어 왔는지 그 초기적 양상을 함께 검토해보고자 하였다.

먼저 3.1에서는 접속부사의 사용 양상을 살펴보았는데, 『想夫憐』과 『지봉춘』의 접속부사 대응 양상을 검토한 결과, 일본어 문장에서 접속사가 사용된 환경에 대응하여 새로운 접속부사 형태가 등장하고 있는 것을 확인할 수 있었다.

또한 3.2에서는 문장부호의 출현 양상을 살펴보았는데, 『지봉춘』은 기본적으로 이전 시기의 소설과 같이 행갈이와 발화자를 표기하는 방식으로 지문과 대화를 구분하는 형식을 유지하면서도 일부 맥락에서 지문 사이에 대화를 삽입할 경우 원작의 인용부호를 차용하여 표시하였으며,

발화자를 표시하는 문장부호 또한 기존의 '()'에서 '「」'로 교체하는 방식을 선택함으로써 근대적 서술 양식도 함께 보이고 있었다. 또한 『지봉춘』에서 서구의 문장부호 '?'가 출현한다는 점도 확인하였다.

마지막으로 3.3에서는 어휘의 변화 양상을 살펴보았는데, 『지봉춘』은 일본어 소설을 원작으로 번안된 작품으로서 당시 일본을 통한 외래어의 유입을 실제적으로 반영하고 있어 소설 내에서 이러한 일본계 어휘들이 사용된 양상을 확인할 수 있었다. 또한 『想夫憐』과 『지봉춘』을 비교 검토한 결과, 한·일 양국 간의 배경적·문화적 차이를 고려하여 어휘나 문장을 변경하여 서술하기도 하였다.

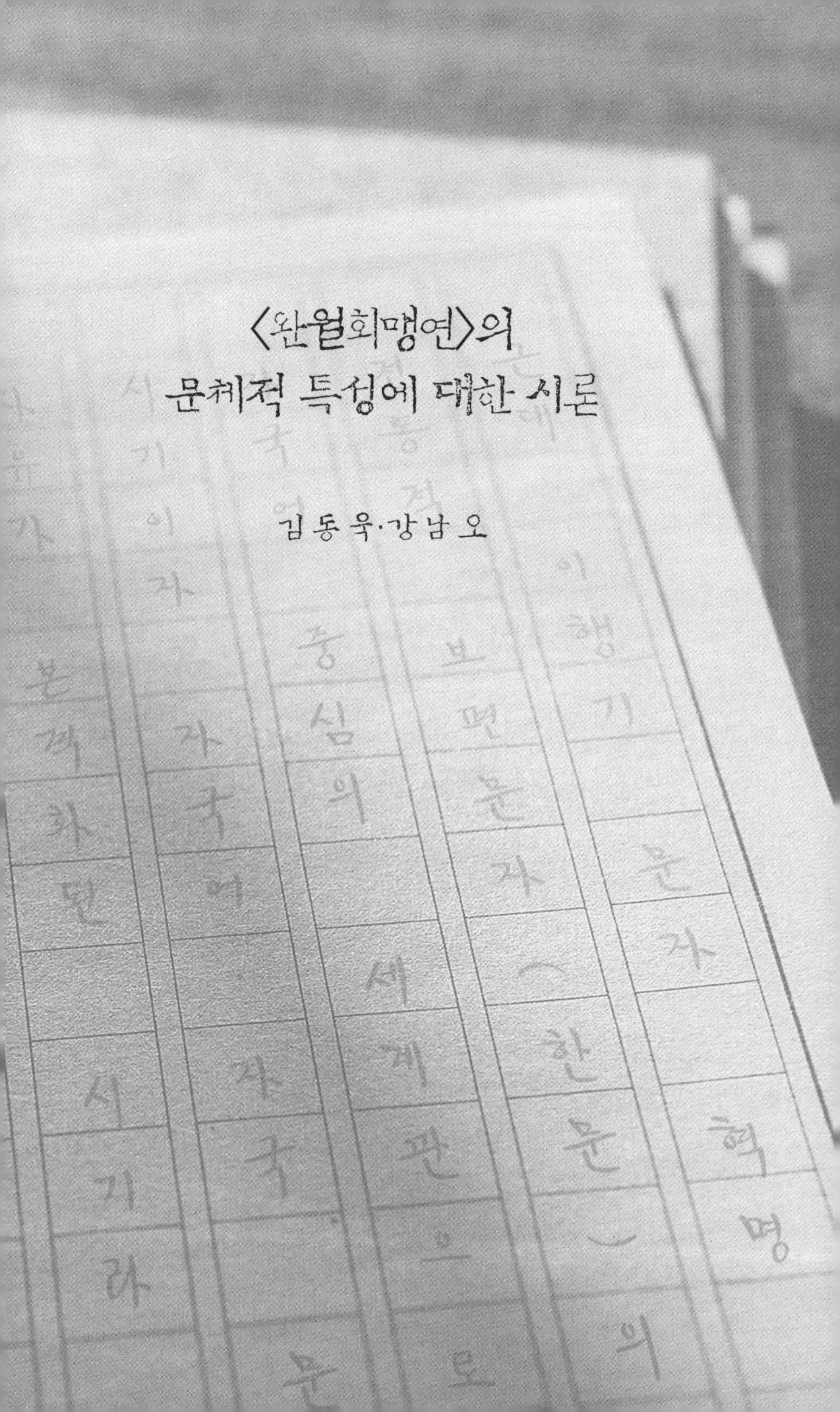

〈완월회맹연〉의 문체적 특성에 대한 시론

김동욱·강남오

〈완월회맹연〉의 문체적 특성에 대한 시론

—

김 동 욱 · 강 남 오

1. 서론

〈완월회맹연〉은 18세기의 한글장편소설을 대표하는 걸작이다. 한글 고소설 중에서도 장편소설은 주로 왕실과 사대부가의 여성, 즉 상당한 수준의 교양 지식과 독서 취향을 지닌 계층을 중심으로 향유된 장르이다. 이들에 의해 회자되었던 대표적인 한글장편소설을 꼽자면 17세기의 작품으로는 〈소현성록〉을, 18세기의 작품으로는 〈완월회맹연〉을 들 수 있다. 그 중에서도 〈완월회맹연〉은 총 180권, 글자 수로는 2,986,569자로 이루어진 작품으로, 그 방대함은 현대소설 중에서도 『토지』 이외에는 견줄 작품을 찾기 어렵다. 이로 인해 〈완월회맹연〉은 이른 시기부터 많은 연구자들의 주목을 받아왔으며, 여러 편의 연구 성과가 제출되어 있다.

〈완월회맹연〉은 작가가 전주 이씨로 밝혀져 있다는 점에서도 주목할 만한 작품이다. 조재삼趙在三, 1808~1866의 『송남잡지松南雜識』에 의하면 〈완월회맹연〉은 세종대왕의 서자인 영해군寧海君 당瑭의 후손이자, 안겸제의 어머니인 전주이씨全州李氏, 1694-1743가 지어 궁중에 들여보내 이름을 높이고자 지었다고 기록되어 있다. 이 기록의 진위 여부에 대해 초기에는 논란이 있었으나, 오늘날에는 전주이씨 작가설이 통설로 받아들여지고

있다.[01]

본 연구는 여기에서 다음과 같은 문제를 제기하고자 한다. 우리 고소설 중에서 가장 긴 작품으로 일컬어지는 〈완월회맹연〉은 전주이씨 1명에 의해 단독으로 창작된 작품일까? 아니면 몇몇 한글장편소설들이 그러했듯이, 여러 사람들의 공동 창작에 의해 만들어졌을까? 조재삼의 『송남잡지』에서는 작가로 전주이씨 1명만을 언급하고 있지만, 한글장편소설은 다수의 작가에 의해 공동으로 창작되는 경우도 있었다. 이유원李裕元, 1814~ 1888의 『임하필기林下筆記』에 의하면, 이광사의 자녀 남매가 「소씨명행록」을 지었고 형제와 숙질이 함께 도와주었다고 한다. 이를 통해 한글장편소설의 창작에는 여러 사람이 함께 참여하기도 했음을 알 수 있다.

〈완월회맹연〉은 내용이 워낙 방대하다 보니 인물이나 서술에 있어 일관성이 다소 떨어지는 것처럼 보이는 대목이 곧잘 등장한다. 예컨대 〈완월회맹연〉의 대표적인 악인 소교완은 주인공 정인성의 계모이다. 소교완은 정인성을 죽이고 자신의 친아들 정인중이 정씨 가문의 종통을 잇게 되기를 희망한다. 그렇지만 막상 시비가 그러한 속마음을 말해주면, 곧바로 시비를 꾸짖을 정도로 자신의 속마음을 결코 드러내지 않는 냉정하고 이중적인 성격의 인물이다.[02] 그런데 작품을 읽다 보면 이렇게 냉정한 소교완이 홍분을 감추지 못해 격한 언사를 내뱉는 장면이 나오기

---

01 전주이씨 작가설은 정병설과 한길연의 연구를 통해 널리 받아들여지게 되었다. 정병설, 「완월회맹연 연구」, 서울대학교 박사학위논문, 1997; 한길연, 「대하소설의 의식성향과 향유층위에 관한 연구」, 서울대학교 박사학위논문, 2005.

02 독해본 3권 21-22쪽, 31권. 이날도 앙앙(怏怏) 분개ᄒᆞ미 츌어즁심ᄒᆞ고 현어형식ᄒᆞ여 공ᄌᆞ로 더부러 입실ᄒᆞ여 부인긔 고ᄒᆞ고 진육과 과실을 ᄂᆡ여 공ᄌᆞ의 요기ᄒᆞ믈 권ᄒᆞ고 기리 탄하여 골오ᄃᆡ, "우리 공ᄌᆞ의 특이 발췌ᄒᆞ시미 므스 곳의 딘치 못ᄒᆞ여 당당ᄒᆞᆫ 죵당으로ᄡᅥ 형산의 즁이 되미 업시 도로혀 죵형의게 죵통을 샤양ᄒᆞ미 되어 계시뇨." 언미파의 쇼부인이 졍식 왈, "비ᄌᆞ 무식ᄒᆞ나 엇지 괴이ᄒᆞᆫ 말을 호란이 발ᄒᆞ여 감히 ᄃᆡᄉᆞ를 한ᄒᆞᄂᆞ뇨." 월이 황공ᄒᆞ여 망영되믈 샤죄ᄒᆞ난지라.

도 한다.[03] 이렇게 기복이 심한 언행으로 인해 소교완은 선행연구에서 "이해하기 어려울 정도로 복잡하고 이중적인 성격의 소유자"[04]로 지목되기도 하였다.

그런데 〈완월회맹연〉을 복수의 저자가 창작했을 가능성은 없을까? 어쩌면 〈완월회맹연〉의 문체를 분석해 이 작품이 서로 다른 저자의 문체의 것으로 구성되어 있다는 사실이 밝혀질 수도 있다. 그렇다면 "이해하기 어려울 정도로 복잡하고 이중적인" 악인 소교완의 성격을 둘러싼 의문이 의외로 쉽게 풀릴 수 있을지도 모른다.

해외에서는 이른 시기부터 컴퓨터를 활용한 문체 분석이 이루어져 상당한 연구 성과가 축적된 편이나, 한국에서의 연구는 이제 막 활성화되기 시작하는 단계이다. 한국어 텍스트를 대상으로 한 연구는 한나래[05]로부터 시작되었으며, 강남준 외,[06] 김명철·허명회,[07] 최지명[08] 등의 연구가 대표적이다. 한국고전문학 분야의 텍스트를 대상으로 삼은 연구로는 판소리 〈수궁가〉의 계통을 분석한 최운호·김동건의 논문[09]과 한시의 영향

---

03 독해본 3권 213쪽, 37권. 손으로 금병을 치며 돌돌 분한ᄒᆞ여 고셩 왈, "네 다시 니로디 말ᄂᆞ. 닌즁승텬이니 아모리면 간부 요녀을 어디다 ᄒᆞ랴. 명일 연ᄎᆞ의 즐기믈 다ᄒᆞᆫ 후 간부 요녀도 종용이 베풀 닐이 잇시리라." ᄒᆞ니 닌즁이 모친의 젼ᄌᆞ의 디극히 감초던 바을 금일 분셕ᄒᆞ여 발ᄒᆞ믈 보고 심ᄒᆞ의 암희ᄒᆞ여 모ᄌᆡ 동심 합녁ᄒᆞ여 형을 업시 ᄒᆞᆫ 후 졔 당당이 졍문 종통을 니어 봉ᄉᆞ을 녕ᄒᆞᆯ가 희망ᄒᆞ더라.

04 정병설, 『완월회맹연 연구』, 태학사, 1998, 136쪽.

05 한나래, 「빈도 정보를 이용한 한국어 저자 판별」, 『인지과학』 20권 2호, 한국인지과학회, 2009, 225-241쪽.

06 강남준 외, 「『독립신문』 논설의 형태 주석 말뭉치를 활용한 논설 저자 판별 연구: 어미 사용빈도 분석을 중심으로」, 『한국사전학』 15, 한국사전학, 2010, 73-101쪽.

07 김명철·허명회, 「최소거리법과 기계학습법에 의한 한국어 텍스트의 저자 판별」, 『조사연구』 13권 3호, 한국조사연구학회, 2012, 175-190쪽.

08 최지명, 「기계학습 알고리즘을 이용한 한국어 텍스트 저자 판별: 블로그의 영화 리뷰를 대상으로」, 연세대학교 석사학위논문, 2015; 최지명, 「기계학습을 이용한 역사 텍스트의 저자판별: 1920년대 개벽 잡지의 논설 텍스트」, 『언어와 정보』 22권 1호, 한국언어정보학회, 2018, 91-122쪽.

09 최운호·김동건, 「컴퓨터 문헌 분석 기법을 활용한 〈토끼전〉 이본 연구」, 『우리문학연구』 58호, 우리문학회, 2018, 123-154쪽.

관계를 분석한 이병찬의 연구,[10] 시조를 대상으로 한 김성문·김바로의 논문,[11] 〈소현성록〉 등의 한글 고소설을 대상으로 한 강우규·김바로의 성과[12]가 있다.

본 연구는 연구대상이 한글 고소설이고, 컴퓨터를 활용한 계량적 연구방법이라는 점에서 〈소현성록〉을 대상으로 한 강우규·김바로의 「소현성록 연작의 문체론적 고찰」(2018) 논문과 가장 유사하다. 다만 강우규·김바로의 선행연구와 본 연구의 방법과는 차이가 있다.[13] 이는 연구목적의 차이에서 비롯된 것이며, 본 연구의 연구방법에 대해서는 다음 장에서 구체적으로 서술하기로 한다.

본 연구는 ① 텍스트 정규화 ② 군집분석 ③ 문학적 해석의 3단계로 이루어진다. 본 연구의 논의를 통해 다음의 물음에 보다 구체적으로 답할 수 있을 것이다. 첫째, 〈완월회맹연〉은 전체가 단일한 문체로 이루어져 있는가, 아니면 분절적인 문체로 이루어져 있는가? 둘째, 만일 분절적

10 이병찬, 「빅데이터 분석 방법을 활용한 한시 영향관계 분석을 위한 시론」, 『어문연구』 94권, 어문연구학회, 2017, 107-129쪽.

11 김성문·김바로, 「디지털 분석 기법을 활용한 시조 연구 방법 탐색 -한국시조대사전 수록 단형시조를 중심으로-」, 『다문화콘텐츠연구』 34호, 중앙대학교 문화콘텐츠 기술연구원, 2020, 209-236쪽.

12 강우규·김바로, 「소현성록 연작의 문체론적 고찰 -컴퓨터를 활용한 계층분석을 바탕으로」, 『인문과학연구』 59호, 강원대학교 인문과학연구소, 2018, 29-46쪽; 강우규·김바로, 「계량적 문체 분석을 통한 〈소현성록〉 연작의 변이양상 고찰 -이대15권본과 규장각21권본을 중심으로-」, 『국제어문』 80권, 국제어문학회, 2019, 115-135쪽; 강우규·김바로, 「딥러닝을 활용한 경판 방각본 소설의 유형 고찰 -영웅소설과 애정소설 유형을 중심으로-」, 『국제어문』 84권, 국제어문학회, 2020, 9-35쪽.

13 강우규·김바로의 선행연구에서는 어절 단위의 매트릭스를 구축하였지만, 본 연구에서는 음절 단위로 분석을 했다. 다음으로 선행연구에서는 이화여대 소장본 〈소현성록〉 15권의 권별 구분을 기준으로 삼아 계층분석(Hierarchical clustering)을 실시했지만, 본 연구에서는 권별 구분을 무시하고 전체 내용을 하나로 통합해 유사도에 따른 군집분석을 실시했다. 이와 같은 차이는 선행연구가 〈소현성록〉의 권별 계층 구조 파악을 목적으로 한 반면, 본 연구는 〈완월회맹연〉의 문체가 과연 동일한 저자 1명의 것인지, 아니면 복수의 문체로 구성되어 있는지를 판단하는 것을 주된 목적으로 삼고 있기 때문이다.

이라면 〈완월회맹연〉은 몇 개의 문체 단위로 나뉘며, 분절 지점은 어디인가? 셋째, 각 단위의 특징은 무엇이며, 이렇게 문체가 분절적이 된 이유는 무엇일까? 본고는 이러한 물음에 대해서 분석 결과를 바탕으로 몇 가지 가설을 제기할 것이다.

2. 문체 분석의 방법

〈완월회맹연〉은 아래 2종의 완질본이 전한다.

a. 서울대 규장각 소장 180권 93책
b. 한국학중앙연구원 소장 180권 180책

둘 다 한글필사본으로, 'a. 서울대 규장각본'은 장서각 디지털 아카이브(http://yoksa.aks.ac.kr)에 텍스트 형태로 공개되어 있어 누구나 이용할 수 있다. 본 연구에서는 'UTF-8 첫가끝' 형식으로 변환된 서울대 규장각 소장본을 연구 자료로 삼는다.[14] 이 자료를 대상으로 총 2,986,569자로 이루어진 〈완월회맹연〉을 일정한 길이로 분할한다. 원 자료의 권 구분은 가장 분량이 많은 40권은 23,255자이고, 가장 분량이 적은 127권은 9,903자에 그치는 등 분량의 편차가 심하다. 따라서 1권부터 180권까지의 전체 내용인 2,986,569자를 하나로 합친 다음, 이를 100개로

---

14 이 데이터는 2000년대 이전에 구축된 옛한글 자료인 까닭에 '한양 PUA'로 인코딩되어 있다. 데이터 분석을 위해서는 이를 모두 오늘날의 표준인 'UTF-8 첫가끝' 방식으로 변환할 필요가 있다.

균등 분할한다.[15]

다음에는 판별의 표지를 선정한다. 어떤 자질을 표지로 선택하느냐는 매우 중요한 문제이다. 선행연구에서는 길이 정보(문장, 어절, 어휘 형태), 어휘 형태 다양성, 빈도어 분포(어절 및 어휘, 기능어, 품사), n-gram 분포(어절, 음절, 어휘 형태, 기능어, 품사) 등 여러 표지들을 적용하였다.[16] 다만 옛한글은 형태소 분석기 사용이 쉽지 않다는 문제가 있어서, 품사나 기능어는 표지로 삼을 수 없다.

본 연구에서는 일단 음절 unigram, bigram, trigram을 기준으로 분석을 수행했다. 이는 최지명의 선행연구에서 가장 뛰어난 판별 성능을 보인 표지가 음절 bigram이었다는 점을 참고한 것이다.[17] 한편 한글 고소설 〈소현성록〉을 대상으로 한 강우규·김바로의 연구에서는 어절 단위의 매트릭스를 구축하고 이를 기반으로 권별 상관 분석을 진행한 바 있다.[18] 그러나 고전소설은 원래 띄어쓰기가 없는 자료로, 어절의 구분은 오늘날의 연구자에 의해 이루어진 것이다. 따라서 어절은 연구자 개인에 따라 조금씩 달라질 수 있는 유동적인 기준이다. 이러한 점을 고려해 본 연구

15 100이라는 숫자는 임의로 정한 것이다. 〈완월회맹연〉이 298만 여자에 달한다는 점을 고려해서, 처음에는 300등분 하는 방식을 택했으나 결과값이 지나치게 세밀해져서 직관적인 분류가 어려워지는 문제가 발생해 다소 큰 덩어리인 100개로 분할하는 방식으로 바꾸었다. 한편 180권으로 이루어진 〈완월회맹연〉의 권별 구분을 그대로 지켜 문체 분석을 수행할 수도 있었을 것이다. 이번 연구에서는 그렇게 하지 않았으나, 만일 후속 연구를 진행하게 된다면 여러 가지 다양한 방법을 고민해 볼 수 있으리라 생각된다.

16 최지명, 앞의 논문, 2015, 61-163쪽.

17 위의 논문, 167쪽. 물론 최지명의 연구는 오늘날의 온라인 블로그 영화 리뷰를 대상으로 한 연구이므로 한글 고소설에 이를 무조건 적용할 수는 없다.

18 강우규·김바로, 앞의 논문, 2018. 이 연구에서는 어절 이외에 기능어나 품사 등의 형태소 분석이 필요한 분석은 하지 않았다. 이는 정확도가 높은 고어 형태소 분석기가 아직 개발되지 않았기 때문이다. 본 연구도 형태소 분석은 실시하지 않은 점은 동일하며, 어절이 아니라 음절 기준으로 분석을 실시했다는 점이 다르다. 어절 단위로도 분할하고 음절 단위로도 분할한 다음에, 어절과 음절의 두 가지 분할 방식을 필자의 문학적인 분석 방식과 비교해 정확도를 추정해볼 수도 있을 것이지만 이번 연구에서는 그렇게 하지 못하였다. 이에 대해서는 후속 작업을 기약한다.

는 어절을 배제하고, 음절 n-gram만을 기준으로 계량화를 했다.

다음으로 n등분한 텍스트 뭉치마다 벡터화를 실시하여 각 뭉치의 벡터값을 구하고, k-평균(k-means) 알고리즘을 적용해 적절한 군집이 형성되는지 조사했다. 작업의 효율을 위해 빈도의 평균값을 기준으로 그 이상 등장하는 음절을 대상으로 하였다. k-평균(k-means) 알고리즘을 사용하는 이유는, 본 연구가 〈완월회맹연〉의 전체 내용이 단일한 문체로 이루어졌는지, 아니면 문체의 분절성이 존재하는지를 알아보기 위한 것이기 때문이다. 〈완월회맹연〉의 저자에 대한 답이 아직 주어져 있지 않으므로 이 연구는 지도학습 알고리즘을 사용할 수 없으며, 비지도학습인 k-평균 알고리즘이 연구의 목적에 부합한다.

k-평균 알고리즘을 통해 〈완월회맹연〉의 전체 내용 중 유사도가 상대적으로 높은 텍스트 뭉치와 낮은 뭉치를 파악한다. 그리고 Elbow법을 적용해 적절한 군집 개수를 도출한다. 이를 통해 뭉치 간의 유사도가 높아 군집을 형성하는 텍스트 뭉치들이 〈완월회맹연〉 전체 분량의 어느 부분에 형성되어 있는지를 파악한다.

통계 결과가 도출되면 이를 문학적으로 해석한다. 해석의 핵심은 〈완월회맹연〉 1권부터 180권이 문체를 기준으로 놓고 볼 때 동일성을 갖는지, 아니면 몇 개의 이질적인 군집으로 구분되는지를 판단하는 것이다. 이를 위해 계량적인 분석 결과를 참고하되 이를 문학적으로 해석해서 수치가 제시하는 가설을 검증할 필요가 있다.

컴퓨터 처리 결과 1음절과 2음절, 3음절의 군집 수는 6개, 7개, 6개로 나왔다. 또한 각 군집별로 텍스트 뭉치의 배치는 아래와 같다.

1음절
1 [1, 2, 3, 4, 5, 7, 8, 9, 10, 11, 12, 13, 16, 18, 20, 28, 31]
2 [6, 14, 15, 17, 32, 33, 34, 35, 36, 37, 38, 39, 40, 41, 42, 43, 44,

45, 46, 47, 48, 54, 55, 56, 57, 58, 69]
3 [19, 25, 26, 27, 29, 30, 63, 64, 65, 66, 67, 68]
4 [21, 22, 23, 24, 49, 50, 51, 52, 53]
5 [59, 60, 61, 62, 77, 78, 79]
6 [70, 71, 72, 73, 74, 75, 76, 80, 81, 82, 83, 84, 85, 86, 87, 88, 89, 90, 91, 92, 93, 94, 95, 96, 97, 98, 99, 100]

2음절
1 [1, 2, 4, 5, 6, 7, 20, 32, 35, 36, 49, 50, 52, 53, 54, 55, 56, 57, 58]
2 [3, 8, 9, 10, 11, 12, 13, 19, 21, 22, 23, 24, 25, 26, 27, 28, 29, 30, 31, 51, 59]
3 [14, 15, 16, 17, 18, 33, 34, 37, 38, 39, 40, 41, 42, 47, 48]
4 [43, 44, 45, 46]
5 [60, 61, 62, 63, 64, 65, 66, 67, 68, 77, 78, 79]
6 [69, 70, 71, 72, 73, 74, 75, 76, 80, 81, 82, 83, 84, 85, 86, 87, 88, 89, 90, 91, 92, 93, 94, 95, 96, 97]
7 [98, 99, 100]

3음절
1 [1, 2, 3, 4, 5, 6, 7, 8, 9, 10, 11, 12, 13, 16, 18, 19, 20, 21, 22, 23, 24, 27, 28, 31, 32, 50, 51, 52, 53, 54, 55, 56, 57, 58]
2 [14, 15, 17, 33, 34, 35, 36, 37, 38, 39, 40, 41, 42, 43, 44, 45, 46, 47, 48, 49]
3 [25, 26, 29, 30]
4 [59, 60, 61, 62, 63, 64, 65, 66, 67, 68, 77, 78, 79]
5 [69, 80, 81, 82, 83, 84, 85, 86, 87, 88, 89, 90, 91, 92, 93, 94, 95,

96, 97, 98, 99, 100]
6 [70, 71, 72, 73, 74, 75, 76]

이를 그림으로 나타내면 아래와 같다.

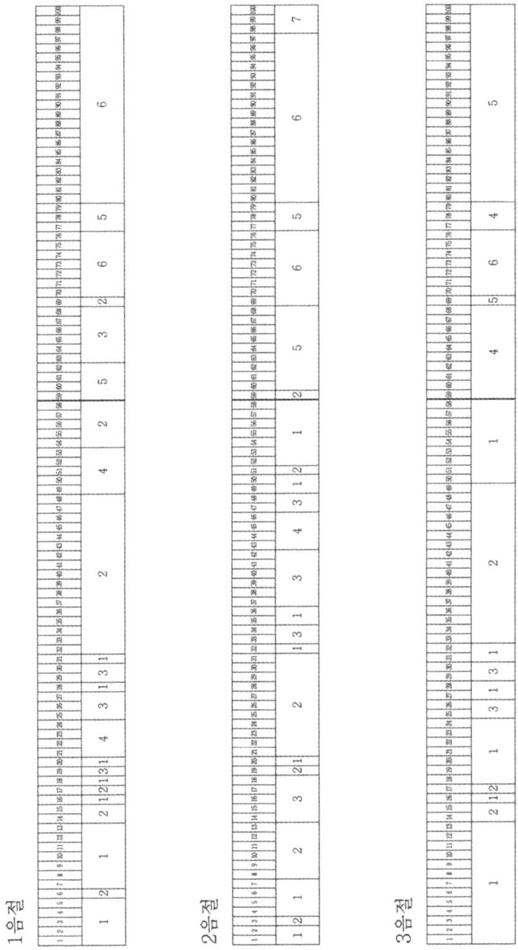

그림을 보면 공통적인 분기점이 세 군데 존재한다고 판단된다. 분기점①(31/32), 분기점②(58/59), 분기점③(76/77 또는 79/80)이다. 권으로 따지면 45~48권, 84~91권, 132~136권에 해당된다. 즉 〈완월회맹연〉 180권은 1권에서 45권, 48권에서 84권, 92권에서 132권, 137권에서 180권까지 대략 4개의 큰 덩어리로 나누어 볼 수 있을 것이다. 그 중에서도 텍스트뭉치로는 58/59번,[19] 권수로는 84권에서 91권에 위치한 분기점②가 중요하다고 생각되는데, 그 이유는 그 이후의 내용은 비교적 긴밀하게 연결되어 있기 때문이다. 즉 1음절은 59번 이후에는 5, 6번을 중심으로 배치되어 있고, 2음절도 5~7번이 중심이며, 3음절 또한 4~6번이 중심이다. 이러한 점을 고려해 볼 때, 〈완월회맹연〉은 84~90권에 해당하는 분기점②를 기준으로 전반부와 후반부로 일단 나누어 볼 수 있겠고, 이를 다시 세부적으로 나눌 수 있을 것으로 보인다. 본고는 일단 전반부를 1번과 2번 그룹, 후반부를 3번과 4번 그룹으로 나누어 이들의 문학적인 차이점을 살펴보기로 한다.

3. 문학적 해석

1) 소교완의 형상

먼저 1번 그룹에 속한 40권에서의 소교완은 개용단, 회심단을 쓰지

19 2음절을 기준으로 하면 59/60의 분기가 더 중요하지만 1음절과 3음절은 58/59를 기점으로 나뉜다. 따라서 일단 본고에서는 58/59를 주요한 분기점으로 보았다. 몇 음절에 의한 판단이 더 올바른지는 추후 연구의 과제로 생각해 볼 수 있을 것이다.

않는다.[20] 아래는 소교완이 유모 육난과 대화하는 장면이다.

일일은 뉵난이 틈을 타 고 왈,

"왕슌외 밧긔 왓더니 우연이 녹빙과 말ᄒᆞ믈 듯ᄌᆞ온즉 셰간의 긔이ᄒᆞᆫ 약이 잇셔 혹 얼골을 밧고며 혹셩경을 변ᄒᆞ여 상시 소ᄋᆡ ᄌᆞ를 증지ᄒᆞ고 증염ᄌᆞ를 ᄋᆡ즁ᄒᆞ여 변홰 괴이ᄒᆞ므로 투긔ᄒᆞᄂᆞᆫ 부인ᄂᆡ 일노ᄡᅥ 젹인을 소졔ᄒᆞ며 가부를 농낙ᄒᆞ여 툥을 낫곤다 ᄒᆞ니 …… 이 계괴 엇더ᄒᆞ니잇고?"

부인이 ᄒᆞᆫ번 우으며 기리 탄식 왈,

"요불승덕이오 샤불범졍이니 심산 요도의 음화지초로 작환ᄒᆞᆫ 거시니 …… 어미ᄂᆞᆫ 이러ᄒᆞᆫ 용상지계를 다시 니르지 말ᄂᆞ. ᄂᆡ 또 소견이 고루ᄒᆞᄂᆞ 개용의 약과 회심단을 드런 지 오릐되 ᄒᆞᆫ 번 시험ᄒᆞᆯ 의ᄉᆞ를 두지 나녓노라. …… ᄂᆡ 알고 어미 알니니 무익ᄒᆞᆫ 한셜노 사람의 슈상이 녁이믈 더으지 말ᄂᆞ. 다시 그런 요약지유을 ᄉᆞ라 ᄒᆞ여도 멀니 조ᄎᆞ 바리라."

ᄒᆞᆫᄃᆡ 뉵나이 가장 ᄋᆡ달와 갈오ᄃᆡ,

"부인이 원간 고집ᄒᆞ샤 이리 이르시ᄂᆞ …… 쇼져 얼골을 비러 음힝 악ᄉᆞ를 모든 눈이 보ᄂᆞᆫᄃᆡ 쾌히 힝ᄒᆞᆯ딘ᄃᆡ 존당 ᄐᆡ부인과 일문 졔상공이며 시랑이신들 의심치 아니실가 시브니잇가. 일을 이갓치 민드라니 쇼졔를 몬져 업시 ᄒᆞ여 시랑의 현필을 희짓고 버거 시랑을 ᄒᆡᄒᆞ미 긔불묘ᄌᆡ니잇가?"

부인이 쇼 왈,

"셔어ᄒᆞᆫ 계교를 듯기 슬허니 쳥컨ᄃᆡ 긋치고 어미 아모케ᄂᆞ 후

---

20 독해본 3권 315쪽. 26번, 40권. 희라! ᄂᆞᆫ 듕이ᄂᆞ 명도를 ᄌᆞᆸ고 요ᄉᆞ를 먼니ᄒᆞ여 군ᄌᆞ의 곳의 브졍 요황ᄒᆞᆫ ᄌᆞ최를 뵈지 못ᄒᆞᆯ 바를 발키 혜아려 바로 독약으로ᄡᅥ 시랑을 먹일지언졍 요약으로ᄡᅥ 그 졍신을 흐리오지 못ᄒᆞᆯ 비라 ᄒᆞ여 개용단 회심단을 쓰디 아니코 힝혀도 허탄ᄒᆞ며 요샤ᄒᆞᆫ 무복을 가ᄂᆡ의 모화드릴 의ᄉᆞ를 아니 ᄒᆞ니 이 뎡ᄃᆡᄒᆞ믈 가져 다시 냥션키을 힘쓰미 엇지 쳔고의 어진 부인 되기를 샤양ᄒᆞ리오마ᄂᆞᆫ 일단 심긔를 온냥이 가지지 못ᄒᆞ여 투현 질능ᄒᆞ미 이샹ᄒᆞᆫ 고로 강포 불인ᄒᆞ믈 슌연이 힝ᄒᆞ니 이 또 일편 기혹ᄒᆞ여 붉으롸 하ᄃᆡ 어두음만 못ᄒᆞ고 시랑을 보치미 닌웅을 조로ᄂᆞᆫ 마ᄃᆡ믈 ᄊᆡ닷지 못ᄒᆞ니 이 엇지 ᄌᆞ긔의 몸을 ᄒᆡᄒᆞ미 아니리요.

삭을 가져 뉵마를 어ᄒᆞ며 촌검을 가져 악호를 질너보라."

뉵눈이 또흔 웃고 다시 개용단의 신긔홈과 회심단의 긔이ᄒᆞ믈 일캇지 못ᄒᆞ니 희라. 소시의 ᄉᆞ람되오미 춍명 영달ᄒᆞ여 범인의 빅비 승ᄒᆞᄃᆡ 간악을 위임ᄒᆞ며 션힝을 불란이 역여 취치 아닛는 듕이ᄂᆞ 뎡도를 잡고 요ᄉᆞ를 먼니ᄒᆞ여 … 개용단, 회심단을 쓰디 아니코 힝혀도 허탄ᄒᆞ며 요샤흔 무복을 가닋의 모화 드릴 의ᄉᆞ를 아니 ᄒᆞ니((하략).[21]

40권에서의 소교완은 개용단, 회심단의 효능을 믿지 않고, 서술자 또한 소교완이 정도를 잡고 요사스러움을 멀리하여 이러한 도구는 쓰지 않는다고 한다. 그런데 2번 그룹에서의 소교완은 개용단을 쓰기 시작한다. 52권에서는 심복시비 계월에게 개용단을 주어 대화부인 시녀 향년의 얼굴이 되게 하고,[22] 86권에서는 녹빙과 계월에게 개용단을 주어 이소저로 모습을 바꾸게 한 다음 언교를 통해 금은보화와 독약을 준다.[23] 91권에서는 초아에게 개용단을 주어 이소저 모습을 흉내 내라고 한다.

부인이 ᄀᆞ장 싀훤ᄒᆞ여 초아를 명ᄒᆞ여 쇼져의 닙엇던 나삼과 단삼을 주고 개용단 일환을 주어 왈,

"네 이 약의 변용ᄒᆞᄂᆞᆫ 조화를 빌고 이 옷슬 착ᄒᆞ여 너의 당단이 요녀와 발불ᄒᆞ니 맛당이 초실의 머므러 운셤, 혜월 등이 죽디 아녓거든 딘가를 씌닷디 못ᄒᆞ게 ᄒᆞ여 네 몸의 괴로오믈 잠간 견ᄃᆡ여 슈일을 머므다가 뉵난으로 긔용단을 먹여 져믄 남ᄌᆞ의 톄형을 비러 남녜 합녁ᄒᆞ여 월장ᄒᆞᄂᆞᆫ 형상을 운셤 등과 모든 눈이 보게 ᄒᆞ여 요녀의게 누명을 씌이고 즉시 단약을 삼켜 본상을 회복ᄒᆞ여 가중이 알니 업게 쳐변을 신근이 혜아려 어긔오미 업게

21 독해본 3권 314~315쪽, 26번, 40권.

22 독해본 4권 212쪽, 35번, 52권.

23 독해본 6권 220쪽, 56번, 86권.

ᄒᆞ라."

초애 슌슌 응명ᄒᆞ여 즉시 옷술 ᄀᆞᆯ고 약을 밧ᄌᆞ와 신변의 ᄀᆞᆷ초더라.[24]

위 인용문에서 소교완은 초아에게 개용단을 주어 이소저의 얼굴로 바꾸고, 육난에게도 개용단을 먹여 남자 형상으로 만든 다음 서로 통정하는 모양을 꾸며 이소저에게 누명을 씌운 다음 다시 단약을 삼켜 본래 모습으로 돌아오라는 지시를 내린다. 개용단의 사용법을 매우 구체적이고 소상하게 지시하고 있는 것이다. 이처럼 1번 그룹에서는 요약을 용렬하다고 말하며 쓰지 않던 소교완이 2번 그룹에서는 요약을 적극적으로 활용하는 모습을 보여준다.

2) 장면의 폭력성

1, 2번 그룹에서는 종통 갈등이 작품의 핵심 내용이다. 소교완은 정인성과 이소저, 그리고 그들 사이에서 태어난 정몽창을 해치려고 하고 자기 소생인 정인중을 계후로 삼으려고 한다. 그 과정에서 차마 읽기 어려울 정도로 폭력적인 장면이 다수 등장한다. 2번 그룹에 속한 53권에서 소교완은 며느리 이소저에게 독약을 먹이고 철여의로 온 몸에 남은 곳이 없을 정도로 두들겨 피투성이로 만든다.[25] 68권에서도 이소저를 핏덩

24 독해본 7권 5쪽, 58번, 91권.

25 독해본 4권 236쪽, 35번, 53권. 언파의 소져의 운발을 ᄡᅳ어 브드이고 철여의를 드러치기를 한업시 ᄒᆞ야 머리브터 나리 ᄌᆞᆺ두다려 일시 빅쳬의 남은 ᄃᆡ 업시 두다리니 두골이 쇄삭ᄒᆞ고 옥면이 남은 ᄃᆡ업시 웃쳐지고 뉴혈이 방즁의 가득ᄒᆞ여시니 소션이 경악ᄒᆞᄃᆡ 넌즁이 창외의셔 ᄉᆞ미를 쏫고 셔셔 방즁경식을 규규히 관찰ᄒᆞ야 ᄉᆞᆯ피믈 마지 아닐 ᄲᅮᆫ이오 일언을 아니 ᄒᆞ더라. 소져의 응지 갓ᄐᆞᆫ 긔부와 옥갓ᄐᆞᆫ ᄲᅨ 철여의에 다 바아다 ᄒᆞᆫ번 여의가 다지ᄂᆞᆫ 바의 쇄삭ᄒᆞ고 뉴혈이 줄지어 흐ᄅᆞᄃᆡ 조금도 측은ᄒᆞ미 업셔 금

이가 되도록 두들기고 살덩이를 한 입 물어 뱉기까지 한다.[26] 91권에서는 독약을 먹인 다음 이소저의 얼굴 가죽을 벗기기까지 한다.

> 언ᄎᆞ의 뉵난 등을 명ᄒᆞ여 독약 일완을 쇼져ᄅᆞᆯ 먹이라 ᄒᆞ며 …… 녹빙 계월을 명ᄒᆞ여 철편을 주어 힘을 다ᄒᆞ여 두 년이 마조 셔셔 머리로브터 발가지 두다리니 철편이 ᄒᆞᆫ번 디나치ᄂᆞᆫ 곳의 깁 ᄀᆞᆺᄐᆞᆫ 가쪽이 읏쳐디며 옥뷔 문허져 셩혈이 돌디ᄒᆞ니 소견이 경참ᄒᆞ미 니ᄅᆞᆯ 비 업ᄂᆞᆫ디라. …… 어시의 니쇼졔 혹독ᄒᆞᆫ 철편 아ᄅᆡ 명ᄆᆡᆨ이 ᄭᅳᆺ쳐져 혼과 ᄇᆡᆨ이 텬변의 노란 디 ᄶᅵ 오런디라. 그 몸을 아모리 두ᄃᆞ려도 망연 불각ᄒᆞ니 비컨ᄃᆡ 돌과 남글 두ᄃᆞ리ᄂᆞᆫ 형상으로 완연이 시신이 빗겨시니 부인이 익노 왈,
>
> "요물이 죽은 체 ᄒᆞ며 인심을 경혹ᄒᆞ니 강상을 구멸ᄒᆞᆫ 악부찰녀의 죄상을 다ᄉᆞ리ᄆᆡ 당당ᄒᆞᆫ 법뎐의 잇거ᄂᆞᆯ 패ᄌᆞ 불효 닌셩이 대의ᄅᆞᆯ 고부치 아니 ᄒᆞ고 ᄉᆞ정을 젼쥬ᄒᆞ니 요녀ᄅᆞᆯ 쾌히 죽이며 닌셩의 부ᄌᆞ의 명ᄆᆡᆨ을 ᄭᅳᆺ쳐 날노 ᄒᆞ여곰 결원을 풀니라."
>
> 빙, 월 등을 명ᄒᆞ여 쇼져의 낫 가죽을 벗기라 ᄒᆞᆯ 시,
>
> "ᄎᆞ녀의 요괴로온 낫 빗치 사ᄅᆞᆷ의 이목을 현혹ᄒᆞ믈 내 더욱 졀통이 넉인 ᄇᆡ라."
>
> 단도ᄅᆞᆯ 주어 쇼져의 낫 가죽을 벗기고 ᄒᆞᆫ 뭉치 노ᄒᆞᆯ 주어 그 일신 ᄇᆡᆨ톄ᄅᆞᆯ ᄇᆡᆨ번 감아 얽어 동히고 그 입을 어긔오고 독약을

일은 소져의 명을 ᄭᅳᆺ쳐 젹년 ᄊᆞ흔 분원을 셜ᄒᆞ려 ᄒᆞᄂᆞᆫ지라.

26 독해본 5권 217~218쪽, 46번, 68권. 겻틔 금쳑을 드러 그 엇게와 등을 즛울히다가 그 여러 벌 옷 우히므로 불쾌ᄒᆞ여 급히 칼노써 녹ᄉᆞᆷ과 ᄎᆡ북의 등솔을 쓰져 깁 젹ᄉᆞᆷ ᄒᆞᆫ 벌노 살ᄒᆞᆯ 가리오고 다시 치기를 사작ᄒᆞ니 다ᄃᆞᆺᄂᆞᆫ 곳마다 ᄇᆡᆨ포 단ᄉᆞᆷ이 홍화를 ᄲᅳ린 닷 혈식이 난만ᄒᆞᆫᄃᆡ 소졔 죽은 다시 브복ᄒᆞ여ᄉᆞᆷ쇼ᄅᆡ도 잇지 아니코 호발도 요동치 아니 ᄒᆞ니 그 ᄉᆞ랏ᄂᆞᆫ ᄌᆞᆯ 아지 못ᄒᆞᆯ지라 부인이 모진 긔운과 독ᄒᆞᆫ 심용을 다ᄒᆞ여 두어 식경을 난타ᄒᆞᄆᆡ 단ᄉᆞᆷ은 임의 흰 빗치 업셔 홍초 젹ᄉᆞᆷ의 되엿고 소졔 ᄯᅩᄒᆞᆫ 혼도ᄒᆞ여 인ᄉᆞ를 ᄇᆞ려시니 ᄎᆞ경은 ᄉᆞᆷ싱구슈라도 ᄎᆞᆷ연ᄒᆞ미 업지 아니ᄒᆞᆯ 거시로ᄃᆡ 부인이 각골이 ᄆᆡ오믈ᄎᆞ마 견ᄃᆡ지 못ᄒᆞ고 ᄎᆞ마 어지지 못ᄒᆞ여 그 머리를 ᄒᆞᆫ번 ᄌᆞᆸ아 ᄒᆞᆫ번 브드잇고 몸을 압흐로 플쳐 단ᄉᆞᆷᄉᆞᄆᆡ를 밀고 옥비를 ᄲᅢ혀 ᄒᆞᆫ번 므러 ᄢᅦ치니 고은 머리 ᄶᅵ여지고 피ᄒᆞᆯ너 옥져의 연ᄒᆞᆫ 살히 ᄢᅥ러져 부인의 닙 쇽의 먹ᄂᆞᆫ 고기 죠각 갓치 담기니 ᄲᆞᆯ니 비왓고 졍히 칼ᄒᆞᆯ   아 소져의 다리를 지라고져 ᄒᆞ더니 …(하략)

부은 후 다시음 동혀 흔 나모 등걸 ᄀᆞᆺ치 ᄆᆡ여 늑난 등으로 넌디의 너흐라 ᄒᆞ니….(하략)[27]

위 인용문에서 소교완은 이소저에게 독약을 먹이고 온 몸을 피투성이가 되도록 때려 죽게 만드는 것에서 모자라 단도를 주어 이소저의 얼굴 가죽을 벗긴 다음 강물 속에 던진다. 한글장편소설에 폭력적인 장면이 종종 등장하기는 하지만, 이처럼 잔혹하고 수위가 높은 폭력성은 흔치 않다.

그런데 3번 그룹부터는 폭력적인 장면이 확연히 줄어든다. 아래는 소교완이 며느리 이소저와 한소저를 폭행하는 장면이다.

> 부인이 니시를 죽이미 ᄯᅳᆺ ᄀᆞᆺ디 못ᄒᆞ믈 대로ᄒᆞ야 눈을 독히 ᄡᅥ ᄋᆞᄌᆞ를 밀치고 니시의게 ᄃᆞ라드러 두볼을 모도 굴너 그 녑흘 ᄎᆞ더디니 경영ᄒᆞᆫ 몸이 돌지약 ᄀᆞᆺ치 브드치여 건넌편 층계의 브드치니 고은 머리 브딋는 소릐 징영ᄒᆞᆫ디라. 부인이 ᄯᆞ라가 계하의 나려가 돌을 드러 다시 두골을 ᄯᆞ리고져 ᄒᆞ니 공지광슈를 펼쳐 슈슈의 압흘 날개 펴ᄃᆞᆺ ᄀᆞ리오고 모부인 손을 밧드러 승당ᄒᆞ시믈 쳥ᄒᆞ나 부인이 ᄇᆞ야흐로 젹튝ᄒᆞᆫ 노긔 니, 한을 죽이고 말녀ᄒᆞ니 졍히 싀랑이 분발ᄒᆞ고 독ᄉᆡ 셩닉미라. 돌쳐셔서 한시의 구름 ᄀᆞᆺᄐᆞᆫ 머리를 풀쳐 쥽으니 길과 ᄂᆞ죽ᄒᆞᆫ디라. 쥽아 돌의 브ᄃᆞᆺ고져 ᄒᆞ니 믯그러워 손이 절노 풀니니 그 팔흘쥽아 옥 ᄀᆞᆺᄐᆞᆫ 손을 니로 므러 ᄡᅥ히고져 ᄒᆞ니 공지 황망이 모부인 입을 손으로ᄡᅧ ᄀᆞ리오고 손을 쥽아 머추ᄆᆡ 부인이 ᄉᆞᄉᆞ의 ᄯᅳᆺ ᄀᆞᆺ디 못ᄒᆞ믈 분뇌 엄엄ᄒᆞ야 다시 돌흘 드러 군쥬의 등을 울혀 ᄀᆞᆯ오ᄃᆡ,
>
> "너모 어미를 협졔ᄒᆞ야 ᄯᆞ라가며 막디 말나. 네 어미로 ᄒᆞ여곰 노분이 툥식ᄒᆞ야 죽으면 므슨 쾌ᄒᆞ미 잇ᄂᆞ냐 너모 말디어다. 어믜 ᄉᆞ오나오믈 즈줄이 넉이나 이 ᄯᅩ 금일 ᄲᅳᆫ이라, 내 이 거조를

27 독해본 7권 4쪽, 58번, 91권.

> 일위미 ᄉᆞᆯ고져ᄒᆞ미 아니라 ᄌᆞ금 이후로 닌셩의 부뷔 거리낀 거시 업시 무우 안낙ᄒᆞ고 네 또 근심 업시 경일누 상부로 죵용이 화목ᄒᆞ리니 엇디 ᄌᆞ식이 되여 너모 이ᄀᆞᆺ치 거슯쓰미 올흐리오.”
>
> 일변 니ᄅᆞ며 일변 치기ᄅᆞᆯ 별학 울히ᄃᆞ시 치니 공ᄌᆡ 착급ᄒᆞ여 ᄉᆞ미ᄅᆞᆯ 드러 그 압흘 ᄀᆞ리오고 ᄋᆡ긍히 비러 왈,
>
> “모야 텬디시니 불냥인디리오 ᄒᆞ시니 태태 엇디 ᄎᆞ마 이런 노ᄅᆞ술 ᄒᆞ시ᄂᆞ니잇고. 상한 쳔누도 며ᄂᆞ리 치ᄂᆞᆫ 일이 업거ᄂᆞᆯ 태태 공후의 ᄂᆡᄌᆞ 팔좌의 존ᄒᆞ믈 가져 계시거ᄂᆞᆯ 엇디 이ᄀᆞᆺ치 상된 노ᄅᆞ술 ᄒᆞ시ᄂᆞ시잇고.”[28]

앞과 마찬가지로 소교완이 길길이 날뛰며 며느리를 폭행하지만, 철여의나 단도와 같은 흉기가 나오지 않을뿐더러 피도 등장하지 않는다. 그나마 인웅의 방해로 폭행도 성공하지 못한다. 이 장면 이외에도 3, 4번 그룹에서는 전반적으로 피가 등장하는 장면을 찾아보기 어렵다. 뿐만 아니라 소교완이 종통계승과는 무관한 조후암과 정월염을 죽이려 하며, 양씨의 편을 들어 두 며느리를 폭행하는 등 갈등의 대상이 바뀌어 다른 작품에서 흔히 등장하는 처첩갈등에 끼어든 일반적인 시어머니와 유사한 느낌을 준다.

3) 예법에 대한 의식

1, 2번 그룹에서는 예법을 철저히 지키는 의식이 두드러진다. 1번 그룹에 속한 11권에는 예법을 지켜서 상중에는 부부 간에도 일체 말을 하지 않으며,[29] 34권에서는 정인성과 이성강의 혼례를 치른 가족들이 돌아

---

28 독해본 9권 207쪽, 77번, 133권.

29 독해본 1권 340쪽, 7번, 11권. 냥계와 의계 쇼 화이부인을 청ᄒᆞ여 셔로 보려 ᄒᆞ므로

가신 부친을 추모하며 슬퍼한다.[30] 그런데 3, 4번 그룹에서는 이러한 예법에 대한 엄정함이 많이 흐려진다. 아래는 경조공이 정인성과 한소저 앞에서 첫날밤 설화를 이야기하라고 보채는 장면이다.

> 경됴공이 믄득 완이 쇼왈,
> "다만 니ᄅᆞ라. 금야를 엇디 지ᄂᆡ엿ᄂᆞ뇨?"
> 상셰 관을 슉여 유유히 ᄃᆡ치 못ᄒᆞ니 경됴와 쇼뷔 대답을 셩화 ᄀᆞᆺ치 ᄌᆡ촉ᄒᆞ니 상셰 날호여 념슈 궤좌이ᄃᆡ왈,
> "쇼ᄌᆡ 작야의 존명을 밧ᄌᆞ와 취운누의 가 슉침ᄒᆞ이다."
> 경ᄃᆈ 쇼왈,
> "우슉이 즁청이 아니어니 작야의 취루의 간 줄이야 모로랴. 소범이 잇ᄂᆞᆫ가 이실고디ᄒᆞ라."
> 상셰 잠간 어려이 넉이ᄂᆞᆫ 빗치 이셔 유유 쥬져ᄒᆞ니 경ᄃᆈ ᄌᆡ삼 답언을 ᄌᆡ촉ᄒᆞᄂᆞᆫ디라. 상셰 가연이 ᄃᆡᄒᆞ야 ᄀᆞᆯ오ᄃᆡ,
> "각각 편히 ᄌᆞᆯ 쁜이오 범ᄒᆞᆫ ᄇᆡ 업ᄂᆞ이다."
> 경ᄃᆈ 대쇼 왈,
> "ᄌᆞ고로 슉녀 미쳐ᄂᆞᆫ 셩인도 구ᄒᆞ신 ᄇᆡ니 네 엇디 홀노 이ᄀᆞᆺ치

청계와 운계 비록 션친 ᄌᆡ긔를 지ᄂᆡ며 결복ᄒᆞ미 되여시나 오히려 담복지인이라, 한갈갓치 집녜 태고ᄒᆞ므로 엇지 부뷔 ᄉᆞᆼᄃᆡᄒᆞ며 소릐를 통허난 무례ᄒᆞ미 이시리오. 즉시 출외ᄒᆞ고 냥계 등이 냥슈를 마ᄌᆞ 셔로 녜필의 피ᄎᆞ의 무한 극디지통이 말이 빗치 업ᄉᆞ니 화부인의 셩ᄌᆞ 긔딜과 슉덕 현힝이며 인ᄌᆞ 명혜ᄒᆞ믄 다시 일을 거시 업거니와 소부인의 유연헌 언ᄉᆞ와 춍오헌 기질은 보며 들을ᄉᆞ록 그 어지라미 녯 ᄉᆞ름을 널니 구ᄒᆞ고 이졔 ᄉᆞ름을 셰셰히 헤여도 ᄃᆡ두헐 지 업슬이라.

30 독해본 3권 128~129쪽, 22번, 34권. 홍심이 난화ᄒᆞ여 향방의 ᄂᆞ아가니 빅옥노의 취연이 ᄋᆡᄋᆡᄒᆞ며 취화 금요의 난향이 욱욱ᄒᆞᆫᄃᆡ 냥 신인이 상ᄃᆡᄒᆞ니 풍모 명광이 셔로 바ᄋᆡ여 ᄉᆞ창 비췬 달은 광ᄎᆡ을 아이고 금ᄃᆡ의 촉광은 졍긔을 변ᄒᆞ더라. 익일의 ᄃᆡ연을 진셜ᄒᆞ여 신뷔 현구고 비ᄉᆞ당ᄒᆞᆯ시 친쳑 향당이 ᄃᆡ회ᄒᆞ여 고문 슉완을 구경ᄒᆞ미 유덕유경ᄒᆞ여 조두의 공경이 낫타ᄂᆞ며 근신 정녜ᄒᆞ여 노실의 ᄯᅮᆨ삼을 밧드던 촉빅의 부인과 흡ᄉᆞᄒᆞ니 지개의 엄슉ᄒᆞᆷ이 구츄 상텬 갓고 긔딜의 졀미ᄒᆞ미 아아히 츈공상운 갓ᄐᆞ니 군ᄌᆞ 싱훈과 슉녀 교휵으로 당어녜법ᄒᆞ믈 가히 알너라. 녜파의 존당 ᄐᆡ부인이 신부을 ᄂᆞ호여 슬하의 연무ᄒᆞ며 희ᄋᆡ 귀즁ᄒᆞᄂᆞᆫ 셕ᄉᆞ를 감상ᄒᆞ여 쳑연 하루 왈, "불혜 박덕ᄒᆞᆫ 노모ᄂᆞᆫ 금일 신부의 탁이 초츌ᄒᆞ믈 보니 셕시라도 여감이 업슬 쁜 아냐 션군이 종손부의 여ᄎᆞ 비범ᄒᆞ믈 보지 못ᄒᆞ시고 양현뷔 ᄒᆞᆫ가지로 두굿기지 못ᄒᆞ니 일노 보건ᄃᆡ 안연의 단명ᄒᆞ미 ᄃᆡ마다 잇도다."

뎡대컨쳬 ᄒᆞ리오. 네 아니 동빈과 마쳔의 병이 잇ᄂᆞ냐?"

…… 상부인이 우음을 먹금고 …… 한쇼져의 옥비 셤슈를 어로만디ᄂᆞᆫ ᄀᆞ온ᄃᆡ 홍싂 거두치며 옥비의 잉홍이 찬연ᄒᆞ야 살빗ᄎᆞᆫ 납셜을 가의하고 븕은 빗ᄎᆞᆫ 잉도 일미 단ᄉᆞ를 우이 넉이니 부인이 그윽이 상셔를 투목 슉시ᄒᆞ고 쇼이농왈,

"네 진실노 좀ᄉᆞ나희로다. 엇디 이ᄃᆡ도록 쇼졸ᄒᆞᆷ믈 뜻ᄒᆞ여시리오."

상셰 관을 숙여 유유 함쇼러라. 신뷔 대참 황괴ᄒᆞ야 치신무디ᄒᆞ니 옥셜의 홍화를 씻친 ᄃᆞᆺ 만면이 취홍ᄒᆞ니…(하략).[31]

1, 2번 그룹에서는 남녀 주인공의 첫날밤 이야기를 꺼내는 것 자체가 비례의 행위로 여겨지던 분위기였는데, 3, 4번 그룹에서는 남녀주인공의 첫날밤 이야기가 즐거운 웃음거리가 된다. 심지어 상부인은 한소저의 팔을 걷어 올려 앵혈을 확인하고 정인성에게 농담을 건네기까지 하는데, 이는 1, 2번 그룹의 혼인 장면에서는 상상하기 어려울 정도로 파격적이고 예법에 어긋난 행동이라 할 수 있다.

또 앞에서는 전형적인 정인군자형 인물로서 술을 마시지 않고 식사도 소식하던 정인성이 3, 4번 그룹에서는 주객이 되어 술을 찾는 독특한 모습을 보여준다.

상셰 병장을 두루고 냥뎨를 당부ᄒᆞ여 됴심ᄒᆞ여 시침ᄒᆞᆷ믈 니르고 닋당의 드러와 …… 골오ᄃᆡ,

"불쵸의 슈무상이오나 엇지 친뎐의셔 ᄆᆞ음의 업ᄉᆞᆫ 말숨을 베푸리잇고. 모친 취침ᄒᆞ시믈 보온 후 물너가 ᄌᆞ고져 ᄒᆞᄂᆞ이다. 연이나 셕식을 착실이 ᄒᆞ엿더니마ᄂᆞᆫ 허핍ᄒᆞ니 일비쥬를 어더 먹고 ᄌᆞ ᄒᆞᄂᆞ이다."

31 독해본 8권 9쪽, 66번, 106권.

부인이 놀나 왈,

"또 엇지 먹으리오?"

상셰 ᄃᆡ왈,

"무방ᄒᆞ니이다. ᄃᆞ시 먹어야 슈이 ᄊᆡᄂᆞ니이다."

부인 왈,

"진짓 쥬ᄀᆡᆨ의 말이로다."

…… 공ᄌᆡ 믄득 광슈를 ᄯᅥᆯ쳐 상셔의 알풀 가리오고 ᄉᆡ영의 나오ᄂᆞᆫ 잔을 밧고ᄌᆞ ᄒᆞ니 상셰 공ᄌᆞ의 ᄉᆞ미를 쓰리치고 ᄉᆡ영을 호령ᄒᆞ여 ᄲᆞᆯ니 가져오라 ᄒᆞ여 마ᄌᆞ 거후르니 공ᄌᆡ 원망ᄒᆞ여 ᄀᆞᆯ오ᄃᆡ,

"형댱은 동일토록 진취ᄒᆞ여 ᄎᆡ ᄊᆡ지 못ᄒᆞ시고 또 엇지 져리 과음코ᄌᆞ ᄒᆞ시ᄂᆞ니잇고. 쇼데를 ᄉᆞ랑ᄒᆞ시노라 말ᄉᆞᆷ이 거즛 말ᄉᆞᆷ이로쇼이다."

상셰 왈,

"ᄎᆡ ᄊᆡ지 아냐 또 먹난 거시 쥬ᄀᆡᆨ의 규식이라. ᄂᆡ 즐겨 먹ᄂᆞᆫ 거ᄉᆞᆯ 셜ᄉᆞ 네 목ᄉᆡ 거ᄉᆞᆯ 됴곰 먹어신들져리 앙통ᄒᆞ랴."[32]

위 인용문에서 정인성은 저녁을 먹었음에도 어머니 소교완에게 와서 허핍하다며 다시 술을 달라고 한다. 소교완이 놀라자 '술을 먹어야 술이 빨리 깬다.'는 말을 하는가 하면, 동생 인웅의 술까지 빼앗아 마시고는 '채 깨지 않아 먹는 것이 주객의 규식'이라며 술꾼이라도 된 것 같은 모습을 보여준다.

지금까지 살펴본 각 그룹별 특징을 간략히 요약하자면 다음과 같다. 1번째 그룹의 소교완은 냉정하고 불교나 저주, 요약을 믿지 않는 강렬한 성격의 인물이다. 종통 계승에 대한 강력한 집착을 갖고 있으면서, 그것이 불가능하다는 것도 알아 자신의 속마음을 철저히 숨긴다. 또 저

---

32 독해본 9권 126쪽, 75번, 128~129권.

주와 요약에 대해서도 그 효능을 믿지 않는다. 등장인물은 모두가 예법을 철저히 지킨다. 2번째 그룹의 소교완은 저주와 요약을 적극적으로 시도한다. 이 그룹에서 특히 잔혹하고 높은 수준의 폭력적인 장면이 빈출한다. 종통에 대한 집착은 1번째 그룹과 동일하며, 등장인물 모두가 예법에 대해 철저한 모습을 보여주는 것도 동일하다. 3번째 그룹에서 소교완은 종통계승과 무관한 인물을 해치려는 등 다소 혼란스러운 모습을 보이며, 며느리들에 대한 폭행 장면도 그다지 폭력적이지 않다. 예법에 대한 의식이 무너져 정인성, 정인중 부부의 첫날밤을 두고 짓궂은 질문과 농담, 해학이 오간다. 정인성은 지금까지 도학군자로서의 모습만 보여주다가 갑자기 술꾼의 모습을 보여준다. 4번째 그룹에서 소교완은 꿈에서 전생 일을 알고 개과천선한다. 이 때문인지 전체적으로 별다른 갈등이나 특징이 노출되지 않는다. 혼인 장면은 대화보다 묘사 중심의 서술이 나온다.

4. 결론

지금까지 살펴본 내용을 토대로 〈완월회맹연〉의 창작 과정에 대해 추론하자면 다음과 같은 두 가지 가능성을 생각해 볼 수 있을 것이다.

첫째는 전반부와 후반부가 서로 다른 작가에 의해 창작되었거나, 전주이씨에 의해 창작되었더라도 전편과 후속편처럼 상당한 시간적 차이를 두고 창작되었을 가능성을 생각해 볼 수 있다.[33] 그 이유는 전반부와

33 〈완월회맹연〉 독해본 8권 263쪽에는 주인공이 용서해 준 왕탁의 일족이 훗날 등장하

후반부의 인물 형상 등이 동일인이 한꺼번에 창작했다고 보기에는 너무 큰 차이점을 보여주기 때문이다.

둘째는 별개로 존재하던 몇몇 작품의 내용을 모아서 〈완월회맹연〉이 만들어졌을 가능성이다. 그 이유는 〈완월회맹연〉의 처음과 끝이 일관된 서사로 이루어져 있으면서도 관련작에 대한 언급이 많기 때문이다. 이러한 관련작은 단순히 제목만 등장하는 것일 수도 있겠지만 실존하는 작품이었을 가능성이 높다는 것이 본고의 판단이다. 즉 전주이씨가 중심축이 되는 서사를 창작하되, 기존의 여러 주변 작품들을 집대성하는 방식으로 창작되었을 가능성이 있다. 소교완이나 정인성의 인물 형상이 차이를 보이는 점으로 미루어 본다면, 어쩌면 전혀 관련이 없는 작품의 일화도 등장인물의 이름만 바꾸어서 들어왔을 가능성도 배제할 수 없다.

다만 본고의 논의는 어디까지나 문체가 이와 같이 분절적으로 나누어진다는 데에 그친다는 점을 밝혔을 뿐이다. 가능성은 낮지만 한 명의 작가가 집필 도중에 성향이 바뀌어 다른 세계관의 작품을 창작하는 경우의 수를 전혀 배제할 수는 없다. 소교완이 요약을 쓰지 않는 것으로 그려졌다가 나중에 쓰는 모습을 인물의 변화로 해석할 수도 있으며, 폭력적인 장면이나 예법에 대한 태도 역시 작가의 심경 변화에 의해 그렇게 변화했다고 볼 수도 있을 것이다. 따라서 본고의 연구 결과 문체가 위와 같이 분절적이라는 점이 밝혀지기는 하였으나, 이것이 복수 작가의 창작에 의한 것인지 아니면 단일 작가의 심경 변화에 의한 것인지는 여전히 미지의 영역으로 남아있다.

본고의 검토 결과 〈완월회맹연〉의 문체적 특징에 대해 몇 가지 새로운 사실이 밝혀졌다. 다만 본 연구는 아직 문체의 통계적 처리에 대해 결정적인 지표를 설정하지 못했으며 작품의 분량이 워낙 방대하여 문학적

는 등 후속편의 느낌을 주는 일화도 존재한다.

인 해석에서도 거칠게 된 부분이 많다. 또한 작품의 텍스트를 임의의 숫자로 균등 분할하지 않고 180권이라는 원래의 권별 구분을 존중해서 분석을 실시했더라면 결과로 나온 수치에 대해 보다 직관적인 이해가 가능했을지도 모른다. 미처 언급하지 못했으나 장성완의 죽음을 거짓으로 꾸며내는 대목이나, 소명란이라는 동명이인이 등장하는 부분 등 작품 내적인 작은 모순점들도 면밀히 고찰해 볼 필요가 있다. 추후 보다 확고한 지표를 설정하고, 문학적 해석 또한 보다 세밀하게 이루어진다면 〈완월회맹연〉의 문체적 특징에 대해 보다 확실한 논의가 가능해질 것이다. 본 논문은 보다 본격적인 연구에 앞서 수행된 시론 성격의 논문으로서 본고의 결론은 매우 제한적인 의미만을 지닌다고 할 수 있다.

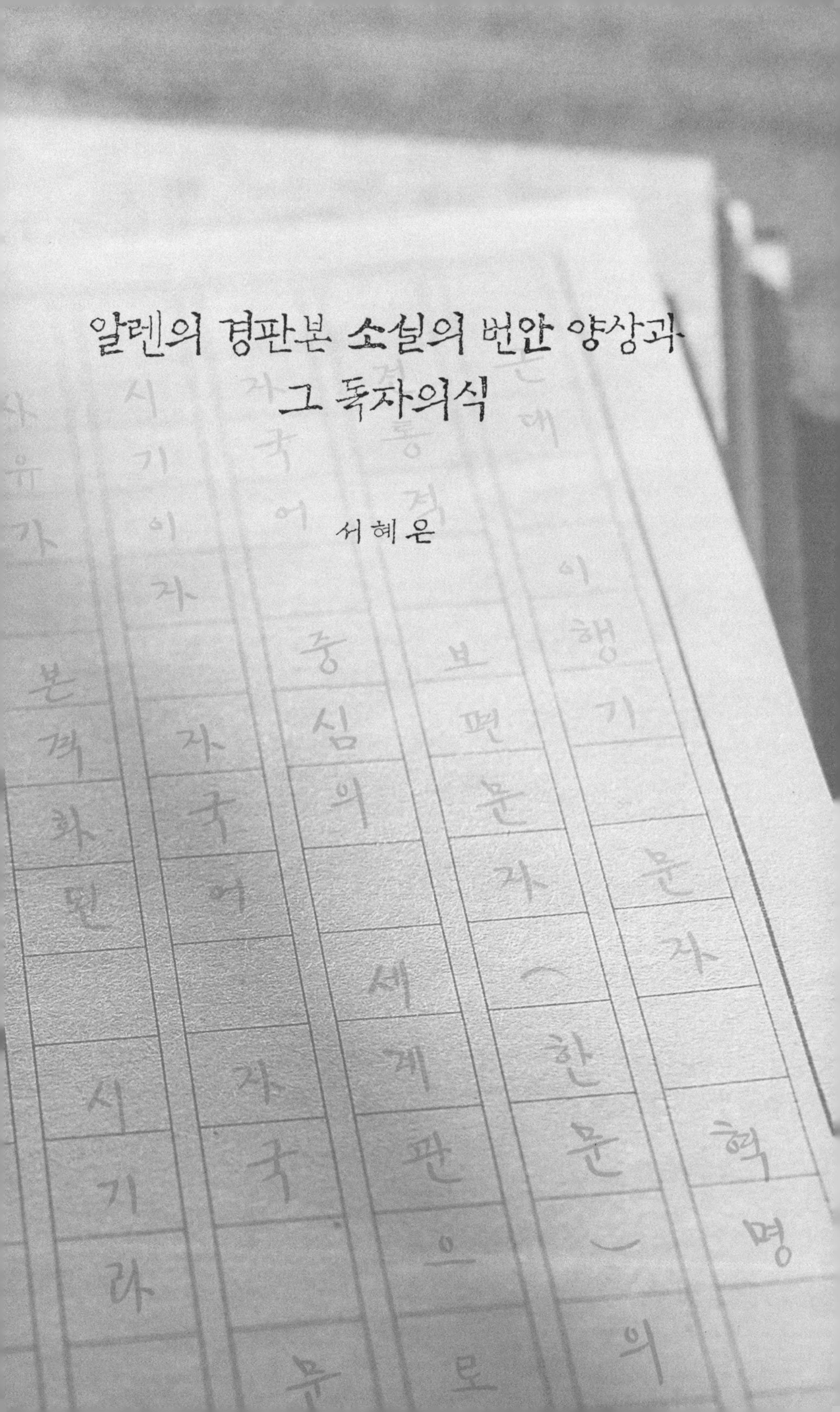

알렌의 경판본 소설의 번안 양상과 그 독자의식

서혜은

알렌의 경판본 소설의 번안 양상과 그 독자의식

서 혜 은

1. 서론

미국에서 최초로 조선에 파견된 의료 선교사인 Horace Newton Allen (1858~1932)은 경판본 소설을 최초로 번안한 서구인이기도 하다. 그는 21년간 조선에 머무르면서 *Korean Tales*을 비롯하여 *Korean Ginseng, Things Korean, The awakening of Korea, A Chronological Index*와 같은 저서를 남겼다.[01] *Korean Tales*에는 〈심청전〉〈흥부전〉〈춘향전〉〈백학선전〉〈홍길동전〉을 번안한 "SIM CHUNG-The Dutiful Daughter", "HYUNG Bo AND NAHL Bo Or, The Swallow-King's Rewards", "CHUN YANG-The Faithful Dancing-Girl Wife", "CHING YUH AND KYAIN Oo-The Trials of Two Heavenly Lovers", "HONG KIL TONG Or, The Adventures of an Abused Boy"가 수록되어 있는데 모두 경판본 소설을 저본으로 하여 번안한 것으로 논의되었다.[02] "SIM CHUNG"은 경판 24장본 〈심청전〉을, "HYUNG Bo AND NAHL Bo"는 경판 25장

01 구자균, 「Korea: Fact and Fancy」, 『아세아연구』6, 고려대학교 아세아문제연구소, 1963, 229~234쪽.

02 이하 알렌의 번안 작품에 함께 제시되어 있는 부제는 생략하고 작품의 제목만 명시하도록 하겠다.

및 20장본 〈홍부전〉을, "CHUN YANG"은 경판 30장본 계열 및 23장본 또는 그 이하 장수의 〈춘향전〉을, "CHING YUH AND KYAIN Oo"는 경판 24장본 〈백학선전〉을, "HONG KIL TONG"는 경판본 계열 및 안성판 23장본 〈홍길동전〉을, "THE RABBIT AND OTHER LEGENDS-Stories of Birds and Animals"은 경판 〈토생전〉을 번안한 작품으로 규명되었다.[03]

그러나 "THE RABBIT AND OTHER LEGENDS"는 경판 〈토생전〉을 번안한 작품으로 보이지는 않는다. 〈토끼전〉의 이본은 다양하며 경판본의 경우 특징적인 면모가 분명하다. 하지만 "THE RABBIT AND OTHER LEGENDS"는 경판 〈토생전〉의 특징적인 면모가 확인되지 않으며 'Stories of Birds and Animals'라는 부제에서도 확인되듯이 작품의 서두에 상당히 다양한 종류의 새와 동물들에 대한 이야기로 구성되어 있다. 그리고 "THE RABBIT AND OTHER LEGENDS"는 〈토끼전〉의 여러 이본에서 확인되는 공통적인 서사로 구성되어 있기에 경판 〈토생전〉을 대상으로 번안한 작품으로 규정하기에는 무리가 있다.

---

03 이문성, 「판소리계 소설의 해외 영문번역 현황과 전망」, 『한국학연구』38, 고려대학교 한국학연구소, 2011, 259~285쪽; 이상현, 「묻혀진 〈심청전〉 정전화의 계보-알렌, 호소이, 게일 〈심청전〉 번역본의 연대기-」, 『고소설연구』32, 한국고소설학회, 2011, 405~456쪽; 이상현, 「알렌 〈백학선전〉 영역본 연구-모리스 쿠랑의 고소설 비평을 통해 본 알렌 고소설영역본의 의미-」, 『비교한국학』20, 국제비교한국학회, 2012, 289~335쪽; 전상욱, 「〈춘향전〉 초기 번역본의 변모 양상과 의미-내부와 외부의 시각차이-」, 『고소설연구』37, 한국고소설학회, 2014, 126~129쪽; 한유림, 「〈홍길동전〉과 「견우와 직녀」 번역 연구-알렌(H.N. Allen), 아르노우스(H, G. Arnous), 이와야 사자나미(巖谷小波)를 중심으로-」, 고려대학교 중일어문학과 석사학위논문, 2015, 59쪽; 이상현, 「'학대 아동(An Abused Boy)'과 '폭도', 홍길동의 두 가지 형상과 〈홍길동전〉 번역의 계보」, 『철학 · 사상 · 문화』30, 동국대학교 동서사상연구소, 2019, 160~186쪽; 이상현, 「〈홍길동전〉의 영역본 연구」, 『한국연구』1, 한국연구원, 2019, 54~65쪽; Janet Yoon-sun LEE, "The Tale of Chunhyang as Translated by Western Missionaries", *Korean Journal*, vol. 60, no.1(spring 2020), pp. 179~191; 유광수, 「알렌(H. N. Allen) 번역 〈홍길동전〉 연구」, 『어문논집』89, 중앙어문학회, 2022, 133~164쪽; 최지지, 「알렌 〈토끼전〉 영역 과정에서의 변개지점에 대한 연구」, 『국어국문학』180, 국어국문학회, 2017, 421~454쪽.

하지만 "SIM CHUNG"의 경우는 선행 연구에서 논의된 바와 같이 경판 24장본 〈심청전〉을 대상으로 번안한 것으로 보인다. 그리고 〈백학선전〉과 〈흥부전〉의 경판본은 각각 20장본과 24장본 그리고 20장본과 25장본이 현전하지만 각 작품들의 두 판본은 장수만 다를 뿐 내용상의 차이는 존재하지 않는다. 그러므로 "HYUNG Bo AND NAHL Bo", "CHING YUH AND KYAIN Oo" 또한 선행 연구에서 논의된 바와 동일한 경판본 소설을 대상으로 번안한 작품이 분명하다. "CHUN YANG" 또한 춘향의 서사가 아닌 이몽룡의 서사로 시작되며 이몽룡이 춘향에게 주는 불망기가 제시되어 있고 대비정속한 후 이몽룡과 혼인한다는 점에서 선행 연구에서 여러 차례 지적된 바와 같이 경판 30장본 및 23장본을 대상으로 번안한 것임은 명확하다. 그러나 알렌이 번안한 "CHUN YANG"은 삽입 가요 및 사설이 거의 제시되어 있지 않기 때문에 30장본보다는 23장본을 대상으로 번안했을 가능성이 더 크다고 생각한다.[04]

또한 "HONG KIL TONG"은 선행 연구에서 경판 30장본 및 24·23·21장본을 비롯하여 안성판 23장본을 대상으로 번안한 것으로 논의되었다.[05] 그리고 〈홍길동전〉의 경판본 계열 가운데 홍길동이 병조판서를

---

04 알렌의 번안한 "CHUN YANG"은 경판본 〈춘향전〉에서 확인되는 새타령·나무타령·초동의 산유화가 등의 삽입가요가 거의 제시되어 있지 않다. 그리고 경판 35·30·23·20본에서 공통적으로 확인되는 춘향이 옥중에서 통곡 및 자탄하는 장면과 춘향 어미가 이도령을 원망하고 탄식하는 장면 그리고 춘향이 본관사또에게 대항하는 장면과 어몽룡이 암행어사 출두하기 전 염탐하는 장면도 축약 및 삭제되어 있다. 이러한 면모는 〈춘향전〉의 경판 16장과 17장본에서 확인되며 16장본과 17장본은 장수만 차이가 날 뿐이며 내용은 동일하다. 그러므로 "CHUN YANG" 23장본보다는 오히려 경판 16장본 및 17장본과 더욱 유사해 보인다. 그렇지만 경판 16장본 및 17장본의 경우 1910년 이후에 간행되었을 가능성이 크다. 따라서 본 논문에서는 선행 연구에서 논의된 바와 같이 경판 23장본을 비교의 대상으로 하고자 한다(서혜은, 「경판본 소설의 후대적 변모 양상 연구」, 『민족문화논총』58, 영남대학교 민족문화연구소, 2014, 539~540쪽).

05 한유림, 앞의 논문(2015), 59쪽; 이상현, 「'학대 아동(An Abused Boy)'과 '폭도', 홍길동의 두 가지 형상과 〈홍길동전〉 번역의 계보」, 앞의 논문집(2019), 162~172쪽; 이상현, 「〈홍길동전〉의 영역본 연구」, 앞의 논문집(2019), 58~59쪽; 유광수, 앞의 논문, 138~140쪽.

요구한 후 자수하는 장면과 망당산 요괴 퇴치 대목이 없는 경판 17장본과 홍길동이 홍판서의 묘를 제도에 모시는 것으로 종결되는 안성판 19장본은 알렌의 번안 대상으로 제외되었다.[06] 그러나 알렌이 번안한 작품의 전반부는 분명 〈홍길동전〉 경판본의 내용과 상당히 유사하지만 율도국 서사가 제시되어 있지 않은 것은 안성판 19장본과 동일하다. 그리고 안성판 19장본의 전반부는 경판본의 내용과 거의 동일하게 전개된다. 그러므로 "HONG KIL TONG"은 경판 30장본보다는 오히려 안성판 19장본과 유사해 보인다. 따라서 "HONG KIL TONG"의 경우 안성판 19장본과 비교하는 작업을 통해 구체적인 번안의 양상에 대한 재고가 필요하다.[07]

그리고 알렌이 번안한 "CHING YUH AND KYAIN Oo"에 대해서는 견우와 직녀의 설화를 소개하기 위해 경판 〈백학선전〉을 번안한 작품으로 논의된 바 있다.[08] 이 선행 연구는 알렌이 경판 〈백학선전〉을 번안한 작품임을 고증했다는 점에서는 연구의 의의는 크다고 생각한다. 그러나 〈백학선전〉의 서두에 조은하가 칠석에 오작교를 잘못 놓은 죄로 적강했다고 언급한 것으로 보아 알렌은 〈백학선전〉을 읽은 후 견우와 직녀의 설화를 연상했던 것으로 짐작된다. 또한 "SIM CHUNG"은 호소이와 게일이 번역한 〈심청전〉과의 비교의 방법을 통해 알렌이 국문소설의 해독과 직역이 불가능했을 것을 전제로 하여 한국 사회의 풍속을 보여주는 구전설화를 번역한 민족지학적 의미를 지니는 작품으로 규정했다.[09] 선행 연구에서 언급한 바와 같이 〈심청전〉은 한국 사회의 풍속을 보여주는

06 이상현, 「〈홍길동전〉의 영역본 연구」, 앞의 논문집(2019), 58쪽.

07 알렌이 번안한 "SIM CHUNG", "HYUNG Bo AND NAHL Bo", "CHUN YANG", "CHING YUH AND KYAIN Oo"이 모두 경판본을 대상으로 했다는 점을 감안한다면 "HONG KIL TONG" 역시 경판본을 대상으로 번안했을 가능성은 충분하다. 그러나 "HONG KIL TONG"의 내용은 경판본보다 오히려 안성판 19장본과 더욱 유사하기에 본 논문에서는 안성판 19장본과 "HONG KIL TONG"을 비교의 대상으로 한다.

08 이상현, 앞의 논문(2012), 289~335쪽.

09 이상현, 앞의 논문(2011), 409~424쪽.

작품은 분명하다.

그러나 알렌이 국문소설의 해독과 직역이 불가능했다고는 생각되지 않는다. 알렌이 1884년 조선에 입국한 직후부터 지속적으로 조선어를 습득했던 기록이 남아 있기 때문이다.[10] 그리고 출판하지는 않았지만 언더우드가 영한사전을 편찬하기 전에 이미 조선어교본A Language Book of Korean을 편찬했으며, 박정양에게 손수 한글로 쓴 편지도 남아 있다.[11] 더구나 1890년에 이르러 알렌의 한국어 실력은 스스로 만족감과 자신감을 지닐 정도였다는 편지의 기록도 확인되었다.[12] 그러므로 알렌은 국문소설 정도는 읽을 수는 있었을 것으로 생각된다. 그리고 경판본과 알렌의 번안한 작품의 내용을 비교해 본 결과 구체적으로 유사한 지점을 상당 부분 확인할 수 있었다. 이러한 이유로 본 논문에서는 알렌을 경판 〈심청전〉〈백학선전〉〈흥부전〉〈홍길동전〉〈춘향전〉의 독자로 규정하고자 한다.

하지만 선행 연구에서 여러 차례 지적된 바와 같이 알렌은 경판본 소설을 직역하지는 않았다. 경판본과 비교했을 때 그의 작품에서 변개된 지점은 경판본 소설의 독자로서 알렌의 작품에 대한 견해를 드러낸 부분이라 생각한다. 특히 그가 번안한 모든 작품에서 확인되는 부제는

10 꽤 추운 날씨다. 地表 4인치 정도 얼어붙었다. 나는 11월 21일 조선어 교사를 고빙하여 조선 말을 배우게 되었는데 이 조선어 교사를 해임하고 말았다. 해임한 이유는 언제나 그의 조선인 친구들이 너무 많이 그를 찾아오기 때문에 나는 제대로 공부할 수 없었다. 나는 그가 이같은 나의 불만을 알아차리고 열심히 가르쳐준다면 다시 고용할 작정이다(H.N. Allen 지음, 김원모 역, 〈1884년 11월 27일(木), 추수감사절〉, 『알렌의 일기』, 단국대학교출판부, 1991, 29쪽). 조선어 교사와 함께 조선어 공부를 하기 시작했다. 나는 왕진하지 않는 사이 시간에만 조선어 교사로부터 조선어 공부를 하는 데 시간을 할애할 뿐, 그 나머지 시간은 거의 공부할 시간적인 여유가 없다(H.N. Allen 지음, 김원모 역, 〈1885년 1월 29일(木)〉, 『알렌의 일기』, 52쪽).

11 H.N. Allen 지음, 김원모 역, 『알렌의 일기』, 169~170쪽; 오대환·최정도, 「최초의 선교사 알렌(Allen)의 A Language Book of Korean에 대한 연구」, 『언어와 정보사회』42, 서강대학교 언어정보연구소, 2021, 149~178쪽.

12 이숙, 「알렌의 한국어학습 기록 연구-알렌의 일기와 선교 편지의 기록을 중심으로」, 『언어사실과 관점』56, 연세대학교 언어정보연구소, 2022, 75~76쪽.

알렌의 작품에 대한 견해를 집약적으로 제시한 것으로 보인다. 앞서 언급한 바와 같이 알렌이 번안한 작품에 대한 논의는 여러 이루어졌으나 "CHING YUH AND KYAIN Oo"를 제외하고는 대체로 James Scarth Gale(1863~ 1937)이 번안한 작품과 비교하는 방식으로 논의되었으며 "HYUNG Bo AND NAHL Bo"에 대한 연구는 아직 이루어지지 않았기에 본격적인 연구의 필요성을 제기한다.

본 연구에서는 알렌의 *Korean Tales*에 수록된 "SIM CHUNG", "HYUNG Bo AND NAHL Bo", "CHUN YANG", "CHING YUH AND KYAIN Oo", "HONG KIL TONG"를 경판 〈심청전〉〈흥부전〉〈춘향전〉〈백학선전〉, 안성판 〈홍길동전〉과 비교하는 방법을 통해 알렌의 경판본 소설의 번안 양상과 이에 내포된 경판본 소설의 독자로서 알렌의 작품에 대한 의식을 구체적으로 고찰하는 것을 목적으로 한다. 이러한 연구의 목적에 도달하기 위한 예비 작업으로 우선 알렌이 경판본 소설을 번안할 수 있었던 동인 및 배경에 대해 고찰할 것이다. 그리고 경판 24장본 〈심청전〉, 경판 25장본 〈흥부전〉, 경판 23장본 〈춘향전〉, 경판 24장본 〈백학선전〉, 안성판 19장본 〈홍길동전〉과 알렌이 번안한 작품과의 비교 분석을 통해 경판본 소설의 번안 양상과 독자의식을 논의하는 순서로 논의를 진행하고자 한다.

2. 알렌의 경판본 소설의 번안 배경과 동인

1) 대중성을 확보한 경판본 소설의 인식

알렌이 경판본 소설을 번안할 수 있었던 것은 기본적으로 그의 설화 및 소설에 대한 관심에서 비롯되었다고 생각한다. 1908년 그가 쓴 *Things Korean*에서도 확인되듯이 알렌은 서구와 변별되는 조선 설화의 특성을 구체적으로 인식하고 있었다.

> It is no wonder that every Korean dreamed by day and night of this delectable state for which he could not but long with all the depth of his nature, and that all the stories of their interesting folk-lore should have as their climax the acquisition of rank rather than success in love as with us.[13]

그리고 알렌은 *Korean Tales*의 부제를 Being a Collection of Stories Translated From The Korean Folk Lore로 설정하고 "THE ENCHANTED WINE JUG"와 "THE RABBIT AND OTHER LEGENDS"와 같은 작품을 수록하여 서구와 조선 설화에 대한 관심을 함께 드러냈다. 견묘쟁주담으로 알려진 "THE ENCHANTED WINE JUG"은 전 세계적으로 분포하는 설화이며 "THE RABBIT AND OTHER LEGENDS"는 부제에서 드러나는 바와 같이 〈토끼전〉과 관련된 이야기뿐만 아니라 여러 새와 짐승들의 이야기가 함께 수록되어 있는데, 〈운영전〉을 연상하는 이야기와 까치의 보은담과 같은 이야기도 확인된다.[14]

---

13 Horace Newton Allen, *Things Korean*, Fleming H. Revell Company, 1908, pp. 82~83 모든 한국 사람들이 자기의 출생 성분 때문에 동경할 수조차도 없는 이 즐거운 상태에 대한 소망의 꿈을 갖는다거나, 재미있는 민속 이야기 속에 서구 사람들처럼 애정의 성공보다는 높은 벼슬을 얻는 것으로 클라이맥스를 장식한다는 것은 조금도 이상할 것이 없다(H. N. 알렌 지음, 신복룡 역주, 『한말외국인의 기록(개정판)04-조선견문기 외』, 집문당, 2019, 63쪽).

14 One bird-I think it is the oriole-is associated with a pretty legend to the effect that, once upon a time, one of the palace officials-a Mr. Kim. It was discovered, and the poor thing lost thing her life(Horace Newton Allen, *Korean Tales*, New York&London: G.P. Putnam's Sons The Kinckerbocker Press, 1889, p.30).

또한 〈백학선전〉을 번안한 “CHING YUH AND KYAIN Oo”의 서두에는 견우와 직녀의 설화가 추가되어 있으며 “SIM CHUNG”, “HYUNG Bo AND NAHL Bo”, “CHUN YANG”의 경우 각각 〈심청전〉〈홍부전〉〈춘향전〉을 번안한 작품으로 이들 작품은 다양한 형태의 근원설화가 현전한다는 것은 이미 잘 알려진 주지의 사실이다. “HONG KIL TONG”의 경우 〈홍길동전〉을 번안한 작품으로 홍길동은 『조선왕조실록』에도 등장하는 실존 인물이며 『계서야담』이나 『해동이적』에도 홍길동과 관련된 이야기가 확인된다.[15] 이처럼 알렌이 번안한 경판본 소설들은 대체로 설화와 함께 현전하는 대중성을 확보한 작품들이다.

그리고 판매를 위해 생산된 경판본 소설은 상업성을 명확하게 드러내고 있기에 대중성을 확보한 작품들은 서사를 축약하고 장수를 줄이면서 반복적으로 간행된 것으로 알려져 있다. 알렌이 번안의 대상으로 삼은 경판 〈춘향전〉〈홍길동전〉〈심청전〉〈홍부전〉〈백학선전〉의 판본들을 정리하여 제시하면 다음과 같다.

	제목(판본의 존재 양상)	판본의 수
①	〈춘향전〉(35 · 30 · 23 · 20 · 17 · 16)	6
②	〈홍길동전〉(30 · 24 · 23 · 21 · 17)	5

The white heron seems to be the especial friend of man. Many are the tales of the assistance it has rendered individuals. In one case the generous-hearted creature is said to have pecked off its bill in its frantic attempts to ring a temple bell for the salvation of a man. One of the early stories relates how a hunter, having shot an arrow through the head of a snake that was about to devour some newly hatched herons, was in turn saved by the mother bird, who pecked to death a snake that had gotten into the man's stomach while he was drinking at a spring. The pecking, further, was so expertly done as not to injure the man (Horace Newton Allen, *Korean Tales*, New York&London: G.P. Putnam's Sons The Kinckerbocker Press, 1889, p.33).

15 김기동, 「문헌설화에 나오는 홍길동 - 홍길동은 실존인물이었다」, 『한국문학연구』4, 동국대학교 한국문학연구소, 1981, 331~336쪽.

	제목(판본의 존재 양상)	판본의 수
③	〈심청전〉(26 · 24 · 20)	3
④	〈백학선전〉(24 · 20)	2
⑤	〈흥부전〉(25 · 20)	2

위 표에 제시된 바와 같이 알렌이 번안의 대상으로 삼은 경판본 소설들은 모두 2종 이상의 판본이 현전한다. 조선시대 간행된 경판본 소설 가운데 가장 많은 판본이 현전하고 있는 작품은 〈소대성전〉으로 7종의 판본이 현전한다.[16] 그러므로 알렌이 번안의 대상으로 삼은 경판 〈춘향전〉〈홍길동전〉〈심청전〉〈백학선전〉〈흥부전〉의 경우 대중성을 확보한 작품임이 명확하다.

알렌은 조선에 머무는 동안 줄곧 서울에서 거주했으며 *Korean Tales*에서 서울의 지형, 민중과 양반, 임금 및 궁중 생활 전반에 대한 "Descriptive, Seoul-The Capital"이라는 글을 남긴 것으로 보아 서울에 대한 관심 또한 대단했다.[17] 그렇다면 알렌은 19세기 말 대중성을 확보한 경판본 소설에 대한 인식 역시 충분했을 것으로 생각된다. 더구나 알렌은 조선에 머무는 동안 19세기 말 조선에 머물렀던 서구의 외교관들이며 경판본 소설의 소장자이기도 한 William George Aston(1841~1911), Paul Georg von Möllendorff(1848~1901), Victor Émile Marie Joseph Collin de Plancy(1853~1924)와 교유하기도 했다.[18] 이러한 측면을 감안

16 서혜은, 『경판본 소설의 대중성』, 새문사, 2017, 24쪽.

17 Horace Newton Allen, *Korean Tales*, New York&London: G.P. Putnam's Sons The Kinckerbocker Press, 1889, pp.15~27

18 알렌과 애스턴, 묄렌도르프의 교유 관계는 알렌이 쓴 일기에서 여러 차례 확인된다. 『알렌의 일기』에서는 알렌과 애스턴의 교유 관계보다 알렌과 묄렌도르프의 교유 관계가 더 빈번하게 제시되어 있다. 일기에 제시된 알렌의 묄렌도르프에 대한 감정은 좋지 않아 보인다. 알렌과 애스턴의 교유 관계는 〈1884년 11월 12일 수요일〉일기에서 확인되며, 알렌과 묄렌도르프의 교유 관계는 〈1884년 12월 5일 금요일〉〈1885년 1월 27일 화요일〉〈8월 5일 화요일〉〈9월 7일 월요일〉〈10월 22일 목요일〉일기에서 확인된

한다면 알렌은 조선 후기 경판본 소설의 대중성과 대중성을 확보한 경판본 소설에 대해 충분히 인식하고 있었을 것이다. 그리고 알렌의 이러한 인식으로 인해 경판 〈춘향전〉〈홍길동전〉〈심청전〉〈흥부전〉〈백학선전〉을 번안할 수 있었다고 생각한다.

2) 조선의 대중담론을 통한 민족성의 전파

알렌은 *Korean Tales*의 서문에서 조선인의 다양한 삶의 형태를 미국에 알리기 위해 조선의 "native lore"를 번역했다고 명시하고 있다. 알렌이 언급한 "native lore"는 오래 전부터 전승되던 조선의 특징적인 면모를 드러내는 이야기를 의미하는 것으로 생각된다.

> My object in writing this book was to correct the erroneous impression I have found some what prevalent-that the Korean were a semisavage people. And believing that the object could be accomplished best in displaying the thought, life, and habits of the people as portrayed in their native lore, I have made these translations, which, while they are so chosen as to cover various phases of life, are not be considered as especially selected. I also wished to have some means of answering the

다(H.N. Allen 지음, 김원모 역, 『알렌의 일기』, 28, 30, 51~52, 95, 99, 107쪽). 알렌과 플랑시의 교유관계는 다음에 제시된 뮈텔 주교가 쓴 일기에서 확인된다. 어제 저녁 드 플랑시 씨가 알렌 씨에게 받은 편지에서, 알렌은 언더우드 목사와 모페트 목사가 보낸 전보를 받았는데, 그들은 프랑스 공사가 구속자들이 고문을 받았다는 구실하에 구속자들의 석방을 요청한 것 같은데, 그러나 그들에게 고문은 가해지지 않았다고 말했다는 것이다. 그러나 드 플랑시 씨는 자신의 요청에 따라 외부에서 발송한 전문에는 큰 오해가 있음을 알렌 씨에게 제시할 필요가 없었다(천주교 명동교회 편, 한국교회사연구소 역주, 『뮈텔 주교 일기Ⅲ-1901~1905』, 한국교회사연구소, 1993, 229~230쪽).

constant inquiries from all parts of the country concering Korean life and characteristics.[19]

*Korean Tales*에 수록된 작품 가운데 "THE ENCHANTED WINE JUG"의 경우 세계적으로 분포하는 설화이며 조선인의 특징적인 삶의 모습은 제시되어 있지 않다. 하지만 "THE RABBIT AND OTHER LEGENDS"에서는 알렌이 생각하는 조선인의 자연친화적인 측면과 기러기, 백로, 황새와 같은 새들을 특히 선호하는 문화적인 관습을 제시한 것으로 보아 조선인의 특징적인 삶의 모습에 대한 관심은 상당했다.[20]

이와 같은 알렌의 조선인의 삶에 대한 관심은 그가 남긴 *Things Korean*을 통해서도 확인된다. *Things Korean*에서 알렌은 조선의 여러 문물과 조선인들의 생활 모습을 비롯하여 정치·경제·문화·외교의 문제까지 폭넓게 다루고 있다. 그리고 조선인들을 친절하고 순진하며 예의바른 민족으로 긍정적으로 평가하고 있지만 실증을 잘 내고 음모를 잘 하는 민족이라고 비판도 했다. 또한 *Korean Tales*와 *Things Korean*이 모두 영문으로 미국에서 출판되었다는 측면을 감안한다면 서구인으로서 알렌의 조선이라는 국가의 민족성에 대한 관심과 전파에 대한 의지는 명확

---

19 Horace Newton Allen, 「Preface」, *Korean Tales*, p.3
그럼에도 내가 이 책을 쓰게 된 목적은 한국인이 반-미개민족이라는 다소 널리 퍼져 있는 한국에 대한 잘못된 인상을 바로잡기 위해서이다. 나는 이 목적을 가장 잘 달성할 수 있는 방법이 한국의 토착 설화에 나타난 한국인의 사상과 삶, 그리고 습관을 보여주는 것이라 생각하고, 저서 대신에 번역을 선택했다. 따라서 이 번역 선집은 우수 작품만을 선별한 것이 아니라 한국인의 삶의 여러 측면들을 두루 담아낼 수 있는 작품들로 이루어졌다. 나는 또한 미국 각 처의 사람들이 한국인의 삶과 특징에 대해 계속해서 질문할 때마다 대답할 어떤 방법이 있었으면 했다(이진숙 외 역주, 「설화와 고소설 번역을 통해, 한국문명을 세계에 알리다-미국공사 알렌, 『한국설화집』(1889)서문」, 『서양인의 한국고전학 선집-한국어의 발견과 한국의 구술문화』1, 박문사, 2017, 21~22쪽).

20 Horace Newton Allen, "THE RABBIT AND OTHER LEGENDS-Stories of Birds and Animals", *Korean Tales*, pp.28~34

했다.[21]

그리고 이러한 의지는 〈심청전〉〈흥부전〉〈백학선전〉〈춘향전〉〈홍길동전〉과 같이 대중성을 확보한 경판본 소설을 번안하게 된 결정적인 이유가 된 것으로 생각된다. 〈심청전〉〈흥부전〉은 경제적 궁핍으로 인한 민중들의 삶의 고충과 그 극복의 과정이, 〈춘향전〉〈홍길동전〉은 신분으로 인해 애정과 사회적 능력을 성취하는데 있어 차별받고 있는 민중들의 모습이, 〈백학선전〉의 경우 앞의 네 작품과는 달리 양반 남녀의 애정 문제와 양반 여성의 사회적 능력이 제시되어 있다. 또한 〈춘향전〉〈백학선전〉은 애정 문제를 다루고 있는 작품이면서도 변학도 및 최국량과 같은 부패한 정치 관료에 대한 비판적인 시선이 투영되어 있다.

이처럼 〈심청전〉〈흥부전〉〈백학선전〉〈춘향전〉〈홍길동전〉은 조선인들의 경제·애정·신분·정치·가족과 관련이 있는 서사로 전개된다. 경제·애정·신분·정치·가족과 관련된 문제들은 양반과 민중을 포함한 조선시대 대중들의 담론이기도 하지만 동서고금을 막론한 전 세계인의 보편적인 담론이기도 하다. 그러나 〈심청전〉〈흥부전〉〈백학선전〉〈춘향전〉〈홍길동전〉은 조선의 특수성이 반영되어 있으며 모두 대중성을 확보하는 데 성공한 작품들이다. 오랜 기간 설화와 함께 현전하며 대중성을 확보한 경판본 소설에 제시된 담론들은 지금까지도 조선 고유의 민족성을 드러내기에 적합한 대상이라 생각된다.

알렌은 *Korean Tales*에 수록된 "THE RABBIT AND OTHER LEGENDS"이나 *Things Korean*을 통해서도 조선의 민족성을 직접 평가 및 제시하고 전파하고자 했다. 특히 *Korean Tales*가 뉴욕과 런던에서 동시에 출판되었다는 점을 고려한다면 알렌의 조선 민족성에 대한 관심과 미국과 영국을 포함한 서구로 전파하고자 하는 의도는 19세기 말 조선

21 Horace Newton Allen, *Things Korean* 참조.

의 대중담론이 반영되어 있는 〈심청전〉〈홍부전〉〈백학선전〉〈춘향전〉〈홍길동전〉과 같은 대중성을 확보한 경판본 소설을 번안하게 된 동인으로 작용했다고 생각한다.

3. 알렌의 경판본 소설의 번안 양상

1) 서사 문법의 정연성 확립

알렌은 조선 소설의 서사 문법 및 유형화된 면모를 충분히 인식하고 있었던 것으로 생각된다. 경판 24장본 〈심청전〉〈백학선전〉과 "SIM CHUNG"와 "CHING YUH AND KYAIN Oo"를 비교했을 때 알렌이 번안한 작품의 서사가 원본인 경판본 소설보다 오히려 더 조선시대 소설의 서사 문법에 근접해 있기 때문이다.[22] 특히 이러한 면모가 "SIM CHUNG"과 "CHING YUH AND KYAIN Oo"의 서두에서 공통적으로 발견되기에 주목할 만한 측면이라 생각된다.

경판 24장본 〈심청전〉의 경우 심청의 출생담은 간략하게 서술되어

22 〈심청전〉의 경판본은 26 · 24 · 20장본이 현전하는데, 경판 26장본의 경우 후반부에 심청의 부친 심현과 관련된 서사가 확장되어 있으며 심현이 고향으로 돌아가 선산을 정비하는 내용이 제시되어 있으며 20장본의 경우 경판 26 · 24장본과 달리 뺑덕 어미가 등장하여 완판본과 유사한 측면이 있다. 알렌이 번안한 "SIM CHUNG-The Dutiful Daughter"의 경우 이러한 면모가 발견되지 않으며 경판 24장본과 유사한 서사로 전개된다. 앞서 언급한 바와 같이 〈백학선전〉의 경판본은 24 · 20장본이 현전하지만 두 판본은 동일한 내용으로 구성되어 있다. 그러므로 본 논문에서는 〈심청전〉과 〈백학선전〉의 경판 24장본과 알렌이 번안한 "SIM CHUNG-The Dutiful Daughter"와 "CHING YUH AND KYAIN Oo-The Trials of Two Heavenly Lovers"를 비교하는 방법으로 논의를 진행하고자 한다.

있다.[23] 하지만 "SIM CHUNG"의 경우 심현 부부 각각의 소개와 혼인담이 상세하게 서술되어 있으며 심현 부부가 혼인한 후 15년 동안 아들을 갖지 못해 극심하게 고심하는 내용이 아래와 같이 구체적으로 제시되어 있다.

> It was their pet desire to have a son, and all their plans seemed to centre around this one ambition; the years came and went, however, but their coveted blessing was with held, the wife consulted priestesses, and the husband, from long and great disappointment, grew sad at heart and cared but little for mingling with the world, which he thought regarded him with shame.(…)She worried over her husband's condition and felt ashamed that she had no name in the world, other than the wife of Sim, while she wished to be known as the mother of the Sim of whom they had both dreamed by day and by night till dreams had almost left them.[24]

23 화셜 ᄃᆡ명 셩회 년간의 남군 ᄯᆡ히 일위 명ᄉᆡ 이스되 셩은 심이오 명은 현이니 본ᄃᆡ 명문거족으로 공의게 이르러는 공명의 유의치 아니ᄒᆞ여 일ᄃᆡ 명유 되엿고 부인 졍시은 셩문지녀로 품질이 유한ᄒᆞ고용뫼 작약ᄒᆞᆫ지라 고으로 더부러 동유 십여년의 일즉 미흡ᄒᆞ미 업스되 다만 슬하의 일졈 혈육이 업스므로 부뷔 ᄆᆡ양 상ᄃᆡᄒᆞ여 슬허ᄒᆞ더니 그 후의 부인이 신몽을 엇고 인ᄒᆞ여 그달붓터 잉ᄐᆡᄒᆞ여 십삭만의 일ᄀᆡ 녀ᄋᆞ를 ᄉᆡᆼᄒᆞ니 부뷔 그 남ᄋᆡ 아니믈 ᄋᆡ달아ᄒᆞ나 녀ᄋᆞ의 ᄉᆡᆨᄐᆡ 비범ᄒᆞ믈 보고 ᄉᆞ랑ᄒᆞ여 일홈을쳥이라 ᄒᆞ고 ᄌᆞᄅᆞᆯ 몽설이라 ᄒᆞ여 장듕보옥으로 하더라(경판 24장본 〈심청전〉, 1-1면).

24 Horace Newton Allen, "SIM CHUNG-The Dutiful Daughter", *Korean Tales*, pp. 153~154
그들의 최대 소망은 아들을 낳는 것이었고, 모든 계획이 이 하나의 열망에 온통 집중된 듯했다. 그러나 여러 해가 지났지만 그들이 갈망하는 소망이 이루어지지 않았다. 이에 아내는 여사제에게 조언을 구했고, 남편은 오랜 기간 많이 실망하자 마음이 우울해져 바깥세상이 자신을 우습게 여긴다 생각하고는 사람들과 어울리는 것을 중단했다.(중략)그녀는 남편의 상태를 걱정했고 부부가 밤낮으로 항상 갈망했던 심씨네의 아이를 낳아 어머니로 불리고 싶었지만 자신에게 심의 아내라는 이름 외에 다른 이름이 없는 것을 부끄러워했다. 아이의 어머니가 될 희망은 거의 사라져가고 있었다(이진숙 외 역주, 「미국 외교관 알렌의 〈심청전 영역본〉, 『판소리계소설』2, 박문사, 2017, 18~19쪽).

이러한 내용이 경판 24장본 〈심청전〉에서는 제시되어 있지 않지만 여타의 조선시대에 간행 및 유통된 소설에서는 아주 빈번하게 등장하는 내용이다. 소설 속 주인공들은 대체로 만득자로 등장하며 부모의 꿈에서 천상의 존재로부터 계시를 받거나 천상의 존재가 자식으로 잉태되기도 한다. 이러한 출생담을 토대로 등장하는 주인공들은 대체로 온갖 시련과 고난을 겪지만 결국 영웅적인 존재가 되는 것으로 종결되는 것이 조선시대 소설의 일반적인 서사 문법이다.

경판 24장본 〈심청전〉에는 제시되어 있지 않지만 "SIM CHUNG"의 경우 서두에서 자식을 낳지 못하는 심현 부부의 고충이 상세하게 제시되어 있다. 그리고 걱정하던 중 심현의 아내가 하늘에서 별이 내려오는 꿈을 꾸고 심청을 낳았으나 아들이 아닌 딸이어서 실망한다. 〈심청전〉은 판소리계 소설이지만 경판 24장본의 경우 비교적 간략한 형태의 서사로 전개되기 때문에 심청의 가족 및 출생담은 여타의 작품에 비해 상당히 축약된 형태로 제시되어 있다.

그러나 "SIM CHUNG"에서는 심청의 출생과 관련된 서사를 상세하게 전개되어 여타의 소설 속 주인공들처럼 이후 그녀의 시련과 고난 이후 최종적으로 영웅적인 존재와 같이 될 가능성을 드러내고 있는데, 이러한 면모는 "CHING YUH AND KYAIN Oo"에서도 확인된다. 선행 연구에서도 논의된 바와 같이 경판 24장본 〈백학선전〉과 달리 "CHING YUH AND KYAIN Oo"의 서두에는 견우와 직녀의 이야기가 제시되어 있다. 경판 〈백학선전〉에는 조은하가 칠월칠석에 은하수의 오작교를 잘못 놓은 죄로 인간 세상에 하강한 것으로 제시되어 있지만 견우와 직녀에 대한 언급은 없다.[25] 그러나 알렌은 천상의 별이었던 조은하가 까마귀들이

25 여러 션네 금덩을 옹위ᄒᆞ여 슌시 압히 이르러 지비 왈 우리는 샹졔 시녀러니 칠월칠셕의 은하슈 오작교를 그홋 노흔 죄로 인간의 뇌치시믜 일월셩신이 〃리로 지시ᄒᆞ여 이르러스니 부인은 어엿 비여기소셔 이 낭ᄌᆞ의 비필은 남경짜 뉴시오니 쳔졍비우를 일

견우와 직녀가 건널 수 있도록 만들어 놓은 다리를 흩어버리는 장난을 하여 가뭄이 들었고 그로 인해 인간들을 고통을 받게 한 죄로 추방된 것으로 번안했다.

> In a spirit of mischief I determined to teach this unhappy couple a lesson; consequently, on the last seventh moon, seventh day, when the bridge was about completed and ready for the eager pair to cross heaven's river to each other's embrace, I drove the away, and ruined their bridge before they could reach each other. I did it for mischief, It is true, and did not count on the drought that would occur, but for my misconduct and the consequent suffering entailed on morals, I am banished(…)[26]

"CHING YUH AND KYAIN Oo"에서도 경판 〈백학선전〉과 동일하게 애정 갈등으로 인한 조은하의 시련과 수난의 서사가 제시되어 있다. "CHING YUH AND KYAIN Oo"의 서두에 조은하의 출생담과 연관하여 제시된 견우와 직녀의 이야기는 조은하가 겪는 시련과 수난에 대한 정당성을 부여하는 것으로 보인다. 이처럼 알렌은 "SIM CHUNG"과 "CHING YUH AND KYAIN Oo"를 번안하는 과정에서 공통적으로 심

치 말나 ᄒᆞ고 말를 맛치며 낭지 방 즁으로 드러가거ᄂᆞᆯ(하략)(경판 24장본 〈백학선전〉, 2-2면).

26 Horace Newton Allen, "CHING YUH AND KYAIN Oo-The Trials of Two Heavenly Lovers" *Korean Tales*, pp.62~63
장난기 어린 마음에 나는 이 불행한 연인에게 한 수 가르쳐야겠다고 결심했어요. 그래서 지난 음력 7월 7일에 다리가 거의 완성되어 열정적인 두 사람이 하늘 다리를 건너 포옹하려는 순간, 까마귀들을 흩어 다리를 망가트리고 그들이 만날 수 없게 했어요. 정말이지 그건 장난이었고, 이로 인해 가뭄이 들 수 있다는 것을 미처 헤아리지 못했어요. 여하튼 나의 잘못으로 인간들이 고통을 받았으므로 나는 추방되었어요(이진숙 외 역주, 「미국외교관 알렌의 〈백학선전 영역본〉(1889)-직녀와 견우, 천상의 두 연인의 시련」, 앞의 책, 27~29쪽).

청과 조은하를 천상의 별로 설정하여 이들의 출생담을 구체적으로 제시하여 조선시대 소설 특유의 서사 문법의 정연성을 부각시켰다.

이러한 면모는 "CHING YUH AND KYAIN Oo"에서 더욱 확연하게 제시된 것으로 보인다. 경판 〈백학선전〉에서 백학선은 유백로가 조은하에게 주는 애정의 신표이기도 하지만 후반부에 조은하가 가달과 대결하여 승리하는 데 있어 결정적인 역할을 한다. 그러나 "CHING YUH AND KYAIN Oo"에서 조은하가 백학선으로 인해 가달과 대결하여 승리하는 장면은 제시되어 있지 않다. 그로 인해 남장한 조은하의 영웅적인 활약상은 축소되고 백학선은 오직 유백로와 조은하의 애정의 신표로서의 기능만 하는 것으로 되어 있다. 또한 경판 〈백학선전〉에서 유백로가 가달의 침략을 물리치기 위해 출전하는 것과 달리 "CHING YUH AND KYAIN Oo"에서 유백로는 조은하를 구하기 위해 출전하는 것으로 되어 있다.[27]

> (…)Up! Stop your lovesick idling, and do something. Ask His Majesty, with my consent, for military duty: go to the seat of war, and there find your wife or your honor." The father's advice was just what was needed; the son could not, of necessity, disobey, nor did he wish to; but arming himself with the courage of a desperate resolve to save his sweetheart, whom he fancied already in danger from the rebels, he hurried to

27 화셜 일〃은 뉴ᄉᆞ되 최국냥을 ᄎᆞᄌᆞ 보고 갈오ᄃᆡ 이졔 가달이 남경의 웅거ᄒᆞ여거ᄂᆞᆯ 승상은 엇지 쟝슈를 보ᄂᆡ여 파멸치 아니ᄒᆞᄂᆞ뇨 ᄂᆡ 비록 ᄌᆡ죄 업스나 ᄒᆞᆫ번 나아가 도젹을 물니쳐 나라 근심을 덜고져ᄒᆞᄂᆞ이다 ᄒᆞ니 최국냥이 심즁의 음ᄒᆡ코져 ᄒᆞ여 ᄃᆡ희 왈 나도 쥬야 근심ᄒᆞ되 가합ᄒᆞᆫ ᄉᆞ람을 엇지 못ᄒᆞ더니 그ᄃᆡ ᄌᆞ원 츌젼ᄒᆞ미 이는 국가의 다ᄒᆡᆼᄒᆞ도다 ᄒᆞ고 즉시 탑젼의 알외니 황졔 ᄃᆡ희ᄒᆞᄉᆞ 즉시 뉴ᄇᆡᆨ노로 병부샹셔 겸 졍남ᄃᆡ장군을 ᄒᆞ이시고 졍병 삼만을 조발ᄒᆞ여 쥬시니 뉴장군이 ᄉᆞ은슉ᄉᆞᄒᆞᆫ 후 부즁의 도라와 ᄌᆞ모긔 하직ᄒᆞ고 ᄃᆡ군을 휘동ᄒᆞ여 남경으로 향ᄒᆞ니라(경판 24장본 〈백학선전〉, 13-1~13-2면)

Seoul(···)[28]

〈백학선전〉은 남장한 조은하의 영웅적인 활약상으로 인해 여성 영웅소설로도 평가된다. 그러나 알렌은 작품의 후반부에 백학선을 도구로 사용하는 조은하의 군담을 삭제하고 유백로의 조은하에 대한 애정을 더욱 부각시켜 애정소설로서의 면모를 확연하게 부각시켰다. 이러한 측면은 서두에 견우와 직녀 이야기를 제시하여 조은하의 애정 갈등으로 인한 시련과 수난의 정당성을 부여하고 심청의 출생담을 구체화한 것과 함께 알렌이 경판 〈심청전〉과 〈백학선전〉을 각각 "SIM CHUNG"과 "CHING YUH AND KYAIN Oo"으로 번안하는 과정에서 서사 문법의 정연성을 확립한 결과로 보인다.

2) 놀부의 패망과 징벌의 엄정성 부여

경판 25장본 〈홍부전〉과 비교했을 때 알렌이 번안한 "HYUNG Bo AND NAHL Bo"에서는 경제적 궁핍으로 인한 홍부의 역경 및 그의 선한 심성과 대조되는 놀부의 비정함과 악행이 부각되어 있다. "HYUNG Bo AND NAHL Bo"의 서두에는 가난하지만 가족들과 행복한 삶을 살아가는 홍부 가족의 모습과 부유하지만 여러 명의 아내를 두고도 자식

---

28 Horace Newton Allen, "CHING YUH AND KYAIN Oo-The Trials of Two Heavenly Lovers" *Korean Tales*, p.78
일어나거라! 상사병에 빠져 시간을 허비하지 말고, 무엇이든 하거라! 내가 허락할 테니 임금님에게 가서 군사 임무를 달라 청하고, 전쟁터로 가 그곳에서 너의 아내와 너의 명예를 찾아라. 아버지의 충고가 매우 필요한 때였다. 아들은 이를 당연히 거역할 수도 없었고 그러고 싶지도 않았다. 그는 연인이 이미 반군의 위협에 처했다고 상상하고 연인을 구하겠다는 절박한 결심에서 나오는 용기로 무장하고는 서둘러 서울로 갔다(이진숙 외 역주, 「미국외교관 알렌의 〈백학선전 영역본〉(1889)-직녀와 견우, 천상의 두 연인의 시련」, 앞의 책, 57쪽).

이 없고 처첩간의 갈등이 끊이지 않는 놀부 가족의 모습이 대조적으로 제시되어 있다. 그리고 경판본에서보다 알렌이 번안한 작품에서 흥부의 가난으로 인한 시련과 역경은 더욱 부각되어 있는데, 이러한 면모는 흥부의 아들이 놀부의 집에 곡식을 빌리러 가는 장면과 흥부가 매품을 팔고 받은 돈조차 받지 못하는 서사에서 확인된다. 특히 흥부의 아들이 백부인 놀부의 집에 곡식을 빌리러 가는 서사에서는 놀부의 악행이 드러나 있다. 아래의 인용문에서도 확인되듯이 놀부는 조카에게 곡식을 주는 것은 자신의 집에 있는 짐승들조차 싫어하는 것이라고 하면서 폭력을 행사하는 비정한 인물로 제시되어 있기 때문이다.

> The uncle's eyes drew down to a point, his brows contracted, and he seemed very angry, so that the nephew began looking for an easy way of escape in case he should come at him. At last he looked up and said: "My rice is locked up, and I have ordered the granaries not to be opened. The flour is sealed and cannot be broken into. If I give you some cold victuals, the dogs will bark at you and try to take it from you. If I give you the leavings the wine-press, the pigs will be jealous and squeal at you. If I give you bran, the cows and fowls will take after you. Get out, and let me never see you here again." So saying, he caught the poor boy by the collar and threw him into the outer court, hurting him, and causing him to cry bitterly with pain of body and distress of mind.[29]

---

29 Horace Newton Allen, "HYUNG Bo AND NAHL Bo Or, The Swallow-King's Rewards", *Korean Tales*, p.92
백부가 이마를 찡그리고 눈을 모아 아래 한 곳을 보았다. 그가 매우 화가 난 듯 보이자 조카는 백주가 그에게 올 경우에 대비해서 도망치기 쉬운 길을 찾기 시작했다. 마침내 백부는 고개를 들어 이렇게 말했다. "쌀은 곳간에 잠가 두고 곳간을 열지 말라고 해 두었다. 밀가루도 밀봉되어 있어 열 수 없다. 내가 너에게 약간의 찬 음식을 준

무엇보다 홍부와 대조되는 놀부의 악행은 부의 축적을 목적으로 의도적으로 제비 다리를 부러뜨리는 장면에서 최고조에 이르는데, 특히 경판 〈홍부전〉에서 놀부의 박사설이 확장된 것으로 보아 놀부의 악행에 대한 비판적인 시선은 강조된 것으로 보인다. 선행 연구에서도 여러 차례 지적된 바와 같이 경판 〈홍부전〉에 제시된 확장된 놀부의 박사설은 사당패·초라니패·풍각쟁이패 등의 등장으로 인해 대체로 오락 및 유흥의 성격을 지니며 카니발적인 특성을 드러낸다.[30] 그러므로 악인으로 등장하는 놀부의 패망과 징벌의 모습이 상당히 홍겹게 묘사되어 있다.

그러나 이러한 면모는 알렌이 번안한 "HYUNG Bo AND NAHL Bo"에 제시된 놀부의 박사설에서는 확연하게 축소되어 있다. "HYUNG Bo AND NAHL Bo"에서 놀부는 열두 개의 박을 타는데 이 가운데 첫째, 넷째, 다섯째 박에서는 각각 곡예사들·기생·기예단이 등장하여 노래하고 춤추는 장면이 간략하게 제시되어 있기는 하다. 하지만 경판본에서 사당패·초라니패·풍각쟁이패들이 등장하여 시조와 단가를 포함하여 여러 형태의 오락과 유흥을 펼치는 장면들은 "HYUNG Bo AND NAHL Bo"에서는 확인되지 않는다.

선행 연구에서도 지적된 바와 같이 놀부의 박사설에 등장하는 양반·양반댁 종·중·무당 등은 탈춤이나 들놀음에, 상여는 꼭두각시극에, 초

다면, 개들이 너에게 짖어대며 뺏으려고 할 것이다. 내가 너에게 술찌끼를 준다면, 돼지들이 샘을 내서 꽥액 꽥 소리를 지를 것이다. 내가 너에게 겨를 준다면, 소들과 암탉들이 너를 쫓을 것이다. 꺼져라. 다시는 이곳에서 네 얼굴을 보는 일이 없도록 해라."그는 이렇게 말하며 그 불쌍한 소년의 옷깃을 잡아서 바깥마당으로 내동댕이쳐 다치게 했다. 소년은 몸의 고통과 마음의 괴로움으로 서럽게 울었다(이진숙 외 역주, 「미국 외교관 알렌의 〈홍부전 영역본〉, 앞의 책, 288~289쪽).

30 조용호, 「〈홍부전〉의 카니발적 특성」, 『한국고전연구』7, 한국고전연구학회, 2001, 230~ 259쪽; 서종문, 「〈홍보가〉 '박사설'의 생성과 그 기능」, 『판소리와 신재효 연구』, 재이앤씨, 2008, 329~355쪽; 김종철, 「홍부와 놀부 박의 화두-행복과 욕망, 그리고 선악」, 『선청어문』36, 서울대학교 국어교육과, 2008, 53~61쪽; 이승은, 「도시적 삶에 대한 불안과 상상적 귀향: 경판 25장본 〈홍부전〉 다시 읽기」, 『Journal of Korean Culture』40, 한국어문학국제학술포럼, 2018, 425~432쪽.

라니패와 남사당패 및 왈자패는 민속 예능을 보유한 인물 유형으로 알려져 있다.[31] 경판 〈홍부전〉에 제시된 놀부 박사설의 경우 민속 예능의 전문성이 상당히 부각되어 있다. 이러한 면모는 판소리계 소설인 〈홍부전〉이 소리꾼과 청중들이 함께 어우러져 즐기는 연행의 형태로 향유된 결과로 생각된다. 그러므로 놀부의 박사설은 그의 패망 및 징벌의 과정을 독자들에게 홍겹고 유쾌하게 전달하는 역할을 한다.

그러나 알렌은 민속 예능의 전문성은 대폭 생략하고 줄거리 위주의 핵심적인 내용으로 박사설을 구성했다. 점증적으로 부를 확보해가는 홍부의 박사설과는 대조적으로 놀부의 박사설에서 놀부의 패망과 징벌의 과정이 구체적으로 제시된 측면은 경판본과 "HYUNG Bo AND NAHL Bo"에서 공통적으로 확인된다. 하지만 경판본에서보다 "HYUNG Bo AND NAHL Bo"의 경우 놀부의 박사설에서는 오락 및 유흥의 성격과 카니발적인 특성이 거의 드러나지 않아서 놀부의 패망과 징치의 과정은 상당히 엄정해 보인다. 이처럼 알렌은 "HYUNG Bo AND NAHL Bo"를 번안하는 과정에서 놀부의 박사설을 간략화하여 놀부의 비정과 악행에 대한 비판적인 시각은 더욱 강화된 것으로 생각된다.

3) 홍길동의 지략과 인간애 및 가족애의 부각

알렌이 번안한 "HONG KIL TONG"의 가장 특징적인 면모는 작품의 후반부에 율도국 서사가 제시되어 있지 않다는 점이다. 현전하는 〈홍길동전〉의 여러 이본 가운데 율도국 서사가 제시되어 있지 않은 것은 안성판 19장본이 유일해 보인다. 그러나 안성판 19장본에서 홍길동이 부친

31 서종문, 앞의 책, 353쪽 각주 543번 참조.

의 장례를 마친 후에 무예를 연습하며 농업에 힘쓰는 삶을 사는 것으로 종결되는 반면 "HONG KIL TONG"에서는 홍길동이 혼인한 후 친모인 춘섬과 행복한 삶을 사는 것으로 종결된다.[32]

> Kil Tong sent the rice he had brought, to the government granaries in return for the King's loan to him, and regretted that mourning would prevent his paying his respects to his King; his set out for his home with his true mother and his father's legal wife. The latter did not survive long after the death of her husband, but the poor slave-mother of the bright home, and to be ministered to by her dutiful, loving children and their numerous offspring.[33]

선행 연구에서는 알렌이 율도국 정벌 서사를 삭제한 것은 한국인의 삶과 밀접한 연관성이 없기 때문이라고 논의했다.[34] 그러나 알렌이 "HONG KIL TONG"에서 율도국 정벌 서사를 제시하지 않은 것은 얼자인 길동의 사회적 성공보다는 오히려 그의 가정 내에서의 차별과 음모로

---

32 각셜 홍길동이 부친 산소를 세 쌍에 뫼시고 조셕졔젼을 지셩으로 지ᄂᆡ니 졔인이 탄복 아니리 업더라 셰월이 여류ᄒᆞ여 ᄉᆞᆷ상을 밧치고 무녜를 연습ᄒᆞ며 농업을 힘쓰니 슈텬 지ᄂᆡ의 병졍양족ᄒᆞ여 뉘 알니 업더라(안성판 19장본 〈홍길동젼 권지단〉, 『영인고소설 판각본전집』3, 444쪽).

33 Horace Newton Allen, "HONG KIL TONG", *Korean Tales*, p.193
길동은 왕에게 빌린 것을 갚기 위해 가져온 쌀을 정부 창고에 보냈고, 상중이라 직접 인사드리지 못하는 점이 유감스럽다고 말했다. 그는 친모와 아버지의 정부인을 데리고 그의 집으로 향했다. 후자는 남편이 죽은 뒤 얼마 후에 죽었다. 그러나 이 총명한 아들의 가여운 노비 모친은 여러 해를 더 살면서 아들의 밝은 집에서 평화와 고요를 즐겼고, 효성스럽고 사랑스러운 아들 부부와 그들이 낳은 여러 자녀들의 보살핌을 받았다(이진숙 외, 「미국외교관 알렌의 〈홍길동전 영역본〉(1889)」, 『외국어 번역 고소설 선집8-영웅소설(〈백학선전〉〈홍길동전〉〈임경업전〉〈조웅전〉』, 박문사, 2017, 162~164쪽).

34 이진숙·이상현, 「『게일 유고』 소재 한국고전번역물(3)-게일의 미간행 육필 〈홍길동전〉 영역본에 대하여」, 앞의 논문(2016), 321~323쪽.

인한 수난의 극복 양상에 더 많은 비중과 관심을 두었기 때문이라 생각한다. 더구나 알렌은 경판본 소설을 번안하면서 각 작품마다 부제를 제시했는데, "HONG KIL TONG"의 경우 'The Adventures of an Abused Boy'라는 부제를 설정한 것 역시 그러하다.

그리고 알렌의 작품에서는 길동의 부친인 홍판서에 대한 비판적인 시선이 강화되어 있다. 선행 연구에서도 지적되었듯이 "HONG KIL TONG"에서 홍판서는 초란의 꾐에 넘어가 길동이 가출한 것을 기뻐하는 인물로 제시되어 있기 때문이다.[35] 또한 알렌의 작품에는 홍판서가 길동에게 호부호형을 허락하는 장면도 제시되어 있지 않다. 이처럼 "HONG KIL TONG"에는 얼자로 출생한 길동이 친모를 제외한 홍판서와 그의 처첩에게 겪는 수난으로 인한 가정 내의 불행한 삶이 부각되어 있다.

그러나 "HONG KIL TONG"에서 홍길동은 가족들로부터 겪는 수난을 지략과 인간애 및 가족애로 극복한다. 자객과 관상녀를 살해한 후 집을 떠나는 〈홍길동전〉의 여러 이본과 달리 "HONG KIL TONG"에서 여러 명의 자객들이 등장하지만 길동은 이들을 직접 살해하지 않는다. 다음의 인용문에 제시된 바와 같이 홍길동이 도술로 자객들을 유인하여 서로 대결하게 한 후 자객들이 관상녀를 살해하는 서사는 그의 지략이 부각된 장면이라 생각된다.

> They made at the boy, but he was not there. <u>In their rage they wounded each other and killed the old woman who was their guide</u>. (…)He took away their weapons, and showed himself to be Kil Tong. <u>He promised not to kill them, as they begged for their lives, but only on condition that they should never try begged</u>

35 이상현, 「'학대 아동(An Abused Boy)'과 '폭도', 홍길동의 두 가지 형상과 〈홍길동전〉 번역의 계보」, 앞의 논문(2019), 171~172쪽.

for their lives, but only on condition that they should never try to kill another man. He told them that he would know if the promise was broken, and, in that event, he would instantly kill them. Kil Tong went by night to see his father, who thought him a spirit, and was very much afraid. He gave his father medicine, which instantly cured him; and sending for his mother, bade her good-by, and started for an unknown country.[36]

또한 위 인용문에 제시된 바와 같이 "HONG KIL TONG"에서 길동은 자객들의 무기를 빼앗은 후 다른 사람들에 대한 살인을 금지하고 살인 행위가 발각될 경우 자객들을 살해하겠다고 엄포하는 인물로 등장한다. 부친인 홍판서는 홍길동을 귀신으로 생각하고 접근하는 것조차 두려워했지만 오히려 홍길동은 약으로 귀신들린 홍판서를 치료해 주고 집을 나간다. 이처럼 알렌은 "HONG KIL TONG"을 번안하는 과정에서 홍길동의 지략뿐만 아니라 인간애 및 가족애를 소유한 인물로 형상화한 것으로 보인다. 그리고 홍길동의 이러한 형상은 궁극적으로 가정 내 수난을 극복한 후 친모와 행복한 삶을 영위하는 형태의 결말을 유도함으로써 가족애를 강조하는 역할을 했다고 생각한다.

36 Horace Newton Allen, "HONG KIL TONG", *Korean Tales*, p.175
그들은 소년에게 덤벼들었지만 그는 그곳에 없었다. 격분한 그들은 서로에게 부상을 입히고 길잡이인 노파를 죽였다.(중략)그는 그들의 무기를 빼앗고 자신이 길동임을 밝혔다. 자객들이 목숨을 구걸하자 그는 살려두겠다고 약속했지만 단 앞으로 다시는 다른 사람을 죽여서는 안 된다는 조건을 달았다. 그는 그들이 약속을 깨는 지의 여부를 알 수 있고 만약 그런 일이 생기면 즉시 그들을 죽이겠다고 말했다. 길동은 밤에 아버지를 만나러 갔지만 아버지는 그를 귀신으로 생각하고 아주 무서워했다. 그가 아버지에게 약을 주자 그 즉시 그의 병이 나았다. 그런 후 길동은 어머니를 만나 작별 인사를 하고 낯선 지방을 향해 떠났다(이진숙 외, 「미국외교관 알렌의 〈홍길동전 영역본〉(1889)」, 앞의 책, 130~131쪽).

4) 이몽룡의 행위에 대한 전형성과 진지성 부여

여타의 〈춘향전〉 이본과 달리 경판 〈춘향전〉은 이몽룡의 서사로 시작된다. 경판본을 대상으로 알렌이 번안한 "CHUN YANG" 역시 그러하지만 서두에 제시된 이몽룡의 서사는 경판본에서보다 더욱 상세하게 서술되어 있다.[37]

> In the city of Nam Won, in Chul Lah Do(the southern province of Korea), lived the Prefect Ye Tung Uhi. He was the happy father of a son some sixteen years of age. Being an only child the boy was naturally much petted. He was not an ordinary young man, however, for in addition to a handsome, manly face and stalwart figure, he possessed a bright, quick mind, and was naturally clever. A more dutiful son could not be found. He occupied a house in the rear of his father's quarters, and devoted himself to his books, going regularly each evening to make his obeisance to his father, and express his wish that pleasant, refreshing sleep might come to him; then, in the morning, before breakfasting, he was wont to go and enquire how the new day had found his father.[38]

---

37 화셜 아죠 인됴됴 씨의 젼나도 남원부ᄉᆞ 니등이 ᄒᆞᆫ 아달을 두어스니 명은 령이라 년광이 십뉵의 관옥의 긔샹과 두목지 풍치와 니빅의 문쟝을 겸ᄒᆞ어스니 칭찬 아니리 업더라(경판 23장본 〈츈향젼 권지단〉, 1-1면).

38 Horace Newton Allen, "CHUN YANG", *Korean Tales*, p.116
한국의 남쪽 지방인 전라도 남원시에 이등위라는 부사가 살았다. 그는 16세가량의 아들을 둔 행복한 아버지였다. 그 아들은 외동이라 자연스럽게 귀여움을 많이 받았다. 그는 평범한 젊은이는 아이었다. 남자다운 외모의 미남이고 건장한 체격에 똑똑하고 명석한 머리에 타고 나기를 영리했다. 그보다 더 자식으로서의 도리를 다하는 아들을 찾아보기 힘들었다. 그는 아버지의 거처의 뒤쪽에 있는 집에 거하며 공부에 매진을 하였고 저녁이면 규칙적으로 아버지에게 가서 문안을 드리며 편안하고 개운한 잠을 자기를 바라는 마음을 전하였다. 아침에는 늘 식사 전에 가서 밤새 안녕히 주

이처럼 "CHUN YANG"의 서두에 확장된 이몽룡의 서사는 그가 과거에 급제한 후 벼슬을 하는 장면에서도 확인된다. 경판본과 달리 "CHUN YANG"에서는 이몽룡이 과거 공부에 매진한 후 과거 시험에 응시하는 과정과 급제하여 벼슬을 하게 되는 과정이 구체적으로 제시되어 있기 때문이다.[39] "CHUN YANG"에서 확장된 이몽룡의 서사는 다음과 같이 대체로 학문적 능력과 지혜 그리고 관리자로서의 청렴 의식과 같은 우월한 면모를 드러낸 부분이다.[40]

> His Sovereigh was pleased, and told the young man to strive to imitate the example of his honest father. He then asked him what position he wished. Ye Toh Ryung answered that he wished no other position than one that would enable him to be of service to his King. "The year has been one of great prosperity." said he. "The plentiful harvest will tempt corrupt men to oppress the people to their own advantage. I would like, therefore, should it meet with Your Majesty's apprval, to undertake the arduous of Ussa"-government inspector. He said

무셨는지 여쭈었다(이진숙 외 역주, 〈춘향, 무희 아내의 정절〉, 『판소리계소설1-춘향전』, 박문사, 2017, 111쪽).

39 In the meantime Ye Toll Ryung had continued his studious work day and night to the anxiety of his parents.(…)Ye Toll Ryung was given as a subject for his composition, "A lad playing in the shade of a pine tree is questioned by an aged wayfarer." The young man long rubbed his ink-stick on the stone, thinking very intently meanwhile, but when he began to write in the beautiful characters for which he was noted he seemed inspired, and the composition rolled forth as though he had committed it from the ancient classics. He made the boy express such sentiments of reverence to age as would have charmed the ancients, and the wisdom he put into the conversation was worthy of a king. The matter came so freely that his task was soon finished;(…)(Horace Newton Allen, "CHUN YANG", *Korean Tales*, pp.139~140).

40 경판본에서도 이몽룡이 과거에 급제하여 벼슬을 하는 장면이 제시되어 있지만 "CHUN YANG"에서와 같이 구체적이고 상세하지는 않다(경판 23장본 〈춘향전〉, 15-1~15-2면).

this as he knew he would then be free to go in search of his wife, while he could also do much good at the same time.[41]

그러므로 알렌이 번안한 "CHUN YANG"은 선행 연구에서 논의된 바와 같이 이몽룡의 영웅적인 면모가 부각되는 남성 중심적 서사로 전개되는 작품임이 명확해 보인다.[42] 이러한 측면은 이몽룡의 행동 방식에서 더욱 확연하게 드러나는 것으로 생각된다.

〈춘향전〉의 전반적인 서사가 그러하기도 하지만 경판본에서 확인되는 이몽룡의 행동 방식은 전형적인 조선의 양반 남성 및 소설 속 양반 남성과는 거리가 멀다. 이몽룡이 춘향을 만난 후 그리고 춘향과 애정 행각을 펼치는 모습은 상당히 노골적이며 해학적인 모습으로 제시되어 있기 때문이다.

> 도령이 츈향을 홀연 보닌 후의 ᄎᆡᆨ방으로 도라와 정신이 산난ᄒᆞ여 진졍ᄒᆞᆯ 길 업ᄂᆞᆫ지라 마지 못ᄒᆞ여 ᄎᆡᆨ을 보려 ᄒᆞ고 펼쳐 노흔즉 글쟈마다 츈향이요 글귀마다 춘향이라 ᄒᆞᆫ ᄌᆞ 두 ᄌᆞ 되고 ᄒᆞᆫ줄이 두 줄어 모다 춘향이라(중략)이 글을 못 읽기도다 글ᄌᆞ가 다 뒤뵈이ᄂᆞᆫ구나 ᄒᆞ늘 텬ᄶᆞ 큰 ᄃᆡ 되고 ᄉᆞ략 이략이 되고(중략)뵈ᄂᆞᆫ 거시 다 춘향이라 보고지고 칠년ᄃᆡ한의 비발갓치 보고지고 통인 방ᄌᆞ 군노ᄉᆞ별감 좌슈 악졍 풍헌 급쟝이거니 다 츈향으로

41 임금은 기분이 좋아졌고 젊은이에게 정직한 아버지의 본을 받기 위해 노력하라고 말했다. 그리고 그는 이도령에게 어떤 자리를 원하는지를 물었다. 그는 왕을 위해 봉사할 수 있는 자리라면 어떤 자리라도 좋다고 대답했다. "올해는 큰 풍년이 든 해입니다." 그는 말했다. "풍년이 되면 부패한 사람들은 자신들의 이익을 위해 백성들을 억압하고 깊은 유혹을 느낄 것입니다. 그래서 저는 전하께서 허락해 주신다면 고되겠지만 어사 즉 정부 감시관의 임무를 맡고 싶습니다." 그가 이렇게 말한 것은 좋은 일을 많이 하면서 동시에 자유롭게 아내를 찾으러 갈 수 있다는 것을 알기 때문이었다(이진숙 외 역주, 〈춘향, 무희 아내의 정절〉, 앞의 책, 160~162쪽).

42 Janet Yoon-sun LEE, "The Tale of Chunhyang as Translated by Western Missionaries", *Korean Journal*, vol. 60, no.1(spring 2020), pp.184~191.

뵈고 웬 집안이 다 츈향이라((하략)[43]

노셰 절머 노셰 놀거지면 못 노느니 화무십일홍이요 달도 ᄎᆞ면 기우ᄂᆞ니 인싱이 일쟝츈몽이니 아니놀구 도령이 술을 진취토록 먹은 후의 횡셜슈셜 즁언부언ᄒᆞ며 온가지로 힐ᄂᆞᆫᄒᆞᆯ졔(중략) 네 ᄋᆞ릐 구버 보고 ᄂᆡ 아릐 구버 보니 우숨 쇼ᄶᆞ 관쥬로다 남ᄃᆡ문이 게 궁기요 인졍이 ᄆᆡ방울이요 션혜쳥이 오푼이요 호죠가 서푼이요 ᄒᆞ놀이 돈짝 갓고 ᄯᆞ히 ᄆᆡ암돈다 홍을 계워 노닐 젹의(하략)[44]

춘향과의 애정 행각을 펼치는 대목에서 뿐만 아니라 변학도를 징치하는 장면에서도 노골적이고 해학적인 이몽룡의 행위는 다음과 같이 서술되어 있어 실제 조선 사회 및 소설 속 양반 남성의 모습과는 변별된다.[45]

(상략)ᄒᆞᆫ챵 이리 노일 젹에 어ᄉᆞ 드러가조겨 ᄒᆞᄂᆞ 혼금이 지엄ᄒᆞᆫ지라 문 박으로 다니면셔 혼ᄌᆞ말 노이 노름이 고롬이 되엿다 하모커나 잘 노라라 잇다 가만 보아라 ᄂᆡ 숌시의 ᄯᅩᆼ을 ᄊᆞ보리라 ᄒᆞ며 문 박긔셔 기웃기웃ᄒᆞ니(하략)[46]

그러나 이와 같은 이몽룡의 모습은 “CHUN YANG”에서는 확인되지 않는다. 이몽룡의 노골적이고 해학적인 행위는 주로 삽입 가요와 사설을

43 경판 23장본 〈춘향전〉, 5-1면.

44 경판 23장본 〈춘향전〉, 8-1면.

45 경판본에서 이몽룡은 변학도를 징치하기 전 똥을 싸겠다고 다짐하며 이몽룡이 어사출두를 하자 변학도를 포함한 무리들은 놀라 똥과 오줌을 싸는 장면도 확인된다. (상략)원님은 ᄯᅩᆼ을 ᄊᆞ고 이방은 긔졀ᄒᆞ고 숌번관속은 오좀 ᄊᆞ고 ᄂᆡ동헌의셔도 ᄯᅩᆼ을 ᄊᆞᆫ다 ᄒᆞ니 원님이 ᄯᅥᆯ며 이른 말이 우리ᄂᆞᆫ ᄯᅩᆼ으로 망ᄒᆞᆫ다 ᄒᆞ며 ᄒᆞᆫ쟝 분요ᄒᆞᆯ졔(하략)(경판 23장본 〈춘향전〉, 22-1면).

46 경판 23장본 〈춘향전〉, 20-1~20-2면.

통해 제시되어 있는데, "CHUN YANG"의 경우 삽입 가요와 사설은 거의 대부분 삭제되어 있기 때문이다. 경판본에 제시된 이몽룡의 행위는 조선 시대 일반적인 양반 남성들의 모습 및 소설 속의 양반 남성들의 모습과는 변별된다. 그러나 "CHUN YANG"에서는 이몽룡의 노골적이고 해학적인 행위는 제시되어 있지 않을 뿐만 아니라 앞서 언급한 바와 같이 그의 우월한 면모를 제시한 부분이 확장되어 있다. 그러므로 알렌은 이몽룡을 실제 조선 시대 및 소설 속에 등장하는 전형적인 양반 남성의 모습으로 형상화하여 애정 관계를 형성하고 변학도를 징치하면서 애정 갈등을 해소하는 그의 행동 방식에 진지성을 부여한 것으로 보인다.

4. 알렌의 경판본 소설 번안 양상에 내포된 독자의식

1) 조선 민중의 경제적 궁핍 속 가족애의 제시

알렌이 번안의 대상으로 삼은 작품들 가운데 경판 24장본 〈심청전〉과 경판 25장본 〈흥부전〉의 주인공 심청과 흥부는 가족애가 깊은 인물로 제시되어 있다. 이들은 경제적으로 궁핍한 상황 속에서 각각 매신 및 매품까지 팔아야 하는 상황에 처하지만 가족을 위해 희생하는 인물들이다. 이와 관련된 내용이 "SIM CHUNG"과 "HYUNG Bo AND NAHL Bo"에는 변개된 형태로 제시된 것으로 봐서 경판 〈심청전〉과 〈흥부전〉의 독자로서 알렌의 의식이 반영된 부분이라 생각된다. 특히 경판 24본과 "SIM CHUNG"은 공통적으로 부친의 심청에 대한 애정이 부각되어 있다. 여타의 이본과 달리 심청의 부친은 심청이 높은 지위에 오르게 될 것이라

는 화주승의 예언을 듣고 공양미 시주를 약속하는 것으로 되어 있기 때문이다.[47]

그런데 "SIM CHUNG"에서는 부친의 심청에 대한 애정뿐만 아니라 모친에 대한 애정과 모친의 심청에 대한 애정 역시 부각되어 있다. 경판 24장본에서 심청의 부친은 아내가 죽은 후 경제적 궁핍으로 안맹한 것으로 되어 있지만 "SIM CHUNG"에서 아내가 죽은 지극한 슬픔으로 안맹한 것으로 제시되어 있기 때문이다. 이처럼 알렌은 심청 부친의 아내에 대한 지극한 애정을 부각시키고자 한 것으로 보인다.

> 졍시 홀연 득병ᄒᆞ여 맛ᄎᆞᆷᄂᆡ 셰상을 ᄇᆞ리니 공이 크게 비도ᄒᆞ여 녜를 갓초와 안장ᄒᆞ고 녀ᄋᆞ를 품고 듀야 슬허ᄒᆞ이 쳥이 ᄯᅩᄒᆞᆫ 모친을 부르지져 호읍ᄒᆞ니 그 부녀 졍경을 참ᄋᆞ 보지 못ᄒᆞᆯ너라 공의 가셰 졈졈 탕진ᄒᆞ며 질병이 침면ᄒᆞ여 상셕을 ᄯᅥᄂᆞ지 못ᄒᆞᄂᆞᆫ 듕 ᄯᅩ 안질를 어더 슈월이 못ᄒᆞ여 지쳑을 분변치 못ᄒᆞᄆᆡ ᄉᆡᆼ계 더욱 망측ᄒᆞ여 약간 가산을 진ᄆᆡᄒᆞ여 조셕을 이으니 ᄀᆡ식이 엄엄ᄒᆞᆫ지라[48]

> Just as their joy seemed too great to be lasting, it was suddenly checked by the death of the mother, which plunged them into a deep grief from which the father emerged totally blind. It soon became a question as to where the daily food was to come

47 노승 왈 쇼승은 명월산 운심동 개법당 화듀옵더니 촌가의 ᄂᆞ려와 시듀를 구ᄒᆞ옵다가 우연히 이 곳을 지ᄂᆞ다가 노야를 구ᄒᆞ엿거니와 노야의 성격을 본즉 지금은 궁곤ᄒᆞᄂᆞ ᄉᆞ오년 후면 왕후장상이 될 거시오 일녀의 영홰 텬하의 웃듬이 되려니와 목금의 ᄃᆡ시듀를 ᄒᆞ면 일녀도 귀히 될 ᄲᅮᆫ 아니라 노야의 폐안이 ᄯᅳ이리이다(경판 24장 〈심청전〉, 2-2면).
"I am a prophet, and I have had a vision concerning you. In case you make an offering of three hundred bags of rice to the Buddha of our temple, you will be restored to sight, you will be given rank and dignity, while your daughter will became the first woman in all Korea."(Horace Newton Allen, "SIM CHUNG", *Korean Tales*, pp. 156~157).

48 경판 24장본 〈심청전 단〉, 1-2면.

from, little by little household trinkets were given to the brokers to dispose of, and in ten years they had used up the homestead it contained.[49]

그리고 경판 24장본에서는 심청이 공양미 삼백 석을 구하지 못해 기도하던 중 꿈에 한 노승이 나와 매신하게 되면 죽을 지경에 이르러서는 좋은 일이 생길 것이라고 일러준다. 그러나 "SIM CHUNG"에서는 노승이 아닌 죽은 심청의 모친이 등장하여 분명 공양미 삼백 석을 구할 방법이 있으며 언젠가는 가족들이 행복해질 것이라고 심청을 위로하는 서사로 전개된다.

> 인간 심쳥은 폐ᄆᆡᆼᄒᆞᆫ 아비ᄅᆞᆯ 위ᄒᆞ여 듁기ᄅᆞᆯ 피치 아니ᄒᆞᄂᆞ니 이졔 아븨 감은 눈을 ᄯᅳ이게 발원ᄒᆞ여 부쳐긔 시듀ᄒᆞ려ᄒᆞᄂᆞ 삼ᄇᆡᆨ셕 ᄇᆡᆨ미ᄅᆞᆯ 어들 길 업셔 도로혀 부쳐홀 속인 죄ᄅᆞᆯ 밧게 되어ᄉᆞ오니 쳔디신명은 ᄉᆞᆲ피쇼셔ᄒᆞ고 밤ᄉᆡ도록 도츅원코 방듕으로 도라와 능히 잠을 일우지 못ᄒᆞ고 탄식 ᄌᆞᄐᆞᆫ ᄒᆞ다가 홀연 죠으더니 <u>한 노승이 나ᄋᆞ와 닐오ᄃᆡ ᄂᆡ일 그ᄃᆡᄅᆞᆯ ᄉᆞ자ᄒᆞ는 ᄉᆞᄅᆞᆷ이 이슬 거시니 팔니여 듁을 곳을 가도피치말ᄂᆞ 네 효셩을 하늘이 감동ᄒᆞᄉᆞ 듁을 곳의 ᄌᆞ연 귀ᄒᆞᆫ 일이 이스리라</u>ᄒᆞ고 믄득 간 ᄃᆡ업거ᄂᆞᆯ ᄭᆡ다르니 남가일몽이라[50]

That night, after her midnight bath, she lay down on a mat

49 Horace Newton Allen, "SIM CHUNG", *Korean Tales*, pp. 155~156부부의 기쁨이 오래 지속되기엔 너무 컸던 것일까. 아이의 어머니가 갑작스런 죽음을 맞이하면서 그들의 기쁨도 끝이 났다. 부녀는 깊은 슬픔에 빠졌고 이로 인해 아버지는 눈이 완전히 멀게 되었다. 곧 매일 먹을 음식을 구하는 것이 시급한 문제가 되었다. 조금씩 집의 자질구레한 물건들이 중개인에게 넘어가 처분되었고, 그들이 가지고 있던 농지가 사라지는 데는 10년이 걸리지 않았다(이진숙 외 역주, 「미국 외교관 알렌의 〈심청전 영역본〉」, 『판소리계소설2-〈심청전〉〈홍부전〉〈토끼전〉』, 박문사, 2017, 21~22쪽).

50 경판 24장본 〈심청전 단〉, 3-2~4-1면.

> in the open air, and gazed up to heaven, to which she prayed that her poor father might be restored to health and sight. While thus engaged, she fell asleep and dreamed that her mother came down from heaven to comfort her, and told her not to worry, that a means would be found for the payment of the rice, and that soon all would be happy again in the little family.[51]

그러므로 경판 24본과 달리 "SIM CHUNG"에서는 심청 부친의 아내에 대한 애정뿐만 아니라 모친의 심청에 대한 애정도 강조되어 있다. 그리고 죽은 모친의 심청에 대한 위로와 격려는 심청이 공양미를 구하고 매신을 결심하는 결정적인 계기로 작용한다.

〈심청전〉은 부친이 약속한 시주를 위해 매신하는 심청을 통해 부모에 대한 효성이 부각된 작품이어서 서구인인 알렌의 입장에서는 충분히 관심을 가졌을 법하다. 그러나 알렌은 "SIM CHUNG"을 번안하는 과정에서 심청의 부모에 대한 효성뿐만 아니라 부부 상호간 그리고 부모의 자식에 대한 애정 역시 강조한 것으로 생각된다. 더구나 심청의 가족이 경제적으로 궁핍했던 상황 속에서 부각된 애정이어서 이들의 가족애는 더욱 애틋하게 보이는데, 이러한 면모는 "HYUNG Bo AND NAHL Bo"에서도 확인되기에 알렌의 의식이 반영된 측면임이 더욱 명확해진다.

〈흥부전〉의 경우 경제적으로 궁핍한 흥부의 고충은 매품을 팔러 가는 장면에서 가장 여실하게 드러난다. 경판본에서 매품을 팔러 간 흥

---

51 그날 밤 자정이 되자 그녀는 목욕을 한 후 바깥에 자리를 깔고 무릎을 꿇고 하늘을 바라보며 불쌍한 아버지의 건강과 시력이 회복되기를 기도했다. 기도를 하는 동안 그녀는 잠이 들었고 엄마가 하늘에서 내려오는 꿈을 꾸었다. 엄마는 공양미를 구할 수 있는 방법이 있을 것이라고, 곧 모든 것이 잘 되어 이 작은 집에 다시 행복이 찾아올 것이라고 말하며 그녀를 위로했다(이진숙 외 역주, 「미국 외교관 알렌의 〈심청전 영역본〉」, 앞의 책, 26쪽).

부는 죄인이 방송되어 매품조차 팔지 못하는 상황에 처한다.[52] 그러나 "HYUNG Bo AND NAHL Bo"에서 홍부는 다음과 같이 매품을 팔고도 그 값을 받지 못하는 것으로 제시되어 있다.

> Returning from his profitable errand, he heard of a very rich man, who had been seized by the corrupt local magistrate, on a false accusation, and was to be beaten publicly, unless he consented to pay a heavy sum as hush money. Hearing of this, Hyung went to see the richer prisoner, and arranged with him that he would act as his substitute for three thousand cash(two dollars). The man was very glad to get off so easily, and Hyung took the beating.(…)The money did not come, however, for the fraud was detected, and the original prisoner was also punished.[53]

그러므로 "HYUNG Bo AND NAHL Bo"에서 경제적 궁핍으로 인해 홍부와 그 가족들이 겪는 고통은 경판본에서보다 더욱 부각된 것으로 보인다. 그러나 경판본에서는 제시되어 있지 않지만 "HYUNG Bo AND NAHL Bo"에서는 놀부와 가정과 대조적으로 홍부의 가정은 화목한 모

---

52 이ᄯᅵ 본읍 김좌슈가 홍부를 불너 ᄒᆞ는 말이 돈 삼십 냥을 듈 거시니 ᄂᆡ ᄃᆡ신으로 감영의 가 ᄆᆡ를 맛고 오라ᄒᆞ나(중략)안 되는 놈은 잣ᄇᆞ져도 코가 ᄭᆡ진다고 ᄆᆞᆺᄎᆞᆷ 나라의서 ᄉᆞ가 나려 죄인을 방송ᄒᆞ시니 <u>홍뷔 ᄆᆡ품도 못 팔고 그져 온다</u>(경판 25장본 〈홍부전〉, 5-2~6-1면)

53 Horace Newton Allen, "HYUNG Bo AND NAHL Bo", *Korean Tales*, p.94~95
돈이 되는 심부름을 하고 돌아오는 길에 그는 큰 부자에 대한 이야기를 들었다. 허위 고소를 당한 부자는 부패한 지방관에게 이미 붙잡혔고 만약 뇌물로 큰돈을 내놓지 않으면 공개적으로 매를 맞을 처지에 있었다. 이 말을 들은 홍부는 그 부자 죄수를 찾아가 3,000카쉬(2달러)를 주면 부자인 척하며 대신 매를 맞겠다고 제안했다. 부자는 일이 너무 쉽게 풀린 것에 아주 기뻐했고, 홍보는 그 매를 다 맞았다.(중략)그러나 속임수가 들통이 나 원래 죄수 또한 벌을 받았기 때문에 그 돈은 홍보의 수중에 들어오지 않았다(이진숙 외 역주, 『미국 외교관 알렌의 〈홍부전 영역본〉』, 앞의 책, 293~294쪽).

습으로 제시되어 있다. 다음의 인용문에 제시된 바와 같이 놀부는 여러 명의 아내를 두고 있으나 자식은 없고 처첩 사이의 갈등이 빈번한 가정의 가장으로 등장하지만 홍부는 단 한 명의 아내를 두고 있지만 여러 명의 자식이 있으며 화목한 가정의 가장으로 등장하기 때문이다.

> Both men were married. Nahl Bo, the elder, had many concubines, in addition to his wife, but had no children: While Hyung Bo had but one wife and several children. The former's wives were continually quarrelling: the latter lived in contentment and peace with his wife, each endeavoring to help the other bear the heavy burdens circumstances had placed upon them.[54]

이처럼 알렌은 경판 〈심청전〉과 〈홍부전〉을 "SIM CHUNG"과 "HYUNG Bo AND NAHL Bo"로 번안하는 과정에서 심청과 홍부의 가족을 통해 경제적으로 궁핍한 환경 속에서 더욱 가족애가 깊어지는 조선 민중들의 모습을 읽었던 것으로 생각된다.

2) 조선인의 축첩과 중상모략 행위의 비판

〈홍길동전〉은 얼자라는 신분적 한계를 극복하고 율도국의 왕이 되는 서사로 종결되는 작품이다. 이러한 형태의 결말은 신분제도의 모순을

---

54 Horace Newton Allen, "HYUNG Bo AND NAHL Bo", *Korean Tales*, p.89
두 사람 모두 결혼을 했다. 형인 놀보는 아내 이외에도 첩들이 많았지만 자식이 없었던 반면에, 홍보는 단 한 명의 아내와 서너 명의 자식을 두었다. 놀보의 처첩들은 허구한 날 싸웠지만, 홍보는 아내에게 만족하고 평화롭게 살며 부부는 각자에게 주어진 삶의 무거운 짐을 나누어지려 했다(이진숙 외 역주, 「미국 외교관 알렌의 〈홍부전 영역본〉」, 『판소리계소설2-〈심청전〉〈홍부전〉〈토끼전〉』, 282~283쪽).

드러내기에 〈홍길동전〉의 문제의식을 가장 확연하게 드러내는 부분이라 생각된다. 그러나 알렌은 "HONG KIL TONG"을 번안하는 과정에서 홍길동의 율도국 정벌 서사는 제시하지 않았다. 대신 작품의 전반부에 홍판서와 그의 처첩들의 홍길동에 대한 음모의 악랄함을 부각시켰다. 얼자의 신분으로 능력이 출중했던 홍길동은 자식이 없었던 초란에게는 질투와 견제의 대상이었다. 그로 인해 초란은 무녀와 관상녀를 매수하고 홍판서와 그의 처를 설득하여 홍길동을 살해할 음모를 계획하고 자객을 보낸다. 이러한 내용은 경판본을 비롯하여 안성판 19장본에 공통으로 제시되어 있다.

그러나 "HONG KIL TONG"에 드러난 초란의 음모는 더욱 악랄하다. 몸에 귀신이 든 홍판서가 길동의 살해 계획을 중단하자 초란은 무녀를 매수하여 홍판서의 몸에 든 귀신을 쫓기 위해서 우선적으로 길동을 살해해야 한다고 거짓 주장을 하여 길동을 살해하는 음모에 동조하게 하기 때문이다.

> Hong Pansa was finally persuaded that his concubine was right, and sent for the assassins to come and kill his son. But a spirit filled the father with disease, and he told the men to stay their work. Medicines failed to cure the disease, and the mootang women were called in by the concubine. They beat their drums and danced about the room, conjuring the spirit to leave, but it would not obey. At last they said, at the suggestion of the concubine, that Kil Tong was the cause of the disorder, and that with his death the spirit would cease troubling the father.[55]

---

55 Horace Newton Allen, "HONG KIL TONG", *Korean Tales*, p. 174
홍판서는 마침내 첩의 말에 넘어가 아들을 죽일 자객들을 불러 들였다. 그러나 귀신

또한 길동이 집을 나간 이후에도 초란은 지속적으로 홍판서의 부인과 함께 길동을 살해하기 위한 여러 가지 음모를 계획 및 시도하는 것으로 서술되어 있다.[56] 이처럼 알렌이 "HONG KIL TONG"을 번안하는 과정에서 홍판서의 첩인 초란의 악행을 부각시킨 것은 조선인의 축첩과 중상 모략하는 행위에 대한 비판적인 견해를 드러낸 면모라 생각된다. 알렌은 *Things Korean*에서 조선의 양반 남성들이 정처 외에 첩을 두는 것에 대한 비판적인 견해를 드러낸 바 있다. 그는 남성들이 여러 명의 아내를 두면 여성들의 시기와 질투를 유발할 수밖에 없다고 다음과 같이 주장했다.

> One of the curses of the country is the plural marriage, or more properly speaking, concubinage, since the introduction of another woman into the family, even if she were given a separate establishment, was sure to give rise to bitter envy and animosity. [57]

초란의 음모 역시 춘섬의 아들인 길동에 대한 시기와 질투에서 비롯된 것이다. 미국에는 축첩이 없었기에 알렌은 특히 여러 명의 아내를 두는 조선 양반 남성들의 혼인 형태를 복수 혼인이라고 하면서 이에 대한

이 아버지의 온 몸을 병들게 하자 그는 자객들에게 일을 중지하라고 말했다. 약으로는 홍판서의 병을 치료할 수 없자 첩은 여자 무당들을 불러 들었다. 그들은 북 치고 춤추며 방 주위를 돌며 귀신이 나가도록 주문을 걸었지만 귀신은 사라지지 않았다. 마침내 첩의 제안에 따라 무당들은 이 병의 원인이 길동이니 길동이 죽으면 귀신이 더 이상 홍판서를 괴롭히지 않을 것이라고 말했다(이진숙 외, 「미국외교관 알렌의 〈홍길동전 영역본〉 (1889)」, 앞의 책, 128쪽).

56 But the latter, with her mistress, was very angry, and tried in vain to devise some means to accomplish their evil proposes(Horace Newton Allen, "HONG KIL TONG", *Korean Tales*, p.175).

57 Horace Newton Allen, *Things Korean*, p.98

비판적인 시각을 드러냈다. 그리고 알렌은 *Things Korean*에서 조선인들의 중상 모략하는 속성에 대해서도 다음과 같이 비판한 바 있다.

> Intrigue.-The common people have few amusements. Travelling through the country one often notices at a hamlet two or more men off by themselves engaged in whispered conversation. These men are surely plotting to gain some advantage over another.[58]

위 인용문에서 제시된 바와 같이 알렌은 조선인들은 즐길 오락이 없으며 타인을 견제 및 억압하고 자신이 보다 우월한 지위에 오르기 위해 음모를 꾸미는 경향이 있다고 했다.[59] 이러한 알렌의 조선인에 대한 시각은 "HONG KIL TONG"을 번안하는 과정에도 반영된 것으로 보인다. "HONG KIL TONG"의 결말에서 홍길동과 친모의 가족애가 부각된 측면을 감안했을 때, 알렌은 홍판서와 그의 처와 첩에 대해 비판적인 시선을 견지하고 있었던 것으로 생각된다. 이들이 홍길동을 살해하려고 했던 음모는 결국 홍길동이 가출하는 동인으로 작용했기 때문이다.

그리고 알렌의 조선 남성들이 여러 명의 아내를 두는 불평등한 부부관계와 첩들의 시기와 질투를 비롯한 중상모략과 음모를 일삼는 조선인들의 속성에 대한 비판적인 시각은 홍길동이 율도국의 왕이 되는 〈홍길동전〉 후반부의 서사보다 오히려 전반부에 제시된 홍판서와 그의 처와

---

58 Horace Newton Allen, *Things Korean*, p.123

59 알렌은 *Things Korean*에서 조선인들을 음모의 명수 또는 음모의 대가로까지 평가했다.
Refuge and Entertainment-But even when there were no wars or revolutions to create disorder, some intrigue between parties were likely to finished excitement, for the Koreans are past-masters at intrigue and seem to imbibe it with their mother's milk(Horace Newton Allen, *Things Korean*, p.225).

첩이 함께 홍길동의 살해를 음모하는 서사에 대한 관심으로 이어졌을 것으로 생각된다. 그러므로 알렌은 가정 내에서 친모를 제외한 모든 가족 구성원들로부터 학대받은 소년 홍길동이 겪은 가정 내의 불화를 극복하는 방편으로 혼인을 한 후 친모와 함께 가족을 재구성하여 행복한 삶을 영위하는 형태의 서사로 종결지었다고 생각한다.

3) 애정서사의 남성 중심적 시선 투영

알렌은 *Things Korean*에서 미국인들과는 달리 자신들의 감정 및 의지와는 상관없이 중매인들에 의해 성립되는 조선인들의 혼인 방식에 대한 비판적인 견해를 드러냈다. 중매인에 의한 혼인 방식으로 인해 조선의 남성들은 자신의 아내보다 오히려 기생들을 더욱 좋아한다고 언급하고 있기 때문이다.[60] 이러한 알렌의 견해는 〈백학선전〉〈춘향전〉과 같은 애정소설에 대한 관심을 가지고 번안하는 계기가 되었다고 생각한다. 〈백학선전〉〈춘향전〉에 등장하는 유백로와 조은하, 이몽룡과 춘향 모두 애정 갈등으로 인해 극심한 시련을 겪지만 자신들의 주체적인 의지로 혼인하기 때문이다. 특히 〈백학선전〉의 경우 여성 영웅소설로 평가받을 정도로 남장한 조은하의 영웅적인 활약상은 헤어졌던 유백로와 재회하여 혼인하는 결정적인 계기가 되었다는 측면에서 양반 여성의 적극성이 두드러진 작품이라 생각된다. 알렌 역시 〈백학선전〉의 이러한 측면에 주목했을

---

60 Courting.-There is none of the courting such as forms the pleasing prelude to marriage with us. All the marriage arrangement are made by the elders and a go-between. The bride and groom only see each other when all is completed, therefore it often happens that a man actually prefers some gesang or dancing girl(corresponding to the geisha of Japan) whom he has seen and of whom he has become enamured, in place of the wife selected for him and who may not posses the charms necessary to captivate him(Horace Newton Allen, *Things Korean*, p.139).

가능성은 크다.

그러나 "CHING YUH AND KYAIN Oo"에서는 오히려 조은하의 영웅적인 활약상은 대폭 축소되어 있으며 서두에 제시된 견우와 직녀의 이야기를 통해 조은하가 겪는 시련과 고난은 정당화되어 있다. 반면 유백로의 조은하에 대한 그리움과 애정을 성취하고자 하는 의지는 오히려 부각된 것으로 보인다. 앞서 언급한 바와 같이 〈백학선전〉에서 유백로는 가달의 침략을 물리치기 위해 출전하지만 "CHING YUH AND KYAIN Oo"에서 유백로는 조은하를 구하기 위해 출전하는 서사로 전개되기 때문이다.

그러므로 알렌은 "CHING YUH AND KYAIN Oo"를 번안하는 과정에서 애정을 성취하고자 하는 조은하의 적극적인 면모는 축소하고 유백로의 의지 및 활약상을 부각시킨 것으로 보이는데 이러한 면모는 "CHUN YANG"에도 동일하게 확인되기에 알렌의 애정서사에 대한 견해가 반영된 부분이라 생각된다. "CHING YUH AND KYAIN Oo"와 달리 "CHUN YANG"의 경우 춘향이 변학도에게 모진 고문을 당하면서 겪는 시련과 수난은 제시되어 있지 않지만 애정 갈등을 해소하는 주체로서의 변학도를 징치하는 이몽룡의 역량은 여러 형태로 부각되어 있기 때문이다.

경판 〈춘향전〉에서 춘향은 변학도로부터 모진 고문을 당하고 투옥되면서도 이몽룡에 대한 애정이 변함없음을 드러낸다.[61] 그러나 "CHUN YANG"의 경우 이와 같은 장면은 삭제되어 있으며 과거 급제 이후 이몽

61 형장을 눈 우희 번 듯 드러 검장 쇼릐 발마쵸아 ᄒᆞᆫ 번 후리치니 청텬빅일이 벽녁 쇼릐 갓혼지라 신관이 이로ᄃᆡ 이제도 분부 거역ᄒᆞᆯ소냐 춘향이 알외ᄃᆡ ᄉᆞ또게셔 이리 마르시고 농천검 ᄐᆡ아검으로 ᄂᆞ의 일시을 둘히 ᄂᆡ여 ᄋᆞ리 토막은 졈이거ᄂᆞ 올히거ᄂᆞ ᄒᆞ실지라도 목은 ᄒᆞᆫ양셩ᄂᆡ의 보ᄂᆡ여 쥬시믈 ᄇᆞᄅᆞᄂᆞ이다(중략)우리 도련님 ᄒᆞᆫ 번 보고 죽어스면 ᄒᆞᆫ이 업스련만안 무죄이 분골쇄신ᄒᆞ여 죽기예 이르니 니런 극통ᄒᆞᆫ 일이 또 잇ᄂᆞᆫ가(경판 23장본 〈춘향젼 권지단〉, 12-1~12-2면).

룡의 학문적 능력과 지혜를 비롯하여 청렴의식을 강조하는 서사가 오히려 확장되어 있어 이몽룡의 우월한 면모가 부각되어 있다. 이러한 측면을 감안했을 때, "CHING YUH AND KYAIN Oo"와 "CHUN YANG"에서는 알렌의 애정서사에 대한 남성 중심적 시선이 투영된 것으로 보인다.

〈백학선전〉과 〈춘향전〉에 등장하는 조은하와 춘향은 각각 양반과 천민으로 신분의 차이는 있지만 애정 관계를 형성한 유백로 및 이몽룡과의 강렬한 애정 성취에 대한 욕구를 지닌 인물로 제시되어 있다. 그러므로 〈백학선전〉의 후반부에 조은하는 남장을 하고 유백로보다 더 뛰어난 능력을 발휘하며 〈춘향전〉에서 춘향은 변학도로부터 모진 고문을 당하면서도 이몽룡에 대한 변함없는 애정을 드러낸다. 그러나 "CHING YUH AND KYAIN Oo"와 "CHUN YANG"에서 조은하와 춘향의 애정 성취에 대한 욕구와 의지를 드러내는 장면은 축소된 반면 유백로와 이몽룡의 적극적인 면모는 부각되어 있다. 그러므로 알렌은 애정서사에 대해서는 남성 중심적인 시각을 견지하고 있었던 것으로 생각된다.

5. 결론

본 논문에서는 *Korean Tales*에 수록된 "SIM CHUNG", "HYUNG Bo AND NAHL Bo", "CHUN YANG", "CHING YUH AND KYAIN Oo", "HONG KIL TONG" 을 대상으로 알렌의 경판본 소설의 번안 양상과 그 독자의식을 고찰했다. 이상의 논의를 요약하여 제시하면 다음과 같다.

첫째, 알렌은 조선에 머문 19세기 말 당시 대중성을 확보한 경판본 소설을 인식하고 있었고 조선의 대중담론을 통해 민족성을 전파하고자 경판본 소설을 번안했다. 둘째, 알렌은 경판본 소설을 번안하는 과정에서 "SIM CHUNG"과 "CHING YUH AND KYAIN Oo"의 경우 서사 문법의 정연성을, "HYUNG Bo AND NAHL Bo"에서는 놀부의 패망과 징벌에 엄정성을, "HONG KIL TONG"에서는 홍길동의 지략과 인간애 및 가족애를, "CHUN YANG"에서는 이몽룡의 행위에 대한 전형성과 진지성을 부여했다. 셋째, 알렌은 경판본 소설의 독자로서 〈심청전〉〈홍부전〉에서는 조선 민중의 경제적 궁핍 속에서 가족애를, 〈홍길동전〉에서는 조선인의 축첩과 중상모략 행위에 대한 비판을, 〈백학선전〉〈춘향전〉의 애정 서사에 투영된 남성 중심적 시선을 읽어 냈다.

본 논문에서는 알렌이 경판본 소설을 번안한 다섯 작품을 중심으로 논의를 전개했지만 알렌과 동일한 시기인 19세기 말 조선을 방문한 게일과 랜디스(Elis Barr Landis, 1865~1898) 역시 경판본 소설을 번안했다. 게일은 경판 〈숙영낭자전〉〈심청전〉〈이해룡전〉〈장화홍련전〉〈제마무전〉〈백학선전〉〈홍부전〉〈홍길동전〉〈토생전〉을, 랜디스는 경판 〈임장군전〉을 번안한 것으로 알려져 있다. 게일과 랜디스 또한 알렌과 동일하게 선교사의 자격으로 조선을 방문한 서구인들이다. 알렌과 더불어 게일과 랜디스가 경판본 소설을 번안한 구체적인 양상에 대한 논의가 이루어진다면 19세기 경판본 소설에 대한 서구인의 시선을 고찰할 수 있는 기반이 마련될 것이라 기대한다. 게일과 랜디스의 경판본 소설의 번안 양상에 대한 논의는 후속 작업으로 돌리기로 한다.

한글 고소설 희귀본의 가치와 언어의 근대성

장요한

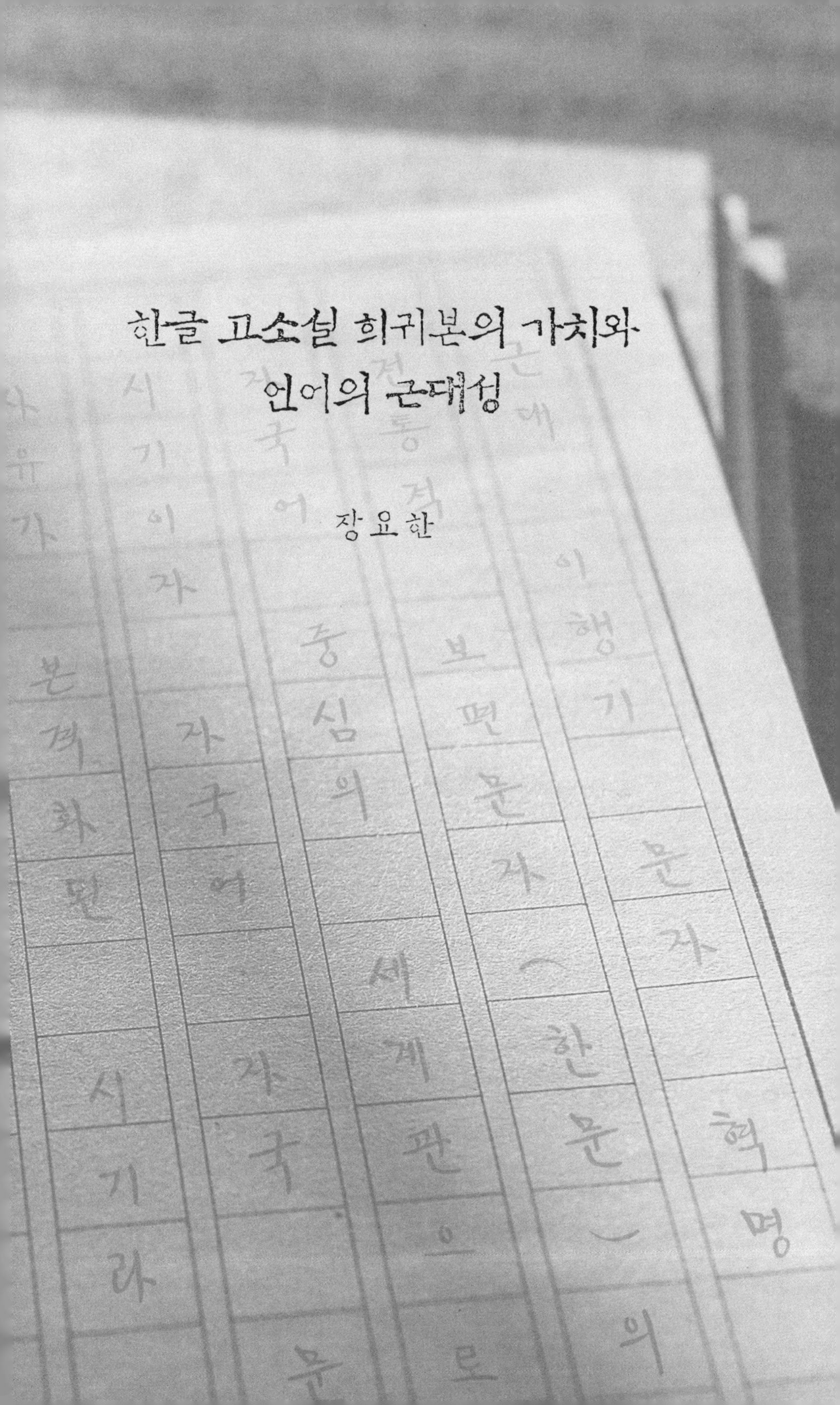

한글 고소설 희귀본의 가치와 언어의 근대성

장 요 한

1. 서론

이 글은 계명대학교 동산도서관 소장 고소설 중에 아직까지 학계에 알려지지 않았거나 그 전모가 밝혀지지 않은 필사본의 가치를 검토하고 고소설에 드러난 언어 인식을 살펴보고자 한다. 고소설 필사본의 경우 자료적 가치를 판단하는 일은 매우 중요하다. 그것이 원 필사 자료인지 이본인지, 이본 간의 계통 관계는 어떠한지, 혹은 자료의 언어적 특징은 어떠한지 우선 검토하게 된다. 이때 현재까지 알려지지 않은 이본이나 전혀 알려지지 않은 작품을 발굴하였다면 그 발굴 자체의 성과도 크다 하겠다.

이 글에서 검토한 계명대학교 동산도서관 소장본 고소설은 「비장화홍연젼」, 「이히용젼」, 「갑진녹」 3종이다. 세 작품은 모두 한 책에 실려 있는데 이 책에는 고소설 외에 규방가사인 「화젼가」가 함께 필사되어 있다. 이 책에 실린 3종의 고소설 필사본과 규방가사는 현재까지 그 전모가 알려진 바 없다.[01] 또한 규방가사인 「화젼가」도 선행 연구에서 검토되

---

01 김준형(2008)에서 계명대학교 동산도서관 소장본 〈장화홍련전〉의 이본을 언급한 바는 있지만 내용이나 이본 계통이 기술되지 않았고 「이히용젼」, 「갑진녹」 이본은 소장 사실도 언급된 바 없다. 김준형(2008)에서 계명대학교 동산도서관 한글 고소설을 정

지 않았는데 이런 점에서 이 3종의 고소설과 규방가사는 모두 희귀본이라 하겠다.[02]

한편, 고소설은 19세기에 들어서면서 방각본 간행과 필사를 통해 본격적으로 유통되기 시작하였는데 한글 고소설의 확산은 당시 한글 사용 확대의 주도적 역할을 하였다는 점에서 국어사적 의의를 찾을 수 있다. 비록 조선 후기까지 한문과 한글에 대한 전통적인 관점, 즉 雅·俗의 위계 관계가 유지되어 식자층의 언어 의식이 크게 달라지지 않았으나[03] 19세기 한글 고소설의 유행과 독자층의 확대로 한글 사용 주체가 확산되었고 그 결과 자국어(혹은 자국문자)의 의식을 촉발하는 계기가 되었다. 물론 창작 주체의 성향이나 독자 계층에 따라 언어 표현에 차이가 있었지만 전통적인 한문식 문체를 탈피하여 구어체의 언어 표현이 출현한다는 점에서 당시 언어관의 변모 양상을 관찰하는 데 한글 고소설은 매우 유용한 자료가 된다. 특히 시대적으로 차이가 있는 이본의 비교는 이러한 언어관의 변모를 잘 보여주기 때문에 이를 면밀히 검토한다면 언어 의식의 변모 양상은 한층 분명히 드러날 것이다.

이에 우선 2장에서는 계명대학교 동산도서관 소장본 고소설 「비장

리하여 제시한 바 있는데 이곳에서는 「장화홍연젼」 한 책을 소개하고 있으나 이에 대해서 상술하지 않아 본고의 대상 자료와 동일한지는 분명하지 않다. 김준형(2008)에서 「이히용젼」, 「갑진녹」은 소개되지 않았다.

02 희귀본이라 할 때는 드물어서 진귀한 책을 지칭할 때를 말하므로 이본을 희귀본이라 지칭하기가 지나친 듯하나 고소설 필사본 이본의 경우 모본을 그대로 베껴 쓰는 일은 드물고 필사 과정에서 의도적으로 언어 형식이나 내용의 변개가 일어나는 일이 있어 어떤 측면에서는 개별 이본이 유일본이면서 희귀본이라 할 수 있다. 본고에서 살펴보고자 하는 계명대학교 동산도서관 소장본의 작품들도 기존의 이본과 비교할 때 변개 내용이 확인되고 동일 계통으로 보이는 이본보다 선본으로 추정되어 희귀본이라 할 만하다. 「이히용젼」는 서두에서 결론까지 그 내용이 온전히 보전되어 있고 그 보존 상태가 매우 양호하여 관련 연구에 기여하는 바가 클 것으로 보인다.

03 중세 국어 시기의 자국어 의식에 대한 연구는 다양한 관점에서 연구되었다. 이상혁(1997), 백두현(2004), 이현희 외(2014) 이병기(2015), 장윤희(2015), 장요한(2021) 등이 있다.

화홍연전」, 「이희용전」, 「갑진녹」과 규방가사 「화전가」의 서지를 검토하여 그 가치를 드러내고 3종의 고소설에 담긴 언어 의식을 살펴보기로 하겠다. 한글 고소설의 언어 의식 연구가 결국에는 총체적으로 이루어져야 하겠지만 여기에서는 초기 단계적 측면에서 그 연구의 의의를 찾는 데 집중하기로 하겠다.

2. 계명대학교 동산도서관 고소설 필사본의 자료적 특성과 가치

1) 필사본의 구성 및 필사 시기

이 절에서는 서론에서 소개한 고소설 필사본의 구성과 형태 서지적 특징을 살펴 그 가치를 검토하기로 하겠다. 아래 표는 이 책의 체제이다.

〈표 1〉 체제 및 구성

체제/청구기호	작품명	면	형태
1책 한글 필사본/ (고)811.35 배장화	비장화홍연젼	1a~10b	사주무변 및 무계에 12행 32~35자이며, 책 크기는 30.4x20.4 cm임.
	이희용젼	10b~28a	
	갑진녹	28a~34a	
	화젼가	34a~35b	

이 책은 사주무변 및 무계에 12행이며 행마다 32~35자가 필사되어 있다. 필사본으로서 행과 글자가 매우 정연한 구성을 이루고 있으며 다른 고소설에 비해 필체도 아주 고르고 수려하다. 지질도 매우 좋고 보관 상태 또한 양호한 선본이다.

책 표지의 제첨 자리에 'ᄇᆡ장화', '이ᄒᆡ용', '갑진녹', '화젼가'의 작품명이 희미하게 적혀 있고 중간 우측에는 필사기로 보이는 간기가 적혀 있다. 필사기는 앞 면지에 "甲寅三月某日始終"이라고 선명히 적혀 있어 필사 시기를 분명히 알 수 있다. 또한 뒤 면지 부분에 책 소장자로 보이는 "册主尹生員安東宅" 기록이 있다. 이와 같이 필사본의 간기가 분명하게 기록되어 있는 문헌은 그 활용 가치가 매우 높다. 동일 시기의 문헌과 비교하여 해당 문헌의 성격뿐 아니라 현실 언어를 연구하는 데 활용될 수 있고, 이본 계통의 선후 관계와 이본의 성격을 파악하는 데에도 도움이 되기 때문에 국어사나 고전문학 연구에 기여하는 바가 매우 크다 하겠다.

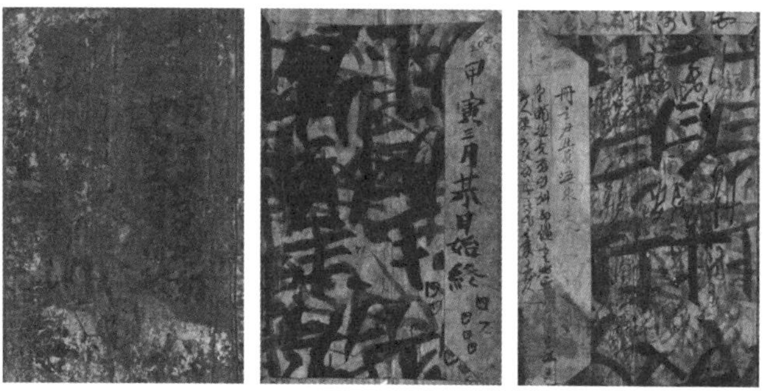

표지 부분 앞 면지 부분 뒤 면지 부분

〈그림 1〉 표지와 면지

그런데 이 책의 필사기에 기록된 '甲寅'이 1854년이거나 1914년일 것으로 추정되어 그 필사기를 검토할 필요가 있다. 만약 필사 시기가 전자라면 국문 필사본 이본 중에서는 매우 이른 시기 필사본이 될 수 있어 주의 깊게 살펴볼 필요가 있다. 즉, 이 필사 시기가 〈장화홍련전〉이나 〈이해룡전〉, 〈갑진록〉의 국문 필사본 이본 계통 연구에 새로운 단초를 마련할 수 있는 만큼 그 시기를 신중히 판단해야 할 것이다. 최근 고소설 이본 계통 연구는 내용 체제와 변개 내용을 중심으로 검토되고 있는데 3종의 국문 필사본 중에 〈장화홍련전〉의 이본 계통 연구는 방대한 연구 성과를 가지고 있어 본 필사본의 내용을 〈장화홍련전〉의 이본 계통 연구 성과에 비추어 본다면 그 필사 시기도 어느 정도 가늠할 수 있을 것으로 보인다.

〈장화홍련전〉 이본 계통을 정리한 이기대(1998), 서혜은(2007)은 이본의 변개된 내용을 통해 이본의 계통과 그 필사 시기를 논의한 대표적 연구이다.[04] 이기대(1998: 20-23)에서는 신암본 계열, 즉 전처가 등장하지 않고 후처가 전실 자식을 구박하는 장면이 바로 나타나고 장화와 홍련의 탄식이 주된 내용을 이루고 있으며 재생하지 않는 내용으로만 이루어진 계열이 초기 국문 필사본으로서 19세기 중반 이후에 필사된 것으로 추정하였다. 초기 한문본과 그 내용이 유사한 것으로 보았다. 한편, 서혜은(2007: 390-395)에서는 〈장화홍련전〉을 내용 구성에 따라 4계열로 분류하였는데[05] 장화와 홍련의 억울한 죽음이 밝혀지고 계모가 처형되는 내용으로 종결되는 이본을 1계열로 분류하였고 이본 계열 중에서 최고본으로 파악하였다. 이 논의에서 1계열 이본으로 10개의 필사본을 제시하였다.

이들 논의에서 제시한 초기 국문 필사본 〈장화홍련전〉은 '배좌수의 재혼', '계모의 모해', '장화와 홍련의 억울한 죽음', '신관의 부임' '신관에게 억울함을 호소하는 장화와 홍련', '계모와 아들 처형'으로 구성되

04 〈장화홍련전〉의 이본 연구는 전성탁(1970, 1975, 1976), 정연호(1992), 이기대(1998), 서혜은(2007) 등이 있다. 이기대(1998)와 서혜은(2007)은 지금까지 발견된 이본의 계통을 정연하게 정리한 대표적 연구 성과이다.

05 서혜은(2007: 393)에 따르면 1계열의 결말은 장화와 홍련의 억울한 죽음이 알려지고 계모가 처형되면서 끝이 나는데 2계열의 결말은 1계열의 결말 뒤에 염라왕의 명령으로 계모 허씨가 온갖 지옥을 돌면서 고난을 겪는 내용을 끝이 난다. 그런데 3계열과 4계열은 죽은 장화와 홍련의 회생과 환생이 이루어지는 장면이 추가되어 있다.

어 있다. 후대본일수록 앞부분에 전처에 대한 이야기가 첨가되거나 결말에 새로운 내용이 첨가되는 일이 존재하는데 20세기 초 구활자본에는 장화와 홍련의 회생과 환생이 일어나는 결말도 나타난다. 이러한 내용 전개 양상 측면에서 볼 때, 계명대본 「빅장화홍연젼」의 내용 구성은 이기대(1998)의 신암본, 서혜은(2007)의 1계열의 국문 필사본과 일치한다. 이 필사본도 전처가 등장하지 않고 후처가 전실 자식을 구박하는 장면이 바로 나타나며 재생하지 않는 내용으로만 이루어져 있어 〈장화홍련전〉의 선대본 내용 구성과 일치한다.

한편, 서혜은(2007)에서 〈장화홍련전〉의 이본 계열 중 최고본으로 분류한 박순호 소장본 「빅장화홍연젼」이 계명대본 「빅장화홍연젼」과 동일한 내용 구성을 취하고 있어 주목된다.[06] 이본마다 변개된 부분이 있는데 그러한 내용까지도 동일한 양상을 띠고 있으며 두 이본의 작품명에 성씨가 포함된 '빅장화홍연젼'으로 기록된 점과 문두 "옛시절 절나도 철산골에 사난 빅좌슈라"가 동일한 점, 그리고 문장 표현과 배열이 대부분 일치하고 특정 환경에서의 표기가 동일하게 나타나는 점을 볼 때 저본이 동일하거나 어느 한 책을 저본으로 하여 베껴 쓴 것으로 보인다.[07] 두 이본의 비교는 언어적 특징에서 추가적으로 검토하게 될 것이다.

요컨대, 계명대본 「빅장화홍연젼」의 내용 구성이 〈장화홍련전〉 국문 필사본 이본 중 초기의 필사본과 일치하며 이 이본의 내용이나 형식과 가장 가까워 보이는 박순호 소장본 「빅장화홍연젼」과의 관계, 그리

06 계명대학교 동산도서관 소장본은 필체가 아주 수려하고 필사 체제가 매우 고르며 정연하지만 박순호 소장본은 필체나 체제가 졸하고 난잡하다. 행렬이 들쑥날쑥하고 정교하지 못하다.

07 정연호(1992: 12)에 따르면 허구란 '이야기의 조작적 재배열'을 필수요소로 하기 때문에 이야기가 어떻게 전개되느냐 하는 구성에 대한 연구는 서사체의 본질을 밝히는 주요한 방법이 된다는 점에서 두 이본의 표제와 문두의 일치, 문장 배열의 일치와 특정 환경에서의 동일한 표기 등은 두 이본이 긴밀히 관련된 것임을 말해준다.

고 〈장화홍련전〉 초기 필사본의 필사 시기가 19세기 중반 이후일 것이라는 선행 연구(이기대 1998: 20-23)를 고려할 때 계명대본의 필사기에 적힌 '甲寅'이 '1854년'이 될 가능성이 매우 높다. 그렇다면 이 필사본에 실린 고소설 「비장화홍연젼」, 「이희용젼」, 「갑진녹」은 매우 이른 시기의 이본이 되기 때문에 그만큼 본고에서 검토하고 있는 필사본은 고소설 연구나 19세기 언어 연구의 활용 가치는 높아질 수밖에 없다. 한편, 이 책에 실린 「화젼가」가 실려 있는 사실도 특기할 만하다. 고소설 3종만 실려 있지 않고 규방가사가 함께 실린 것을 보면 이 책은 영남지역의 양반 여성이 향유하기 위해 필사된 것으로 추정된다. 이는 앞서 언급한 "冊主尹生員安東宅" 기록도 그 사실을 뒷받침한다. 그렇다면 이 책은 향유층이 양반 남성에서 양반 여성층으로 확장되는 과정을 보여주는 자료적 가치도 고려해볼 만하다.[08]

2) 언어적 특징과 이본 비교

이 절에서는 계명대본 필사본 고소설의 언어 특징을 살펴보기로 하겠다. 그런데 앞서 언급한 바와 같이 박순호본 「비장화홍연전」 내용 체제는 물론 전개 문장의 배열이나 변개 부분에서 상당한 일치를 보여 필요한 경우에는 두 이본을 비교하면서 살펴보기로 하겠다.

국어사 연구에서 표기는 간행 혹은 필사 시기를 판단할 수 있는 근거가 될 수 있다는 점에서 주목된다. 19세기~20세기 초의 경우 다양한 표기 양식이 나타나기는 하지만 언해문이거나 양반층의 향유 자료일수

08 서혜은(2007: 395)에서 1계열이 초기 이본으로 상층 귀족 남성들이 선호한 것으로 설명한 바 있다.

록 표기가 정연하고 보수적 표기 양상을 보인다. 이 점을 고려할 때 계명대본의 경우 'ᄒᆞ-'의 표기가 일관성 있게 표기되거나 '져', '슈'의 옛 표기 방식이 유지되는 점은 특기할 만하다.

(1) 가. 비좌슈라 ᄒᆞ난〈계명대본:1a〉, 곗틔 안ᄌᆞ 다정이 말ᄒᆞ여〈계명대본:1b〉
나. 비장화홍연젼이라〈계명대본:1a〉, 젼실 자식을〈계명대본:1a〉. 무슈훈이〈계명대본:1a〉

(2) 가. 비좌수라 하난〈박순호본:1a〉, 겻틔 안자 다정이 말하여〈박순호본:3a〉
나. 비장화홍연전이라〈박순호본:1a〉, 전실 자식을〈박순호본:1a〉, 무수훈이〈박순호본:2a〉

(1)에서처럼 계명대본은 'ᄒᆞ-'의 경우에 옛 표기 형식을 따르는 경향이 강하다. 'ㆍ'가 'ㅏ'로 표기된 경우는 극히 드물고 오히려 (1 가)의 '안ᄌᆞ'처럼 'ㅏ'가 'ㆍ'로 표기되는 일이 많다. 또한 (1 나)처럼 '져', '슈' 등과 같이 이중 모음으로 표기되는 일도 많다. 그런데 이와 대조적으로 박순호본의 경우는 (2)와 같이 'ㆍ'가 'ㅏ'로 표기되는 일이 많고 '저, 수' 단모음 표기 빈도가 매우 높다. 두 이본은 문장의 형식이나 배열이 대부분 일치하는 데에 비해 위 (1)과 (2)처럼 'ㆍ' 표기나 '져, 슈'의 표기가 다른 양상을 띠는데 이 표기만 놓고 볼 때 계명대본이 더 보수적이고 전통적인 경향을 지니고 있다 하겠다.

이와 함께 [ㄲ], [ㄸ], [ㅃ]의 된소리 표기가 'ㅺ', 'ㅼ', 'ㅽ'으로 나타나는 것도 지적해 둔다.

(3) 가. ᄭᅮ짓던야〈계명대본:1b〉, ᄶᅵ우며〈계명대본:2b〉, ᄶᅵ무러〈계

명대본:5a〉
다. ᄯᅥ나〈계명대본:3a〉, ᄯᅩ〈계명대본:5a〉, ᄯᅡᆷ이〈계명대본:5b〉, ᄯᅡᆼ에〈계명대본:6b〉
라. ᄲᅮᆫ〈계명대본:3b〉, ᄲᅡᆯ이〈계명대본:4a〉, ᄲᅡ저〈계명대본:5b〉

근대 국어에 들어서면서 된소리의 경우 'ㅅ'계 합용병서와 'ㅂ'계 합용병서, 혹은 각자병서로 표기되는 혼기 양상을 보이는데 이 필사본의 경우 된소리 표기는 다른 표기 방식은 찾아보기 어렵고 위 (3)처럼 'ㅅ'계 합용병서로만 나타난다. 된소리 표기의 경우 상당히 정제된, 혹은 경직된 표기 일관성을 보이는 특징이 두드러진다.

분철, 연철, 중철 표기는 두 이본에서 모두 나타나는데 대체로 곡용에서는 분철 표기 경향을 보인다. 그런데 아래 (4 가)에서와 같이 계명대본의 경우 'ㄹ' 종성 체언에 조사 '-이'가 통합할 때는 중철 표기로 나타나는 빈도가 매우 높다.

(4) 가. 세월리〈계명대본:1a〉, 눈물리〈계명대본:1b〉, 일리〈계명대본:2a〉
나. 세워리〈박순호본:1a〉, 눈물이〈박순호본:2a〉, 일이〈박순호본:4a〉

위 (4 가)에서와 같이 'ㄹ' 종성 체언 뒤에 조사 '-이'가 통합할 때 대체적으로 중철 표기로 필사되었다. 그런데 흥미로운 것은 (4 가)에 대응되는 (4 나)의 박순호본에서는 연철이나 분철로 표기된 점이다. 중철 표기가 연철 표기에서 분철 표기로 가는 과도기적 단계를 보여주는 현상으로 알려져 있는 사실을 고려할 때(민현식 2008:36) 계명대본이 이러한 과도기적 단계의 한 면모를 담고 있는 것이 아닌가 하는 추정도 가능하게 하는 부분이다.

한편, 형태적 특징으로 주목되는 것은 목적격 조사 '-을'의 단일화와 속격의 '-으' 형태이다.

(5) 가. 후처을 ᄯᅮ지저〈계명대본:1b〉
 나. 쐬을 ᄂᆡ여〈계명대본:1b〉
 다. 좌슈 장화을 불너〈계명대본:3a〉
 라. 너을 보련이와〈계명대본:3a〉

(6) 가. 저으 방에 드러간즉〈계명대본:1a〉
 나. 무지ᄒᆞᆫ 상인으 집이라도〈계명대본:2a〉
 다. 외삼촌으 집에 ᄒᆞᆫ 달만 잇다가 오라〈계명대본:3a〉
 라. 동싱으 힝실리 글너〈계명대본:4a〉

위 (5)는 목적어에 조사 '-을'이 통합된 예인데 중세 국어 이후 'ㆍ'의 소실로 목적격 조사는 선행음이 자음일 때는 '-을'이, 모음일 때는 '-를'이 분포하였다. 그런데 이 필사본에서는 '-을'과 '-를'의 교체가 확인되지 않고 선행음에 상관없이 '-을'이 통합되었다. '-를'이 통합된 예는 찾아볼 수 없다. 한편 (6)은 관형격 조사 '-의'가 나타날 자리인데 '-으'가 통합된 예이다. 방언이 반영된 경우로 볼 수 있겠는데 이 경우에는 "사람의 얼골리"〈계명대본:9b〉와 "너에 경상을"〈계명대본:1a〉처럼 '-의'와 '-에'도 확인된다.

이 외에 특기할 만한 것은 박순호본에 종결 표현 '-압'이 쓰인 예가 확인되는 점이다.

(7) 가. 명명하신 하날님은 명빅히 살피시압〈박순호본:10a〉
 나. 명명ᄒᆞ신 ᄒᆞ날임은 명빅히 아르소서〈계명대본:5a〉

위 (7 가, 나)는 '명명하신 하나님은 명백히 살피소서(아소서)' 정도로 해석된다. 장화가 죽기 직전에 피로 제문을 지어 자신의 억울한 사정을 살펴달라는 장면인데 (7 나)의 계명대본 종결 표현의 '-소서'와 달리 박순호본은 '-압'으로 필사되어 차이를 보인다. 종결의 '-압'이 언간 외의 자료에서는 대체로 19세기 말이나 20세기 초에 이르러서야 출현하는 양상을 보이기 때문에 박순호본의 '-압'이 주목된다.[09] 전통적으로는 위 (7)과 같이 상위의 청자에 대해서 기원이나 소망을 드러낼 때 '-소서'가 통합되었다. '-소서'가 쓰여서 보수적이라고 단정하기는 어렵겠지만 후기 근대 국어 시기 구어체 자료에서 등장하기 시작한 '-압'(-읍)이 두 이본에서 '-소서'와 대비되어 나타난다는 것은 두 이본의 언어 의식 차이를 엿볼 수 있는 예로 들 수 있다.

두 이본의 차이 중에서 흥미로운 것은 아래도 마찬가지이다. 아래는 계명대본 연결 표현과 박순호본 종결 표현의 대응을 보이는 부분이다.

(8) 가. 차후에난 그리 마라 ᄒᆞ여던이〈계명대본:1b〉
나. 차후의난 그리 마라 하엿더라〈박순호본:2b〉

위 (8 가, 나)는 '차후에는 그리 마라 하였더니(하였더라)'로 해석되는데 계명대본은 접속문으로 필사되었고 박순호본은 종결문으로 필사되었다. 두 이본이 문장의 접속과 종결 부분에서 큰 차이는 없는데 한 두 예에서 위 (8)과 같은 차이를 보인다. 이러한 예들을 하나의 우연한 조각처럼 다룰 수도 있겠지만 위의 박순호본에 나타난 'ㆍ' 표기나 이중 모음 표기, 종결의 '-압' 등과 관련해 볼 때 위 (8)도 언어 변화의 선상에서 평가할 만하다. 접속으로 나열되는 전통 문체의 해체까지는 아니어도 그러

09 장요한(2002)에 따르면 19세기 {-습-}의 이형태로서 '-압-'은 '-읍-'보다 후대에 나타나는 형태이어서 종결의 '-압'도 후대의 표기 형태일 가능성이 높다.

한 조짐이 드러난 예로 해석된다.

지금까지 계명대본에 특기할 만한 언어적 특징을 살펴보았다. 근대 국어의 표기와 음운, 문법적 특징을 지니고 있지만 'ㆍ'가 일정한 환경에서 유지되는 것과 그 빈도가 높은 점, 그리고 '져, 쥬, 슈'와 같은 이중 모음 표기가 두드러진 점, 된소리 표기가 'ㅅ'계 합용병서로 일관되게 표기되는 점에서 보수적이고 전통적인 표기의 특징을 발견할 수 있다. 그런데 특정 환경에서만 음절말 'ㄹ'이 중철 표기를 보이는 양상, 목적격 조사 '-을'의 단일화, 관형격 조사 '-으', '-의', '-에' 쓰임 등은 근대 국어의 과도기적 언어 양상을 보여주는 언어적 특징으로 삼을 만하다. 이와 같이 한 작품 안에 이질적인 언어 양상이 드러난 경우는 언어의 과도기적 변화 시기에 두드러지는데 그 정도나 이질적인 경향이 어떠한가를 종합적으로 살펴본다면 그에 따라서도 간행 및 필사 시기를 가늠할 수 있다. 계명대본의 경우는 'ㆍ' 표기나 '져, 쥬, 슈'의 이중 모음, 'ㅅ'계 합용병서 등을 고려하면 더 보수적인 경향을 띤 고본일 가능성이 높다.

한편, 계명대본과 박순호본의 언어적 차이를 몇 가지 제시하였는데 이러한 언어적 특징과 함께 박순호본에 오기와 단어 누락이 나타난 점도 계명대본과의 관계 검토에서 주목된다.

(9) 가. 장화홍연이 우러는 얼골이 <u>완연ᄒᆞ다</u>〈계명대본:1b〉
가'.ᄌᆞᆼ화홍연니 우럿는 얼골이 <u>와연ᄒᆞ다</u>〈박순호본:2a〉
나. 나을 일시 업서도 삼츄<u>갓치</u> 여기던이〈계명대본:3b〉
나'.나을 일시 업서도 삼춘<u>악지</u> 여기던이〈박순호본:7b〉
다. 홍연이 제 형에 <u>오설 붓들고</u> 종시 놋치 안이ᄒᆞᆫ이〈계명대본:4a〉
다'.홍연이 제 형ᄋᆡ <u>붓들고</u> 종시 놋치 안이한이〈박순호본:8a〉

위 (9 가, 가′), (9 나, 나′), (9 다, 다′)에 나타난 계명대본과 박순호본의 차이를 비교해 보면, 박순호본에 (9 가′)의 '와연ᄒᆞ다'처럼 탈자가 있거나 (9 나′)처럼 오자가 있는 경우가 있고 심지어는 (9 다′)처럼 단어가 누락되어 비문이 되는 경우도 확인된다.

그런데 계명대본의 오기가 박순호본에서 보정된 흔적도 있다.

(10) 가. 날리 저물고 환혼이 되어난지라〈계명대본:3a〉
　　 나. 날이 저물고 황혼이 ᄃᆡ여난지라〈박순호본:5b〉

위 (10 가)의 '환혼'은 '황혼'의 오기인데 이 오기가 박순호본인 (10 나)에서는 '황혼'으로 필사되었다. 그런데 박순호본의 '황'자[ ]를 자세히 보면 '황'의 받침 'ㅇ'이 보정된 흔적이 확인된다. 즉 'ㄴ'으로 표기했다가 오기임을 확인하여 'ㅇ'이 되게 보정한 것이다. 위 (10)의 계명대본의 오기와 박순호본의 보정한 흔적이 우연한 일이 아니라면 두 이본의 선·후 관계를 짐작할 수 있는 단서가 된다.

또한, 두 이본을 비교할 때 문장 측면에서도 흥미로운 현상이 관찰된다. 아래는 두 이본의 문장 배열의 차이라면 차이인데 문장이 생략된 것으로 이해되는 경우이다.

(11) 가. 오늘밤에 잠을 드지 말고 보리라 ᄒᆞ고 읍즁에 군정을 모아 사방을 지키라 ᄒᆞ고 혼자 단정이 안ᄌᆞ 등촉을 발키고〈계명대본:8a〉
　　 가′. 오늘밤의 잠을 드지 말고 보리라 하고 혼자 단정이 안자 등촉을 발키고〈박순호본:17a〉
　　 나. 젼실 자식이 두리 쥭어 업삽난이다〈계명대본:9a〉
　　 나′. 전실 자식이 두리 쥭어나이다〈박순호본:19a〉

계명대본 (11 가)의 "읍즁에 군정을 모아 사방을 지키라 ᄒᆞ고 혼자 단정이 안ᄌᆞ 등촉을 발키고"의 내용이 박순호본에는 필사되지 않았다. 그런데 이 문장이 필사되지 않은 박순호본의 (11 가′)도 문장 성립이나 이야기 전개에 전혀 문제가 되지 않는다. (11 나, 나′)도 흥미로운데 (11 나)의 "쥭어 업삽난이다"(죽어 없어졌습니다.)가 (11 나′)에서는 "쥭어나 이다"(죽었습니다.)만 필사되어 있다. 물론 이 경우에도 문장 성립에 전혀 문제가 되지 않는다. (11)과 같은 경우는 이본의 변모로 이해하기는 어렵고, 글을 윤색하는 과정에서 드러나거나 퇴고하는 과정에서 발견할 수 있는 현상으로 이해된다.

(11)과 같이 해석되는 경우는 단어나 단문이 아닌 긴 문장에서도 확인된다. 아래 예도 살펴보자.

(12) 가. 비몽간에 장화을 ᄯᆞᆯ라 가다가 아모 고지 쥴 모르고 가다가 거리에서 형임을 일코 간 고절 모르고 ᄃᆡ성통곡 우느란이 장화 곗틔 안ᄌᆞᄶᅡ가 그 우름 소릐을 듯고 홍연을 헌드러 ᄭᆡ우며 무슴 일노 우난야 홍연이 잠을 놀ᄂᆡ ᄭᆡ여 눈물을 흘이며 이르ᄃᆡ 형임야 우리 두리 정처업시 가ᄉᆞ이다 ᄒᆞ거날 장화 잠관 몽ᄉᆞ을 무른이 홍연이 〃르ᄃᆡ〈계명대본:2b〉

나. 비몽간의 ᄌᆞᆼ화을 ᄊᆞ라 가다가 아모 고진 쥴 모르고 가다가 형임을 일고 간 고절 모르고 ᄃᆡ성통곡 우르난이 장화 잠간 몽ᄉᆞ을 무른이 그 우름을 긋치고 몽상을 이르ᄃᆡ〈박순호본:5a〉

위 (12)의 경우도 계명대본에 필사된 문장이 박순호본에는 없는 경우이다. 그런데 (12 가)의 밑줄친 내용이 "홍연이 〃르ᄃᆡ" 뒤에서 다시 반복된다는 점에서 (11)과 같이 해석될 수 있다. 즉, 동일한 내용이 "홍연이 〃르ᄃᆡ"를 기준으로 앞뒤 반복으로 나타나 있기 때문에 사건 전개를 고려할 때 앞의 밑줄 친 문장을 생략하고 뒤의 내용을 남겨 이야기 구성을 자연스럽게 윤색한 것으로 이해된다.

위에서 검토한 계명대본과 박순호본의 표기 차이와 문법의 변개, 그리고 오기와 단어 누락, 보정 흔적과 문장의 필사 차이 등을 살펴볼 때 계명대본이 박순호본보다 보수적인 경향을 띠고 있으며 더 원형적이라 할 만하다. 추정컨대 계명대본을 저본으로 하여 박순호본의 필사가 이루어진 것으로 보인다. 무엇보다 단어나 문장의 필사 차이는 단순한 변개가 아니고 원본의 내용을 다듬은 양상을 강하게 지니고 있기 때문에 박순호본이 계명대본을 저본으로 하여 필사된 것으로 추정된다.

3) 각 작품 내용의 구성

이 책에 실린 4개의 작품별로 작품의 내용과 구성적 특징에 대해서 간략히 살펴보기로 하겠다.

가. 「비장화홍연젼」

계명대학교 동산도서관 소장본 「비장화홍연젼」은 필사기가 있어 〈장화홍련전〉 이본 계통 연구의 활용 가치가 매우 크다. 이 작품은 초기 국문 필사본 내용을 담고 있으며 그 내용이 한문본이나 초기 이본 계통과 유사한 측면이 있어 초기 이본 연구와 그 계열의 파생 연구에 활용될 수 있다. 앞부분의 내용을 중심으로 구체적인 면면을 살펴보면, 우선 작품명에 성씨를 넣어 '비장화홍연젼이라'라고 필사한 점이 특징적이다. 다른 판본의 경우 성씨를 넣어 작품명을 표기한 일은 드물기 때문이다. 또한 서두 부분은 "옛시절 절나도 철산골에 사난 비좌슈라"로 시작되는데, 여기에서 지리적 배경을, 초기 한문본이나 다른 이본과 달리, '전라도 철

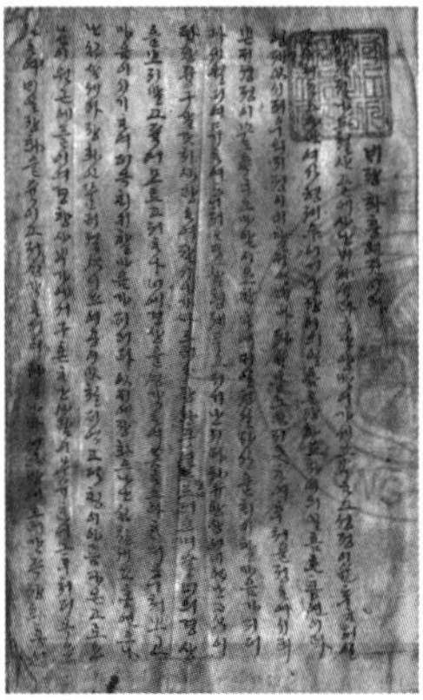

산골'로 선정한 것이 특징적이다. 지리적 배경이 이본에 따라 다소 변경되는 일이 존재하는데 '전라도 철산골'로 필사된 것은 이례적이기 때문이다. 한편 초기 한문본에는 시기적 배경이 구체적인 경우가 있는데 이처럼 '옛시절'로 필사된 것은 민담적 성격을 느끼게 하는 부분으로 보인다.

한편, 장화홍련의 탄생과 실모에 관한 부분이 아주 간략한 것도 특징적이다. "후처 일즉 상처ᄒᆞ고 다만 여식 형졔 두어거날 장여의 일홈은......우ᄋᆡ 지정이 비할 ᄃᆡ 업더라"로 아주 간략히 언급한 것은 초기 한문본에 아주 가까운 기술 내용이다(이기대 1998:19-21). 또한 배좌수의 전처나 후처의 성씨도 없이 단순히 전처, 후처로 기술하는 것도 한문본과 유사하다. 본문과 결말은 후처가 전실 자식인 장화와 홍련을 구박하는 장면, 후처의 구박에 장화와 홍련이 탄식하는 장면, 후처의 간계와 장화의 죽음, 후처 아들의 난데없이 나타난 범에 물리고 뜯겨 죽을 정도의 상처를 입는 장면, 언니 장화의 죽음에 대한 홍련의 탄식과 죽음, 폐읍된 철산골의 신관 부임, 새로 부임한 철산골의 원에게 장화와 홍련의 원사를 호소하는 장면, 계모의 간계가 드러나 계모와 아들, 좌수를 징치하는 장면, 장화와 홍련의 시체를 건져 안장하고 배좌수의 재산을 빼앗아 산지기에게 제사하도록 하는 장면으로 전개된다. 후대 이본과 같이 재생하는 장면은 존재하지 않고 "쳔만세라도 잇지 말고 졔ᄉᆞ 극진이 지ᄂᆡ게 ᄒᆞ라 ᄒᆞ더라"로 끝을 맺는다. 내용적으로는 한문본인 박인수본(1818)에 가깝고(이기대 1998:19-21), 국문 필사본으로는 매우 이른 시기의 이본으로서 국문 필사본 이본 계통 연구에 새로운 단초를 마련할 수 있어 내용을 면밀히 살펴보고 그 가치를 새롭게 조명할 필요가 있을 것이다.

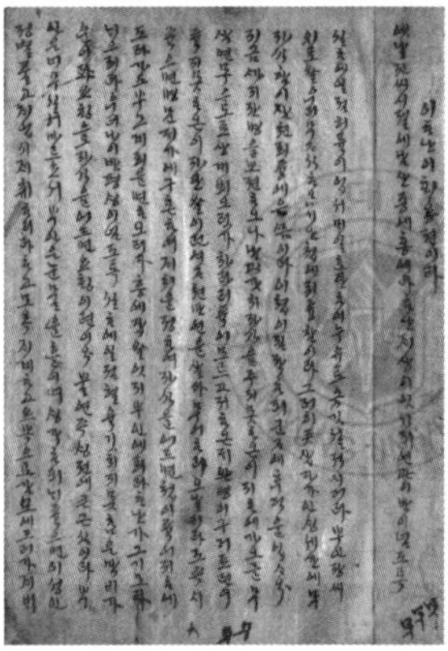

나.「이ᄒᆡ용젼」

계명대본 「이ᄒᆡ용젼」은 아직 고소설 연구에서 소개되지 않은 이본이라는 점에서 희귀본이라 하겠다.[11] 김대숙(1987)에서 소개된 〈이해룡전〉의 필사본 4종에 비해, 계명대본 「이ᄒᆡ용젼」은 서두에서 결말까지 내용이 온전히 보전되어 있고 필사체도 수려하며 필사기가 존재하여 그 문헌적 가치는 매우 높다 하겠다. 이 글의 주제는 마지막 부분에 있는 "이ᄒᆡ용으 젼후ᄉᆞ을 잠관 드른이 아람답고 기특ᄒᆞ다 부모으게 츌쳔지효되고 국가에 쥬석지신이 되예 부귀영화ᄒᆞᆫ이 이난 엇지 ᄒᆞ날리 복을 쥬고 귀신이 도으미 안이리요 후세 인민이 발쳔ᄒᆞ여 이러ᄒᆞᆫ 츙호 쏜바드면 그기 다 불호을 면할가 발ᄅᆡ압나이다"처럼 지극 정성으로 부모를 섬기는 효자 효부와 충신이 훗날 복을 누린다는 이야기로 권효勸孝의 주제를 담고 있다. 구체적인 체제를 살펴보면, 문두 부분은 "옛날 진씨 시절에 남산동에 홍예라 ᄒᆞ난 ᄌᆡ상이 잇시되"로 시작된다. 시기를 '옛날 진씨 시절'로 제시하여 시기가 구체적이면서도 민담적 성격을 지닌 의미를 담고 있는 것이 특징적이다. 장소와 인물 제시 방법은 앞의 「비장화홍연젼」과 매우 유사하다. 본문은 "연관이 반이 넘도록 실ᄒᆞ에 일절 허륙이 업서 미일 ᄒᆞᆫᄐᆞᆫᄒᆞ여 누슈로 옷깃설 적시더라"로 시작되면서 무자식으로 인한 부인 장씨의 한탄으로 이어진다. 부인 장씨가 자결하기 직전 태몽을 꾸는 장면, 이

10 김대숙(1987)에서 〈이해룡전〉의 이본을 망라하여 다룬 바 있으나 계명대본 국문 필사본은 언급된 바 없다. 필사본으로는 김동욱 교수 소장본 3종과 고대 도서관 소장본이 있음을 소개하였다. 여기에서 소개된 4종 중에서 결말까지 완전하게 보전되어 있는 이본은 김동욱 교수 소장본만 존재하는 것으로 기술되었다.

해용의 탄생과 작명하는 장면, 과거 시험에 장원하였으나 아버지 홍예가 병으로 죽는 장면, 조석상식 지절과 진혼곡을 정성으로 지내는 장면, 이해용의 혼인 장면, 병을 얻은 모친 봉양을 위해 노비전답을 전매하여 가세 탕패하는 장면, 돌아가신 모친의 초상을 치를 형편이 안 되어 부부가 몸을 팔아 초상을 치르기로 하는 장면, 오홍 대감에게 몸을 파는 조건으로 돈 팔십 냥을 받고 이해용은 돌아가 성복을 지낸 후 대감의 분부를 기다려 돌아오기로 하고 부인 심씨는 대감 집에 남아 있기로 한 장면, 집에 돌아온 이해용이 모친의 초상을 치르고 대감의 분부를 기다리다가 모친의 시비를 만난 장면, 부부의 사연을 들은 노비가 한탄하며 부인 심씨를 찾아가 만나는 장면, 오홍 대감의 노구가 이해용과 심씨 부인의 사연을 오홍대감의 부인에게 말하는 장면, 오홍 대감 부부가 이해용과 심씨의 효성과 정성에 탄복하고 이해용이 자신의 죽마고우였던 이정회의 아들임을 알아차리는 장면, 오홍 대감이 심씨 부인을 후행하여 남산동 본가에 찾아가 심씨 부인을 자식으로 삼고 종신대사를 맡기겠다고 말하는 장면, 오홍대감이 왕에게 이해용의 부부 사연을 말하니 왕과 신하 모두 찬탄하며 은자 천여 냥을 부조하고 부부의 효행을 반포하고 경문을 지어 팔도 인민을 알게 하는 장면, 삼년지모 후에 오홍 대감댁에 들어가 자식의 예로써 정성으로 봉양하고 가사를 다스리는 장면, 임금이 이해용을 입신하라 하여 임금을 극진히 섬기며 부귀영화를 누리는 장면 순서로 이루어져 있다. 김대숙(1987: 97)에서는 이 작품이 효행담을 넘어 몰락양반의 모습을 적나라하게 묘사함으로써 변화하는 세태를 실감 나게 보여주고 있다고 평가하였다.

다. 「갑진녹」

계명대학교 동산도서관 소장본 「갑진녹」은 사명당을 주인공으로 하는 영웅 소설로 임진년 후 3년 뒤 갑진년에 사명당이 일본에 들어가

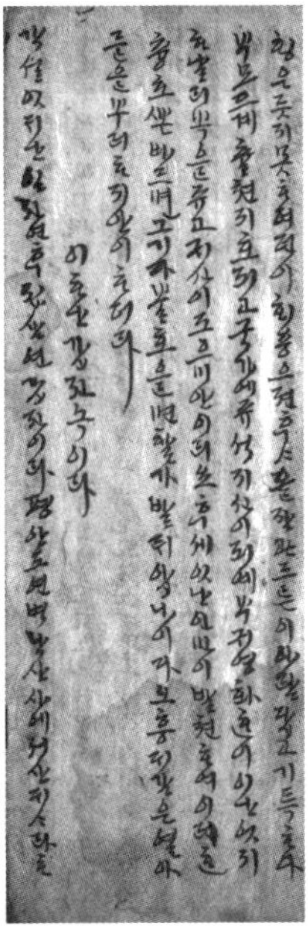

신통력으로 왜왕의 모책을 모두 물리치고 항복을 받아 돌아오는 이야기이다. 사명당의 전기를 그린 『사명당전四溟堂傳』과는 시대적 배경이나 이야기 구성에서 다소 차이가 있으나 내용 면에서는 『사명당전四溟堂傳』의 파생된 이본으로 보인다. 「갑진녹」과 동일 계통으로 보이는 〈갑진록〉 이본이 국립한글박물관(e뮤지엄)에 소장되어 있으나 필사체나 체제 면에서 계명대학교 동산도서관 소장본이 선본으로 보인다. 국립한글박물관 소장본 권수에 '기미십일월칠이릴등서하고'가 적혀 있고 권말에 '기미십이월초칠일의등셔종필이라'가 적혀 있어 필사 시기를 알 수 있는데, 이때 '기미'는 1859년이나 1919년이 되므로 계명대본보다는 후대 필사한 것이다. 구체적인 내용 구성을 살펴보면, 임진년 후 삼 년 갑진년에 서산대사가 천문을 보고 일본 왜적이 임진년의 원수를 갚고자 다시 조선을 침노할 것으로 생각하여 탑전에 나아가는 장면으로 시작된다. 서산대사가 일본의 침노를 방비할 모책으로 학식과 신통력이 있는 사명당을 일본에 보내도록 추천하는 장면, 사명당이 동래에 삼 일을 머무는 동안 동래부사가 문벌만 자랑하고 국사를 지만히 여겨 이를 선참후계한 것을 장문하는 장면, 일본에 도착하여 일본의 왕에게 선문한 이후 일본의 모략을 불력으로 겨루는 장면, 사명당이 일본 왕의 항서와 인피 3백 장을 받아내는 장면, 일본 왕에게 받은 항서와 은금 보화와 각색 재물, 인피 3백 장과 놋쇠 삼만 근, 무쇠 삼만 근을 조선의 임금께 바친다는 장문의 내용을 임금에게 보이는 장면, 임금이 서산대사와 사명당에게 관직을 내렸으나 사명당이 거절하고 경상도 미랑포 중사에 돌아온 장면으로 구성되어 있다.

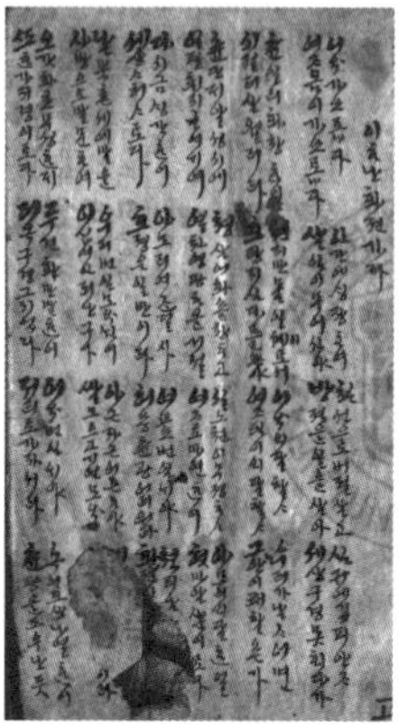

라. 「화젼가」

이 책의 마지막 부분에 「화젼가」가 실려 있다. 주지하는 바와 같이 영남 지방의 양반가 여성이 창작하여 향유하였던 규방 가사 중 '화전가'는 봄철을 맞아 부녀자들이 산이나 명승지를 찾아 준비해온 음식과 화전을 만들어 먹으며 불렀거나 지은 가사를 말한다. '화전가' 이본은 매우 다양하며 다수가 존재하나[12] 이 「화젼가」는 현재까지는 알려지지 않은 이본이다. 3·4, 4·4조 기조를 이루며 '-로다', '-ᄅᄉᆞ', '-어라', '-구나', '-ᄅᄂᆡ라' 등의 감탄형과 '-를손야', '-ᄅ손가', '-ᄂ고'와 같은 수사의문형이 주로 나타난다. 「화젼가」의 내용 구성은 다음과 같다. "어와 가소롭다 여ᄌᆞ 몸이 가소롭다"처럼 이 화전가는 여자의 몸으로 태어난 신세를 한탄하며 시작된다. 화창한 춘삼월을 맞이하는 감회와 화전놀이의 당위성("인간에 ᄉᆡᆼ장ᄒᆞ여 살임이 무어신야 쳔지만물일쳬로서 호탕지심 다를손야 ...... 아모리 여ᄌᆞ덜사 호졍은 일반이라"), 그리고 화전놀이의 준비 과정("우리 번임 모와넌이 이십 여인 되난구나 ...... 아근자근 의논ᄒᆞ야 쌀 모으고 기럴 모와 어와 번임ᄂᆡ야 저리로 가자서라")과 팔도의 명승강산("팔도에 명승강산 안ᄒᆞ에 버러 잇다 ...... 세상 풍유 우리로다 이런 명산 올나 안ᄌᆞ 집안 걱정 ᄂᆡ 몰ᄂᆡ라")과 화전놀이("ᄃᆡ강만 일너두고 화젼이나 ᄒᆞ여보ᄉᆡ")를 즐기는 모습, 회정하여 귀가하며("이졔난 회정ᄒᆞ여 각귀 기가ᄒᆞ여 보ᄂᆡ") 내년 삼월을 기약하는("연연 삼월 잇ᄃᆡ 만ᄂᆡ 한번식 이리 노ᄉᆡ") 내용으로 이루어져 있다.

---

11 한국학중앙연구원의 한국학진흥사업의 결과로 경상북도 내방가사 DB 구축 웹사이트가 공개되어 있다(http://waks.aks.ac.kr/rsh/?rshID=AKS-2011-EBZ-2104).

3. 고소설에 드러난 언어 의식의 양상

19세기 초·중엽의 고소설은 전통적인 문체를 고수하는 보수적 양상을 띠지만 이후 고소설 이본은 표기나 문법, 문체에서 다양한 언어 형식이 나타난다. 보수적 언어 양식은 물론 당시 언어 현실이 반영된 문법 형태나 구어체 문체 등이 섞여 나타나기 시작하였다. 그런데 그동안 고소설은 작자나 연대 미상이 많고 보수적 양상을 띠고 있어 국어사 연구에서 큰 관심을 받지 못했다. 그러나 고소설은 향유 주체가 양반에서 양반의 부녀자, 그리고 서민 계층으로 확산되면서 당시의 변화 의식이나 독자층의 성향이 언어 표현에 반영되었기 때문에 사회 변화 의식과 관련한 언어의 변모 양상 연구에 유용하다.[12 13]

1) 새로운 언어 의식의 양상

전통적 언어 의식의 변화로서 언문일치 의식은 언어의 근대성 측면에서 주목을 받아 왔다.[14] 보편 문자 중심의 언어관, 즉 중세 시대 유럽의 라틴문자 위상처럼 중화문명권에서의 한문은 진문眞文(혹은 雅文)의 위상을 가지고 있었고 훈민정음 창제 이후 한문과 한글은 雅·俗의 위계 관계를

12 홍윤표(1994: 74-76)에서는 왕실 문헌과 역서류 문헌 사이에 경어법의 사용 양상에 차이가 있다는 사실에 주목하여 문헌을 사회적 부류로 나누어 국어의 변화를 검토할 필요가 있음을 강조한 바 있다.

13 고소설의 이본을 통한 독자 의식 변화에 대한 연구로는 서인석(2000), 이지영(2003), 서혜은(2007) 등이 있다. 이본에 변이 양상과 독자의 상관 관계를 연구한 논문으로 이본에 드러난 독자 의식 반영에 참고된다.

14 이병기(2015), 이현희 외(2014), 장요한(2014), 장윤희(2015), 한영균(2017) 등 참고.

지니고 있었다. 그러나 전통의 해체와 새로운 근대 시대의 출현으로 자국어, 혹은 모국어 중심의 언어 시대가 도래되었는데 이때 근대화 과정에서 자국어 의식과 언문일치의 언어관이 확립된 것이다.

그런데 우리나라에서 언문일치 의식은 세종 시대로 소급될 수 있다.[15] 언문불일치로 인한 문제 의식이 훈민정음 창제로 이어진 것이다. 한문은 소통 문제뿐 아니라 자신의 감정을 온전히 드러내는 데에도 어려움이 있었으므로 세종은 새로운 문자를 고안하였다. 한편 영조 때 한문 윤음과 함께 한글 윤음을 배포한 것도 결국 이 소통의 문제에서 비롯된 것이다. 그런데 이러한 소통의 불편함과 감정이나 생각을 표현하는 어려움은 문학의 특성상 더 절실하게 느껴질 것이어서 조선 후기 한글 전용 표현이 고소설에서 본격화된 것도 이와 무관하지 않을 것이다.[16] 물론 초기

15 우리나라에서 자국어 의식과 언문일치 의식은 세종 시기의 언어관으로 소급될 수 있기 때문에 통시적으로 언문일치의 단계 혹은 그 과정을 면밀히 검토할 필요가 있다(백두현 2004, 이병기 2015, 장요한 2021). 근대화 표지로서의 언문일치 의식 연구도 매우 중요하겠지만 세종 이후 우리나라에서 언문일치의 변모가 어떠하였는지, 그리고 근대화와 함께 어떻게 발달하였는지를 살펴보는 것도 매우 중요하리라 생각된다.

16 18세기 실학이라는 새로운 사상과 함께 식자 계층의 언어관도 변화하기 시작했던 것으로 보인다. 박지원의 『열하일기』와 「정조실록」에서 그러한 내용을 찾아볼 수 있다. 박지원의 『열하일기』 "中國直以文字爲言"(중국은 글이 바로 말이 되므로), "爲之强作詩文則已失故情 言與文判爲二物故也"(강제로 시문을 짓게 하면 자연스러운 감정을 잃어버리는데 이는 글과 말이 둘로 나누어져 있기 때문이다.) 등에서 보면 글과 말이 나뉘는 문제를 의식한 사실을 알 수 있다. 박지원의 언어관에 대해서는 면밀히 검토해야 하겠지만 이를 통해 볼 때 근대 국어 시기 과정에서도 이 언문일치에 대한 식자층의 문제 의식이 있었던 것은 알 수 있다. 한편, 이 시기 정조의 문체반정(文體反正)과 관련된 『조선왕조실록』의 내용 중에는 언문일치의 문제도 언급되는 부분이 있는 점도 주목된다.

> "근래 문체(文體)가 날로 더욱 난잡해지고 또 소설을 탐독하는 폐단이 있으니, 이 점이 바로 서학에 빠져드는 원인이다. 우리나라의 문장은 나라를 세운 이후로 모두 육경(六經)과 사자(四子)에 오랫동안 노력을 쌓은 속에서 나왔으므로, 비록 길을 달리한 때가 있었지만 요컨대 모두 경학(經學) 문장의 선비들이었다. 그런데 근일에는 경학이 쓸은 듯이 없어져서 선비라는 자들이 장구(章句)에 좋은 글귀를 따다가 과거 볼 계획이나 하는 데 지나지 않고, 그렇지 않으면 또 이러한 이학(異學)의 사설(邪說)에 빠지고 있으니 어찌 크게 탄식할

한글 고소설은 문자적으로만 한글 전용이지 그 표현의 특성은 한문체를 고수하거나 보수적 표기를 선호하는 양상을 보인다. 하지만 방각본의 발간으로 고소설의 유통이 본격화되면서 소설의 변모는 다방면으로 이루어진다. 이 과정에서 언문일치 의식도 문장 표현에 반영되었을 것으로 추정된다.

언문일치 현상 외에도, 활자본 고소설을 대상으로 연구한 김건희(2007)에서는 '것'의 현대적 분철 표기화, 조사의 생략, 구개음화의 정착, 직역 언해체와 현대적 고유어 혼재, 통사적 사동의 확장 등을 근대 국어에서 현대 국어로 넘어가는 과도기적 현상으로 제시한 바 있다. 이민우 외(2016)에서는 20세기 초 활자본 고소설이 발행된 1910~1930년대는 사회적 측면에서 근대적 의식이 확립되는 시기이므로 활자본 고소설이 이러한 의식 변화의 단초나 징후가 될 수 있다고 언급한 바 있다(이민우 외 2016: 59). 그러면서 언어적 근대성을 보여주는 현상으로 '분철 양상과 한글 전용 표기', '근대적 어휘 사용', '문장 길이의 축소와 접속어 사용', '종결어미 '-다'형의 확대', '시제 선어말어미 확립' 등을 그 양상으로 설명하였다.

만한 일이 아닌가. 경들은 영상에게 왕복(往復)하여 모름지기 사기(士氣)를 배양(培養)해서 폐습을 변화시킬 방도를 생각하라. 그리고 이른바 서학에 대해서는 서울과 지방의 유사의 신하에게만 맡겨 잘 금지하도록 하라."(近來文體日益駁雜 且有貪看小說之弊 流入於西學者也 我朝文章 立國以來 皆眞積力久從六經 四子中來 雖有岐異之時 要之 是經學文章之士也 近日則經學掃地 而爲士者 不過尋摘章句 爲科宦之計 外此則又有此等異學邪說 豈非大可憂歎處乎卿等往復領相 須思培養變化之方 至於所謂西學 則只付京外有司之臣, 善爲禁戢也)〈정조실록 26권, 정조 12년 8월 3일〉

여기에서 보면 문체가 날로 난잡해지는 것을 소설을 탐독하는 것과 관련하여 설명하는데 문체가 날로 난잡한 것은 육경과 사자의 문체가 아닌 것을 말하는 것으로 보인다. 이와 같이 고전 경서의 문체를 따르지 않는 것에 대한 기사가 「정조실록」에 유독 많은데 이는 당시의 실학 사상과도 관련된 것으로 생각된다. 이와 관련해서는 추후 살펴보기로 하겠다.

그런데 김건희(2007), 이민우 외(2016)에서 언급된 언어 양상은 언어 변화의 내적 흐름 차원의 이해가 필요한 부분도 있다. 가령 계사 '-이라'가 '-이다'로 변화한다거나 시제 표현 '-리라'가 '-겠다'로 나타나고 '-더라'가 '-엇다'로 나타나는 일이 당시 자국어 의식이나 언문일치 의식에 따른 표지로 단정해서는 안 된다. 근대 이전 시기에 이미 '-이라'가 '-이다'로 바뀌는 변화가 일어났으며 '-겟-'과 '-엇-'은 시제 형태의 문법화로 형성된 것이므로 그 내적 변화 흐름에서 사용 양상을 검토해야 한다. 즉 새로운 형태가 주도적 사용된다고 해서 사회적 변화 의식이 두드러진다고 단정해서는 안 되고 이러한 새로운 형태가 어떤 측면에서 자국어 의식이나 언문일치 의식과 관련되는지도 함께 고려되어야 할 것이다.

그런 점에서 분철 표기의 확대나 종결어미 '-다'의 확대 등을 사회적 변화 의식이 반영된 언어 양상으로 단정하는 것도 주의해야 한다. 분철 표기가 근대의 분석적 의식이 언어 표현에 반영된 현상으로 언급되곤 하는데 분철 표기는 중세 국어에서도 출현하고 근대 국어에 와서는 확대되는 경향을 보인다. 문헌마다 차이를 보이기는 하지만 근대 국어 시기의 분철 경향이 대체로 개화기까지 이어지거나 확대되는 경향을 보이기 때문에 분철 표기가 근대성을 지니고 있다고 단정하기는 어렵다. 종결어미 '-다'의 확대에 대한 해석 또한 주의할 필요가 있다. '-다'의 확대는 '-이라'가 '-이다'로 변화한 현상과 관련된다. 그런데 이러한 변화가 개화기의 근대 의식에서 비롯되었다고 단정할 수 없는 것이 근대 국어 시기에 이미 이러한 변화가 일어났으며 이 변화로 20세기 초까지도 '-이라'와 '-이다'가 공존하고 있었기 때문이다. 물론 개화기 시기에 보수적 성격을 지닌 문헌이나 문어체 중심의 문헌보다 근대 신문이나 잡지, 신소설, 서양 번역물과 같은 문헌일수록 '-이다' 표현이 다수 출현하여 새로운 사회적 변화 의식이 반영된 언어 표현으로 추정할 수는 있겠지만 단순히 '-다'의 변화만으로 근대성이 드러난 표현으로 기술하기는 온당하지 않다.

새로운 형태가 전통적인 문체와 어떤 측면에서 다른지 그 이면에 있는 언어 의식은 어떠한지를 면밀히 검토하면서 어떤 점에서 언어 의식 변화를 보여주는지를 살펴봐야 할 것이다.

요컨대 홍종선(1996)에서 제시한 문장 단위 인식과 구어체 인식이 드러난 언어 표현이 사회적 변화에 따른 언어 의식 변화와 깊이 관련된 것으로 판단된다. 한문체의 영향을 받은 전통적인 문장 열거 표현은 말과 문자의 일치라기보다는 글을 엄중하게 다루고자 하는 전통적인 인식이 반영된 것이므로 이 전통 문체의 해체로서 단문과 글과 말의 일치로서 구어체 표현은 새로운 사회 변화 의식이 반영된 것으로 볼 수 있다. 무엇보다 구어체의 반영으로서 언문일치 양상은 전통적인 다이글로시아의 이중언어(문자) 체제의 해체와 자국어 중심의 언어 활동을 의미한다는 점에서 근대적 언어 의식이라 하겠다.

2) 고소설 3종이 지닌 언어 의식

그렇다면 본고에서 검토한 고소설 3종이 지닌 언어 의식은 어떠할까? 앞서 언급한 바와 같이 고소설은 전통적인 언어 표현을 유지하는 경향을 보이기 때문에 대체로 보수적 언어 의식을 지니고 있다고 할 수 있다. 하지만 새로운 변화 의식이라 할 수 있는 몇 가지 언어 표현도 확인된다. 이를 중심으로 살펴보기로 하면, 우선 「갑진녹」의 대화체 중심 표현이 특기할 만하다.

아래 (13 가)는 「이ᄒᆡ용젼」의 예이고 (13 나)는 「갑진녹」의 예이다.

(13) 가. 부인 장씨 위로 왈 "우리 무ᄌᆞ식 ᄒᆞ옵기난 쳡에 죄 즁함이라 그러히 듯삽다가 인싱세간에 무자식 함이 삼쳔 죄

즁에 웃뜸이라 이 쳡이 짐작ᄒᆞ되 군ᄌᆞ에 후덕을 입ᄉᆞ와 지금ᄭᆞ지 잔명을 보젼ᄒᆞ오나 남과 갓치 자식을 두지 못ᄒᆞ온이 지ᄒᆞ에 가오들 무삼 면목으로 조상계 뵈오릿가 차라리 쥭어 모르고저 ᄒᆞ온ᄃᆡ 완명이 구더 조련이 쥭지 못ᄒᆞ온이 자탄 왈 이런 여ᄌᆞ 쳔만연을 살라 무어ᄒᆞ리 오날리라도 즉시 쥭으면 명문ᄃᆡ가에 구혼ᄒᆞ여 ᄌᆡ쳐을 정ᄒᆞ여 자식을 어드면 쳡이 쥭어 지ᄒᆞ에 도라가도 부모계 죄을 면ᄒᆞ오리다" 홍예 답 왈〈이ᄒᆡ용전:1a〉

나. 즉시 복식을 갓초와 육훈장을 집고 경성에 올나가 좌부승을 보고 왈 ㉠"소승은 평안도 연벽낙산사에 잇삽던이 폐ᄒᆞ계뵈옴을 청ᄒᆞ난이다" 소승이 즉시 젼ᄒᆞ계 알외되 젼ᄒᆞ ㉡"드러오라" 하시거날 ᄃᆡᄉᆞ 탑젼에 드러간이 ㉢"너난 어ᄃᆡ 잇난 즁이야" ᄃᆡᄉᆞ 엿ᄌᆞ오ᄃᆡ ㉣"소승은 연벽낙산사에 사난 즁이옵던이 젼ᄒᆞ겨옵서 임진연 왜난을 만ᄂᆡ 극히 요란ᄒᆞ오나 소승은 불도에 잇삽기로 국가을 도우지 못ᄒᆞ여던이 죄ᄉᆞ무석이로소이다" 젼ᄒᆞ 갈라사ᄃᆡ ㉤"네가 즁으로서 국ᄉᆞ 근심ᄒᆞᆫ이 기특ᄒᆞ다 무ᄉᆞᆷ일을 위ᄒᆞ여 왓는야" ᄃᆡᄉᆞ쥬 왈 ㉥"쳔문을 보온이 일본왜적이 임진연 원슈을 갑고저 ᄒᆞ여 다시 조선을 침노코저 ᄒᆞᆫ이 이졔 김홍세감 홍연이 쥭어서난 죵묘사직이 위ᄐᆡᄒᆞ나 보존할 ᄌᆡ조 업사온이 미리 방비할 조ᄌᆡ을 ᄉᆡᆼ각ᄒᆞ옵고 당돌리 드러왓사오이다" 젼ᄒᆞ ᄃᆡ경ᄒᆞ여 문 왈 ㉦"무ᄉᆞᆷ 모칙이 잇난야" ᄃᆡᄉᆞ 엿자오ᄃᆡ ㉧"소승으 상졔 ᄉᆡ명당이라 ᄒᆞ난 즁이 팔만 ᄃᆡ장경을 아옵고 용슈 부리난 ᄌᆡ조 잇신이 그 즁을 불너 일본에 보ᄂᆡ오면 왜적을 방비ᄒᆞ고 도라오리이다" 젼ᄒᆞ ᄃᆡ경ᄒᆞ여 즉시 사명당을 밧드러 탑젼에 드러와 말을 드린이 ㉨"ᄃᆡᄉᆞ 충양 없난 ᄌᆡ조가 ᄌᆞ다ᄒᆞᆫ이 국가을 위ᄒᆞ여 일본왜적을 항복 바다 오라" ᄒᆞ신ᄃᆡ〈갑진녹:1a-b〉

위 (13 가)는 한 대화문이 매우 길게 나열되어 있고 "우리 무ᄌᆞ식 ᄒᆞ옵기난 첩에 죄 즁함이라"처럼(NP은 NP이라) 문장 형식이 우리 문장이라기보다는 한문체 형식에 가깝다. 그러나 (13 나)는 현대적 관점에서 전혀 어색하지 않을 정도로 대화체가 짧고 상호 교환적으로 이루어져 있다. 게다가 위 (13 나)의 밑줄 친 ㉠~㉩은 사건이 대화 중심으로 전개되는 특징을 보인다. 또한 대화체가 실제 대화 장면을 연상케 하는 구어체 중심으로 전개되어 있는 점도 특징적이다. 가령, "즁이야", "왓는야", "잇난야"처럼 대화체가 직접 인용 형식으로 이루어져 있어 실제 대화하는 장면을 연상케 한다.

그렇지만 여전히 세 작품 모두 전통적인 언어 형식을 유지하는 경향이 강하다. 그 예로 '-엇다' 종결형의 부재를 들 수 있다. 이미 여러 연구에서 검토한 바와 같이 과거 표현의 '-엇-'은 19세기에 들어서면서 문법화를 거쳐 형성되었다.[17] 문법화 형태는 언중의 구어 표현에서 변화가 시작되기 때문에 구어체 양상의 표지가 될 수 있는데 초기 고소설에서는 이러한 예를 찾아보기 어렵다. 전통적인 문체를 고수하는 의식에서 비롯된 것으로 생각해 볼 수 있다. 세 작품에서 과거 표현의 '-엇다' 형은 아래에서만 확인되고 대부분 과거 표현인 '-더라'가 유지된다.

(14) 가. 시모임 상사을 당ᄒᆞ여 십여일리 되도록 신체을 슈십지 못ᄒᆞ여 저에 부부 몸을 ᄃᆡ감 견에 팔라 어무 신체을 거두엇다 ᄒᆞ온이〈이히용젼:14b〉

나. 과거을 보일시 글제을 ᄂᆡ여시되 부부에 몸을 팔라 모친 신체을 거두엇다 ᄒᆞ리라 팔도 선비 글을 지여 밧친이〈이히용젼:17b〉

17 이현희(1994) 참고.

위 (14 가)는 이해용의 부인 심씨가 오홍 대감에게 그간의 사정을 설명하는 장면으로 '부부의 몸을 대감 전에 팔아 어머님의 신체를 거두었다 하니' 정도로 해석되는데 이때 과거 사건에 대해 종결형 '-엇다'의 사용을 확인할 수 있다. 작품의 분량을 고려할 때 과거 사태를 기술하는 자리에 '-엇다' 빈도가 매우 낮은 것은 고소설의 전통 표현 고수 의식을 단정적으로 보여주는 현상으로 이해된다.

선행 연구에서 근대성 표현으로 '-더라'가 논란이 되곤 하였는데 이 시기 '-더라'는 과거 시제 표현 '-엇-'의 형성으로 의미 기능 변화를 겪게 되는 현상과 관련된다. 개화기 시기에 들어서면서 과거 사태를 나타내던 '-더라'가 화자(혹은 서술자)의 지각이나 경험 내의 과거 사태와만 결합하는 기능, 즉 화자가 보거나 들은 사태에 제한적으로 결합하게 된 것이다. '-엇다'의 형성과 '-더라'의 기능 변화가 함께 공존하던 19세기 중엽 고소설은 '-엇다'보다는 과거 사태의 시제 표현으로 '-더라'를 선호하였다. 이러한 예는 곳곳에서 확인된다.

(15) 가. 경향 사부가에서 구혼ᄒᆞ난 사람이 무슈혼이 그 후처 더옥 임ᄒᆞ여 ᄆᆡ일 장화을 쥭이고저 ᄉᆡᆼ각ᄒᆞ더라〈비장화홍련젼:1a〉
나. 실ᄒᆞ에 일절 허륙이 업서 ᄆᆡ일 ᄒᆞᆫᄐᆞᆫᄒᆞ여 누슈로 옷깃설젹시더라〈이ᄒᆡ용젼:1a〉
다. 즉시 길을 ᄯᅥ나 일본을 향할ᄉᆡ 만경창파에 풍악으로 기리 둔갑을 부리더라〈갑진녹:2b〉

한편, 「갑진녹」에 [의지][추정]의 '-ᄀᆡᆺ-'이 확인되는데 이 형태가 19세기에 문법화하였다는 점에서 주목된다.

(16) 사명당이 항서을 밧지 안이ᄒᆞ고 너 나라 인ᄑᆡ 삼ᄇᆡᆨ장식 밧

치라 ᄒᆞᆫ이 왜왕이 고두 사례 왈 소인이 이졔 명을 밧치련이와 그난 못ᄒᆞ깃삼이다 사람 인피을 엇지 볏기며 빅성을 엇지 쥭이오릿가 일노 난처ᄒᆞ난이다〈갑진녹:5a〉

위 (16)은 매년 일본인 인피 삼백 장을 바치라는 사명당의 명에 일본의 왕이 그리 못하겠다고 말하는 장면이다. '소인이 이제 명을 받들겠지만 그것만은 못하겠습니다.' 정도로 해석된다. 이 경우에 보통은 '-리라' 내지 '-리이다'가 통합되었을 터이나 (16)에서만 문법화된 '-겟-'이 통합하였다. 문법화 형태들이 대체로 구어체에서 비롯되었기 때문에 위 (16)의 '-깃-'도 주목할 만하지만 한 예만 나타나 있어 오히려 고소설의 보수적 언어 양상을 드러내는 것을 엿볼 수 있다 하겠다. 분명한 것은 이러한 보수적 언어 양상이 19세기 말이나 20세기 초의 방각본이나 활자본 고소설에 '-엇-'이나 '-겟-'이 빈번한 것과 대조되는 점이다.

4. 결론

이 글은 계명대학교 동산도서관 소장 고소설 3종을 중심으로 그 서지적 특징과 필사 시기, 국어학적 특징과 이 소설에 드러난 언어 의식을 중심으로 검토하였다. 이글에서 검토한 내용을 정리하면 아래와 같다.

첫째, 계명대학교 동산도서관 소장본 고소설 「비장화홍연젼」, 「이희용젼」, 「갑진녹」 3종과 규방가사 「화젼가」는 아직 알려지지 않은 이본으로 선본이다. 필사체가 정연하고 수려하며 각 소설의 내용이 서두와 결론까지 완결된 내용으로 구성되어 있다.

둘째, 이 이본의 필사기 "甲寅三月某日始終"의 '甲寅'은 내용 계통이나 언어적 양상을 고려할 때 1854년일 가능성이 매우 높고 규방가사인 화전가가 실린 것을 볼 때 영남 지역의 양반집 부녀자들이 향유하였던 것으로 보인다. 「뷔장화홍연젼」을 중심으로 이본 계통을 검토하였는데 그 내용 체제로 볼 때 국문 필사본의 최고본과 동일한 내용 구성으로 이루어져 있으며 초기 한문본과 그 성격이 유사하다.

셋째, 계명대학교 동산도서관 소장본 「뷔장화홍연젼」와 박순호 소장본 「뷔장화홍연젼」은 저본이 동일하거나 박순호 소장본 「뷔장화홍연젼」이 계명대학교 동산도서관 소장본 「뷔장화홍연젼」을 베껴쓴 것으로 추정된다. 두 이본은 서두의 변개 부분이나 문장 배열 일치도를 볼 때 동일 계통으로 판단되는데 표기나 오기, 단어와 문장 누락 관계를 비교해 보면 계명대본이 더 원형에 가까운 것으로 추정된다. 한편, 「이희용젼」은 서두에서 결말까지 내용이 온전히 보전되어 있고 필사체도 수려하며 필사기가 존재하여 그 문헌적 가치는 매우 높다 하겠다.

넷째, 계명대학교 동산도서관 소장본 고소설은 대체로 전통적인 보수적 언어 의식이 반영되어 있으나 직접 인용 표현 및 단문 형식, 개신형 '-엇다-'이 '-깃-이 한두 장면에 존재하는 것을 볼 때 언문일치 의식이 반영되는 초기 단계로 생각된다.

우리나라에서 자국어 의식과 언문일치 의식은 내적 전통을 가지고 있다. 근대화에서의 언어 의식 이전에 내부적인 언어 의식이 형성되었고 점차 발달한 것이다. 그 과정에서 조선 후기 한글 전용 표기로 이루어진 한글 고소설은 이러한 언어 의식을 촉발한 계기가 되었다. 그러므로 근대화로서의 언어 의식 이전에 우리의 언어 의식 발달에 대해서 고민해야 할 것이다. 이러한 언어 의식의 발달 연구에서 한글 고소설은 그 실제를 보여줄 것으로 기대된다. 시기별 비교와 이본 비교를 함께 진행한다면 이제까지 검토되지 않은 우리의 언어 의식 역사적 발달과, 근대와의 만남에서 변화된 언어 의식을 밝힐 수 있을 것이다.

참고문헌

초기 근대 이행기 국어 인식과 그 양상의 역사성

고영근, 『한국어문운동과 근대화』, 탑출판사, 1998.

______, 『민족어의 수호와 발전』, 제이앤씨, 2008.

姜信沆, 『訓民正音研究』, 성균관대학교 출판부, 1987/1999.

강신항, 『훈민정음 창제와 연구사』, 도서출판 경진, 2011.

김윤진, 「1900~1910년대 소설에 나타난 종결어미 '-ㄴ다'에 대한 고찰」, 『상허학보』 49, 상허학회, 2017, 151-195.

김채수, 「한국과 일본에서의 언문일치 운동의 실상과 그 의미」, 『일본연구』 1, 고려대 글로벌일본연구원, 2002, 9-54.

백두현, 「우리말[韓國語] 명칭의 역사적 변천과 민족어 의식의 발달」, 『언어과학연구』 28, 언어과학회, 2004, 115-140.

______, 「한국어 문자 명칭의 역사적 변천」, 『문학과 언어』 26, 문학과언어학회, 2004, 1-16.

백채원, 「20세기 초기 자료에 나타난 '言文一致'의 사용 양상과 그 의미」, 『국어국문학』 166, 국어국문학회, 2014, 77-108.

베네딕트 앤더슨, 서지원 옮김, 『상상된 공동체-민족주의의 기원과 보급에 대한 고찰』, 도서출판 길, 2018.

브리태니커 편찬위원회, 이정인 옮김, 『근대의 탄생』, 도서출판 아고라, 2017.

송 민, 「근대 이행기 동아시아의 자국어와 자국문자」, 『근대이행기 동아시아의 자국어인식과 자국어학의 성립』, 소명출판, 2015, 15-58.

송철의, 「한국 근대 초기의 어문운동과 어문정책」, 『한국문화』 33, 서울대 한국문화연구원, 2004, 1-36.

유창돈, 『訓民正音 譯註』, 형설출판사, 1996.

이병근, 「愛國啓蒙主義時代의 國語觀」, 『한국학보』 12, 1978, 176-192.

______, 「近代國語學의 形成에 관련된 國語觀-大韓帝國 時期를 중심으로」, 『韓國文化』 32, 서울대 한국문화연구소, 2003, 1-33.
이병기, 「'국어'는 근대적 기본 개념어인가?」, 『인문논총』 72-1, 서울대 인문학연구원, 2015ㄱ, 133-164.
______, 「'국어' 및 '국문'과 근대적 민족의식」, 『國語學』 75, 국어학회, 2015ㄴ, 165-193.
이상혁, 「우리말글의 명칭의 역사적 변천과 그 의미」, 『한국어학의 이해와 전망』, 박이정, 1997.
______, 「언문과 국어 의식-중세와 실학 시대의 '훈민정음'과 '언문' 개념의 비교를 중심으로-」, 『국어국문학』 121, 국어국문학회, 1998, 55-73.
______, 「애국계몽기의 국어 의식-당대 연구자들의 국어관을 중심으로」. 『어문논집』 41, 민족어문학회, 2000, 105-139.
이승재, 「고대의 '방언'과 그 유사 지칭어」. 『새국어생활』 11-3, 국립국어원, 2001, 49-63.
이연숙, 『국어라는 사상: 근대 일본의 언어 인식』(고영진·임경화 역), 소명출판사, 2006.
이현희 외, 『근대 한국어 시기의 언어관·문자관 연구』, 소명출판, 2014.
장요한 외, 『석보상절』 권24와 『월인석보』 권25의 역주 및 비교 연구』, 역락, 2014.
장윤희, 「근대 이행기 한국에서의 자국어 인식」, 『근대이행기 동아시아의 자국어인식과 자국어학의 성립』, 소명출판, 2015, 151-196.
정승철, 「'方言'의 개념사」, 『방언학』 12, 한국방언학회, 2011, 61-84.
趙宰亨, 「近代化 過程에서의 '言文一致'의 受容과 그 樣相」, 『語文研究』 47-3, 어문교육연구회, 2019, 29-61.
조태린, 「'국어'라는 용어에 대한 비판적 고찰」, 『국어학』 48, 국어학회,

2006, 363-394.
______,「근대 국어 의식 형성의 보편성과 특수성: 언어와 국민 사이의 관계 인식을 중심으로」,『한국언어문화』39, 한국언어문화학회, 2009, 81-108.
최경봉,「근대적 언어관의 전개와 국어정립이라는 과제의 인식 양상: 한국의 특수성을 중심으로」,『東方學志』158, 연세대 국학연구원, 2012, 231-269.
한영균,「언문일치에 대한 인식의 변화와 그 구현」,『언어사실과 관점』41, 연세대 언어정보연구원, 2017, 299-325.
홍종선,「개화기 시대 문장의 문체 연구」,『국어국문학』117, 국어국문학회, 1996, 33-58.
_____,「근대 전환기 개화 지식인의 '국문/언문'에 대한 인식과 구어체 글의 형성」,『우리어문연구』54, 우리어문학회, 2016, 589-620.
허재영,「근대 계몽기 언문일치의 본질과 국한문체의 유형」,『어문학』114, 한국어문학회, 2011, 441-467.
허재영 외,『계몽의 수단: 민족어와 국어』, 도서출판 경진, 2019.
Anderson, B., *Imagined Communities*(3rd ed), London/New York: Verso, 1983/2006.

근대의 문법 연구와 주시경, 김두봉의 '씨'

1. 자료

김규식,『대한문법』(유인본), 1908~1909?(역대한국문법대계 ①14).
김두봉,『조선말본』, 신문관, 1916(역대한국문법대계 ①22).

김두봉, 『깁더 조선말본』, 새글집, 1922(역대한국문법대계 ①23).
김희상, 『조선어전』, 보급서관, 1911(역대한국문법대계 ①19).
안 확, 『조선문법』, 유일서관, 1917(역대한국문법대계 ①175).
______, 『수정 조선문법』, 회동서관, 1923(역대한국문법대계 ①26).
유길준, 『대한문전』, 융문관, 1909(역대한국문법대계 ①06).
주시경, 『말』, 1908(역대한국문법대계 ①08).
______, 『국어문법』, 박문서관, 1910(역대한국문법대계 ①11).
______, 『조선어문법』, 신구서림, 1913(역대한국문법대계 ①12).
______, 『말의소리』, 신문관, 1914(역대한국문법대계 ①13).

2. 논저

강복수, 『국어문법사연구』, 형설출판사, 1972.
고영근, 「주시경의 문법이론」, 『한국학보』 5-4, 일지사, 1979, 126-144.
______, 「주시경의 문법이론에 대한 형태·통사적 접근」, 『국어학』 11, 국어학회, 1982, 25-46.
______, 『역대한국문법의 통합적 연구』, 서울대학교출판부, 2001.
구본관, 「안 자산의 언어관과 국어 연구」, 『어문연구』 31-1, 한국어문교육연구회, 2003, 367-391.
김민수, 『주시경 연구(증보판)』, 탑출판사, 1977(1986).
______, 『신국어학사(全訂版)』, 일조각, 1980.
김병문, 「주시경 문법에서의 '씨난'의 변천 과정」, 『국어학』 65, 국어학회, 2012, 157-183.
______, 『언어적 근대의 기획: 주시경과 그의 시대』, 소명출판, 2013.
김석득, 『주시경문법론』, 형설출판사, 1979.
김주상, 「20세기 초 국어 문법서의 문법 체계 연구」, 서울대학교 박사학위논문(미간행), 2020.

김해금, 「주시경학파의 문법 연구에 대한 고찰: 주시경, 김두봉, 이규영을 중심으로」, 서울대학교 박사학위논문(미간행), 2017.
남경완, 「국어 전통문법에서의 관형사 범주 설정」, 『한국어학』 74, 한국어학회, 2017가, 25-52.
______, 「'엇(그림씨)'과 '언(매김씨)'의 계승 관계: 주시경, 김두봉, 최현배를 중심으로」, 『우리어문연구』 59, 우리어문학회, 2017나, 257-285.
남기심, 「≪조선어 문법(주 시경)≫과 ≪깁더 조선말본(김 두봉)≫의 '씨'에 대한 비교·검토」, 『한힌샘 연구』 2, 한글학회, 1989, 149-168.
박선자, 「김두봉 말본의 형태론적 이해와 계승」, 『한힌샘 주 시경 연구』 5·6, 한글학회, 1993, 11-87.
박종갑, 「주시경의 〈국어문법〉 연구(1): 형태론과 통사론의 관계 설정을 중심으로」, 『영남어문학』 25, 영남어문학회, 1994, 193-214.
______, 「주시경과 김두봉의 문법론 비교 연구」, 『어문학』 87, 한국어문학회, 2005, 157-173.
박지홍, 「주시경의 국어 문법」, 『한글』 161, 한글학회, 1978, 587-616.
송철의, 『주시경의 언어이론과 표기법』, 서울대학교출판문화원, 2010.
안예리, 『근대 한국어의 언어 문제』, 역락, 2020.
이기문, 「주시경의 학문에 대한 새로운 이해」, 『한국학보』 2-4, 일지사, 1976, 39-58.
정승철, 「『국어문법』(주시경)과 English Lessons」, 『국어국문학』 134, 국어국문학회, 2003, 73-97.
______, 「안확의 『조선문법』(1917)에 대하여」, 『한국문화』 58, 서울대학교 규장각 한국학연구원, 2012, 179-195.
정한데로, 『한국어 등재소의 형성과 변화』, 태학사, 2015.
________, 「통사론적 구성과 단어 형성: '통사적 합성어'와 '통사론적 구

성의 단어화'를 중심으로」, 『어문연구』 46-3, 한국어문교육연구회, 2018, 91-123.

_______, 『발견을 위한 한국어 단어형성론』, 서강대학교 출판부, 2019.

_______, 「주시경의 '기'와 '기몸박굼'에 관한 고찰」, 『국어학』 93, 국어학회, 2020가, 89-122.

_______, 「단어 형성으로 바라본 안확의 『조선문법』(1917, 1923)」, 『어문연구』 48-4, 한국어문교육연구회, 2020나, 317-349.

_______, 「최현배의 '바꿈', 계승과 변화」, 『형태론』 24-1, 형태론, 2022, 82-112.

최규수, 『주시경 문법론과 그 뒤의 연구들』, 박이정, 2005.

최낙복, 「주 시경 말본의 형태론 연구」, 동아대학교 박사학위논문(미간행), 1989.

______, 「주 시경 문법의 조어법 연구」, 『한글』 242, 한글학회, 1998, 183-224.

______, 『주시경 문법의 연구(2)』, 역락, 2003.

최경봉, 『근대 국어학의 논리와 계보』, 일조각, 2016.

최형용, 「분류 기준에서 본 주시경 품사 체계의 변천에 대하여」, 『국어학』 63, 국어학회, 2012, 313-340.

______, 「1910년대 품사 연구」, 『한국어학』 88, 한국어학회, 2020, 61-111.

하치근, 「국어 조어론 연구의 어제와 오늘」, 『한힌샘 주 시경 연구』 7·8, 한글학회, 1995, 165-208.

허 웅, 「주 시경 선생의 학문」, 『동방학지』 12, 연세대학교 국학연구원, 1971, 1-63.

Bybee, J. L., "Regular morphology and the lexicon," *Language and Cognitive Processes* 10, 1995, pp. 425-455.

"시란 하오" - 이광수의 시 인식과 한국의 '근대'

기본자료

『論語』, 『少年』, 『詩經』, 『退溪全書』

『이광수전집』, 삼중당, 1971.

구인모, 『한국 근대시의 이상과 허상』, 소명, 2008.

김동식, 「민족개조와 감정의 진화: 1920년대 이광수 문학론에 대한 예비적 고찰」, 『한국학연구』 29, 한국학연구소, 2013.

김보겸, 「이광수 시론 연구 –전통시학을 중심으로」, 단국대 석사논문, 2016.

김영민, 「근대 한국 100년 문학사의 재조명: 남북한에서의 이광수 문학 연구사 정리와 검토」, 『동방학지』 83, 연세대학교 국학연구원, 1994.

김용규, 「문화번역과 '정'의 고고학: 이광수의 「문학이란 하오」의 한 읽기」, 『한국근대문학연구』 17(2), 한국근대문학회, 2016.

김원중, 「'시언지' 설의 경학적 토대에 관한 검토」, 『중국어문학』 35, 영남중국어문학회, 2000.

김유선, 『춘원 이광수의 시연구』, 경운출판사, 1995.

김윤식, 「초창기의 문학론과 비평의 양상」, 『근대 한국문학 연구』 재판, 일지사, 1973.

______, 『문협정통파의 사상구조 –한국 근대문학 사상연구 2』, 아세아문화사, 1994.

박슬기, 「한국 근대시의 형성과 율의 이념」, 서울대 박사논문, 2011.

박종선, 「일제 강점기(1920~30년대) 조선인의 서당개량운동」, 『역사교육』 71, 역사교육연구회, 1999.

백지은, 「정의 문학론과 근대 문학 개념의 미분화 양상 고찰」, 『민족문화연구』 56, 고려대 민족문화연구원, 2012.
______, 「문(학)의 이념 –근대 초기 문학 담론에서 "문(체)"의 문제」, 『민족문화연구』 65, 고려대 민족문화연구원, 2014.
유건수, 「이광수 초기 문학에 드러난 천재의 의미」, 서울대학교 석사논문, 2019.
이재선, 『이광수 문학의 지적 편력』, 서강대학교출판부, 2010.
이종건, 「한국문학 용어 '시가' 비판론」, 『국제어문』 16, 국제어문학회, 1995.
이희목 외, 『식민지시기 한시자료집』, 성균관대학교 대동문화연구원, 2009.
전은경, 「유학생 잡지 『대한흥학보』와 문학 독자의 형성」, 『국어국문학』 169, 국어국문학회, 2014.
정기인, 『한국 근대시와 한문맥의 재구성』, 고려대학교민족문화연구원, 2020.
정기인·채송화, 「육당 최남선과 석전 박한영의 여행기 『풍악기유』」, 『사이』 24, 국제한국문학문화학회, 2018.
______________, 「『청춘』 소재 국문시와 한시의 역할 고찰」, 『한문학논집』 51, 근역한문학회, 2018.
조동일, 「이광수」, 『한국문학사상사시론』, 지식산업사, 1978.
______, 『한국문학통사』 5, 제4판, 지식산업사, 2005.
허병식, 「한국문학사 서술의 정치적 무의식」, 『한국근대문학연구』 21, 한국근대문학회, 2010.
황종연, 「문학이라는 역어 - '문학이란 하오' 혹은 한국 근대문학론의 성립에 관한 고찰」, 『동악어문학』 32, 동악어문학회, 1997.
사이토 마레시, 「음역의 공간: 시와 노래」, 노요한 옮김, 『한자한문연구』

10, 한자한문연구소, 2015.
스즈키 사다미,『일본의 문학개념 –동서의 문학개념과 비교고찰』, 김채수 옮김, 보고사, 2001.
퀜틴 스키너,『역사를 읽는 방법』, 황정아, 김용수 옮김, 돌베개, 2012.

일·한 번안소설을 통한 표기법의 근대화 연구

-『想夫憐』과『지봉춘』을 중심으로 -

권보드래,『한국 근대의 '소설' 범주 형성에 관한 연구』, 서울대학교 박사학위논문, 2000.
권영민,『개화기소설의 문체 연구』, 서울대학교 석사학위논문. 1975.
권용선,『1910년대 '근대적 글쓰기'의 형성과정 연구』, 인하대학교 박사학위논문, 2004.
김미형,「번역의 틀로 형성되는 문체적 특징 연구 –메타의사소통적 번역의 틀과 의고체-」,『한국언어문화』 24, 한국언어문화학회, 2003, 5-28.
김형철,「개화기 국어 어휘」,『국어의 시대별 변천 연구』 4, 국립국어연구원, 1999, 115-162.
노혜경,「근대 대중소설의 번안과 의도된 번역의 굴절 -「소용돌이(渦巻)」에서「속편 장한몽(續編 長恨夢)」으로-」,『日語日文學硏究』 84, 한국일어일문학회, 2013, 193-219.
류준필,「근대 계몽기 신문 및 소설의 구어 재현 방식과 그 성격」,『대동문화연구』 44, 대동문화연구원, 2003, 207-241.
박영섭,「개화기 국어 어휘 연구」,『한국어 의미학』 11, 한국어의미학회,

2002, 161-176.
안예리, 「20세기 초기 종결어미의 분포와 용법 -표기체와 사용역을 중심으로-」, 『시학과 언어학』 28, 시학과언어학회, 2014, 7-29.
안주호, 「'그러-' 계열 접속사의 형성과정과 문법화」, 『국어학』 35, 국어학회, 2000, 113-141.
양문규, 「초기 한국 근대소설의 문체 형성 과정」, 『민족문학사연구』 52, 민족문학사연구소, 2013, 82-108.
원해연, 『근대전환기 문장 부호의 사용 양상과 특징』, 국민대학교 석사학위논문, 2010.
이금영, 「"그러-/그리-" 계열 접속 부사의 통시적 고찰」, 『인문학연구』 103, 충남대학교 인문과학연구소, 2016, 215-247.
이지영, 「종결형의 변화와 근대적 문체」, 『어문연구』 47(3), 한국어문교육연구회, 2019, 5-27.
이현희 외, 『근대 한국어 시기의 언어관·문자관 연구』, 소명출판, 2014.
이희정, 「1910년대 매일신보 연재소설의 문체변화 과정 (1)」, 『현대소설연구』 33, 한국현대소설학회, 2007, 76-93.
전영옥, 「구어와 문어의 접속부사 실현 양상 비교 연구」, 『텍스트언어학』 22, 한국텍스트언어학회, 2007, 223-247.
정가람, 「1910년대 『매일신보』 소재 하몽 이상협의 창작 소설 연구 : 독자, 관객과의 소통 양상을 중심으로」, 『현대문학의 연구』 33, 한국문학연구학회, 2007, 333-364.
정은균, 「국문 서사체 서술 지문의 '-다, -라' 종결 형식의 쓰임새와 문체 특징」, 『국어국문학』 153, 국어국문학회, 2009, 81-104.
정혜영, 「이광수와 근대적 문체 형성 -초기문장을 중심으로-」, 『국학연구론총』 23, 택민국학연구원, 2019, 219-246.
相良真理子「大阪の新聞作家渡辺霞亭—生涯と思想—」、大阪の歴史

85、大阪市史編纂所、2017、p.32.
久保田篤「戦前の小説におけるカタカナの用法について―長音の表記を中心に―」成蹊国文(46)、成蹊大学文学部日本文学科、2013.
洪善英「〈翻案小説〉をめぐって―渡辺霞亭の『相夫憐』と李相協の『再逢春』を中心に―」、文学研究論集(18)、筑波大学比較·理論文学会、2000.

〈완월회맹연〉의 문체적 특성에 대한 시론

〈자료〉

서울대 규장각 소장 180권 93책(http://yoksa.aks.ac.kr)
김진세 독해, 『완월회맹연』 전12책, 서울대출판부, 1987~1994.

〈논저〉

강남준 외, 「『독립신문』 논설의 형태 주석 말뭉치를 활용한 논설 저자 판별 연구: 어미 사용빈도 분석을 중심으로」, 『한국사전학』 15, 한국사전학, 2010, 73-101쪽.
강우규·김바로, 「소현성록 연작의 문체론적 고찰 -컴퓨터를 활용한 계층분석을 바탕으로」, 『인문과학연구』 59호, 강원대학교 인문과학연구소, 2018, 29-46쪽.
강우규·김바로, 「계량적 문체 분석을 통한 〈소현성록〉 연작의 변이양상 고찰 -이대15권본과 규장각21권본을 중심으로-」, 『국제어문』 80권, 국제어문학회, 2019, 115-135쪽.
강우규·김바로, 「딥러닝을 활용한 경판 방각본 소설의 유형 고찰 -영웅

소설과 애정소설 유형을 중심으로-」, 『국제어문』 84권, 국제어문학회, 2020, 9-35쪽.
김명철·허명회, 「최소거리법과 기계학습법에 의한 한국어 텍스트의 저자 판별」, 『조사연구』 13권 3호, 한국조사연구학회, 2012, 175-190쪽.
김성문·김바로, 「디지털 분석 기법을 활용한 시조 연구 방법 탐색 -한국시조대사전 수록 단형시조를 중심으로-」, 『다문화콘텐츠연구』 34호, 중앙대학교 문화콘텐츠 기술연구원, 2020, 209-236쪽.
이병찬, 「빅데이터 분석 방법을 활용한 한시 영향관계 분석을 위한 시론」, 『어문연구』 94권, 어문연구학회, 2017, 107-129쪽.
정병설, 「완월회맹연 연구」, 서울대학교 박사학위논문, 1997.
정병설, 『완월회맹연 연구』, 태학사, 1998.
최운호·김동건, 「컴퓨터 문헌 분석 기법을 활용한 〈토끼전〉 이본 연구」, 『우리문학연구」 58호, 우리문학회, 2018, 123-154쪽.
최지명, 「기계학습 알고리즘을 이용한 한국어 텍스트 저자 판별: 블로그의 영화 리뷰를 대상으로」, 연세대학교 석사학위논문, 2015.
최지명, 「기계학습을 이용한 역사 텍스트의 저자판별: 1920년대 개벽 잡지의 논설 텍스트」, 『언어와 정보』 22권 1호, 한국언어정보학회, 2018, 91-122쪽.
한길연, 「대하소설의 의식성향과 향유층위에 관한 연구」, 서울대학교 박사학위논문, 2005.
한나래, 「빈도 정보를 이용한 한국어 저자 판별」, 『인지과학』 20권 2호, 한국인지과학회, 2009, 225-241쪽.

알렌의 경판본 소설의 번안 양상과 그 독자의식

〈기본자료〉

Horace Newton Allen, *Korean Tales*, New York&London: G.P. Putnam's Sons The Kinckerbocker Press, 1889.

Horace Newton Allen, *Things Korean*, Fleming H. Revell Company, 1908.

경판 24장본 〈백학선전〉

경판 24장본 〈심청전〉

경판 23장본 〈춘향전〉

경판 25장본 〈홍부전〉

안성판 19장본 〈홍길동전〉

서양어 자료총서 간행 편집위원회, 『근세 동아세아 서양어 자료총서』 138, 경인문화사, 1973.

이진숙 외 역주, 『서양인의 한국고전학 선집-한국어의 발견과 한국의 구술문화』1, 박문사, 2017.

이진숙 외 역주, 『외국어 번역 고소설 선집』8, 박문사, 2017.

이진숙 외 역주, 『판소리계소설』1, 박문사, 2017.

이진숙 외 역주, 『판소리계소설』2, 박문사, 2017.

천주교 명동교회 편, 한국교회사연구소 역주, 『뮈텔 주교 일기Ⅲ-1901~1905』, 한국교회사연구소, 1993.

〈논문 및 저서〉

구자균, 「Korea: Fact and Fancy」, 『아세아연구』6, 고려대학교 아세아문제연구소, 1963, 229~234쪽.

김기동, 「문헌설화에 나오는 홍길동 - 홍길동은 실존인물이었다」, 『한국문학연구』4, 동국대학교 한국문학연구소, 1981, 331~336쪽.
김종철, 「흥부와 놀부 박의 화두-행복과 욕망, 그리고 선악」, 『선청어문』 36, 서울대학교 국어교육과, 2008, 45~67쪽.
서종문, 『판소리와 신재효 연구』, 재이앤씨, 2008.
서혜은, 「경판본 소설의 후대적 변모 양상 연구」, 『민족문화논총』58, 영남대학교 민족문화연구소, 2014, 519~555쪽.
서혜은, 『경판본 소설의 대중성』, 새문사, 2017.
오대환·최정도, 「최초의 선교사 알렌(Allen)의 A Language Book of Korean에 대한 연구」, 『언어와 정보사회』42, 서강대학교 언어정보연구소, 2021, 149~178쪽.
유광수, 「알렌(H. N. Allen) 번역 〈홍길동전〉 연구」, 『어문논집』89, 중앙어문학회, 2022, 133~164쪽.
이문성, 「판소리계 소설의 해외 영문번역 현황과 전망」, 『한국학연구』38, 고려대학교 한국학연구소, 2011, 259~285쪽.
이상현, 「묻혀진 〈심청전〉 정전화의 계보-알렌, 호소이, 게일 〈심청전〉 번역본의 연대기-」, 『고소설연구』32, 한국고소설학회, 2011, 405~456쪽.
이상현, 「알렌 〈백학선전〉 영역본 연구-모리스 쿠랑의 고소설 비평을 통해 본 알렌 고소설영역본의 의미-」, 『비교한국학』20, 국제비교한국학회, 2012, 289~335쪽.
이상현, 「'학대 아동(An Abused Boy)'과 '폭도', 홍길동의 두 가지 형상과 〈홍길동전〉 번역의 계보」, 『철학·사상·문화』30, 동국대학교 동서사상연구소, 2019, 160~186쪽.
이상현, 「〈홍길동전〉의 영역본 연구」, 『한국연구』1, 한국연구원, 2019, 53~81쪽.
이숙, 「알렌의 한국어학습 기록 연구-알렌의 일기와 선교 편지의 기록을 중심으로」, 『언어사실과 관점』56, 연세대학교 언어정보연구소, 2022, 71~91쪽.
이승은, 「도시적 삶에 대한 불안과 상상적 귀향: 경판 25장본 〈흥부전〉 다시 읽기」, 『Journal of Korean Culture』40, 한국어문학국제학술포럼, 2018, 415~443쪽.
전상욱, 「〈춘향전〉 초기 번역본의 변모 양상과 의미-내부와 외부의 시각 차이-」, 『고소설연구』37, 한국고소설학회, 2014, 119~147쪽.
조용호, 「〈흥부전〉의 카니발적 특성」, 『한국고전연구』7, 한국고전연구학회, 2001, 230~259쪽.
최지지, 「알렌 〈토끼전〉 영역 과정에서의 변개지점에 대한 연구」, 『국어국문학』180, 국어국문학회, 2017, 421~454쪽.
한유림, 「〈홍길동전〉과 「견우와 직녀」 번역 연구-알렌(H.N. Allen), 아르노우스(H, G. Arnous), 이와야 사자나미(巖谷小波)를 중심으로-」, 고려대학교 중일어문학과 석사학위논문, 2015, 1~131쪽.
H.N. Allen 지음, 김원모 역, 『알렌의 일기』, 단국대학교출판부, 1991.
H.N. 알렌 지음, 신복룡 역주, 『한말외국인의 기록(개정판)04-조선견문기 외』, 집문당, 2019.
Janet Yoon-sun LEE, "The Tale of Chunhyang as Translated by Western Missionaries", *Korea Journal*, vol. 60, no.1(spring 2020), pp. 179~191.

한글 고소설 희귀본의 가치와 언어의 근대성

김건희(2007), 「1910-1930년대 활자본 고소설의 몇 가지 문법적 특징 연구」, 『한국어학』 35, 한국어학회, 167-193.
김대숙(1987), 「「이해룡전」, 연구」, 『국어국문학』 97, 국어국문학회, 31-54.
김준형(2008), 「계명대학교 동산도서관 소장 고전소설의 현황과 가치」, 『한국학논집』 37, 계명대학교 한국학연구원, 173-194.
민현식(2008), 「19세기 국어에 대한 종합적 검토」, 『국어국문학』 149, 국어국문학회, 23-68.
백두현(2004), 「우리말[韓國語] 명칭의 역사적 변천과 민족어 의식의 발달」, 『언어과학연구』 28, 언어과학회, 115-140.
서인석(2000), 「『구운몽』 후기 이본의 변모 양상-중·하층 수용의 통속적 이본을 중심으로-」, 『서포문학의 새로운 탐구』, 중앙인문사, 211-237.
서혜은(2007), 「장화홍련전 이본 계열의 성격과 독자 의식」, 『어문학』 97, 한국어문학회, 387-418.
송 민(2015), 「근대 이행기 동아시아의 자국어와 자국문자」, 『근대이행기 동아시아의 자국어인식과 자국어학의 성립』, 소명출판, 15-58.
송철의(2004), 「한국 근대 초기의 어문운동과 어문정책」, 『한국문화』 33, 서울대 한국문화연구원, 1-36.
이기대(1998), 『〈장화홍련전〉 연구』, 고려대 박사학위논문.
이민우 외(2016), 「20세기 초 활자본 고소설의 언어적 근대성 연구」, 『한국어학』, 72, 한국어학회, 55-84.
이병근(2003), 「近代國語學의 形成에 관련된 國語觀-大韓帝國 時期를 중심으로」, 『韓國文化』 32, 서울대 한국문화연구소, 1-33.
이병기(2015), 「'국어' 및 '국문'과 근대적 민족의식」, 『國語學』 75, 국어학회, 165-193.
이상혁(1997), 「우리말글의 명칭의 역사적 변천과 그 의미」, 『한국어학의 이해와 전망』, 박이정.
이현희(1994), 「19세기 국어의 문법사적 고찰」, 『한국문화』 15, 서울대 한국문화연구소, 58-81.
이현희 외(2014), 『근대 한국어 시기의 언어관·문자관 연구』, 소명출판.
이지영(2003), 『『창선감의록』의 이본 변이 양상과 독자층의 상관관계』, 서울대 박사학위논문.
全聖鐸(1967), 「薔花紅蓮傳의 一硏究 -朴仁壽作 漢文本을 中心으로-」, 『국어교육』 13, 한국국어교육연구회, 1-21.
(1970), 「장화홍련전의 국한문본과 한문본의 내용 및 저작 연대에 관한 고찰」, 『論文集』 8, 춘천교육대학, 43-60.
(1975), 「〈장화홍련전〉 연구」, 고려대 교육대학원 석사학위논문.
(1976), 「〈장화홍련전〉의 이본 고찰」, 『論文集』 16, 춘천교육대학, 1-29.
장요한(2002), 「19세기말에서 20세기초의 {-습-}에 대한 연구」, 서강대 석사학위논문.
(2004), 「문장 종결형 '-삽'에 대하여 – 19세기 문헌 자료를 중심으로 -」, 『국어국문학』 136, 135-161.
(2012), 「고소설 『구운몽』 이본의 종결형식 연구」, 『국어사연구』 15, 국어사학회, 37-85.
(2019), 「문법사의 시대 구분 연구 쟁점과 과제」, 『국어사연구』 29, 국어사학회, 33-62.
(2021), 「초기 근대 이행기 국어 인식과 그 양상의 역사성 - '훈민정음' 창제 관련 문헌과 '正音'의 의미를 중심으로 -」, 『한국학논집』 82, 계명대 한국학연구원, 7-39.
장윤희(2015), 「근대 이행기 한국에서의 자국어 인식」, 『근대이행기 동아시아의 자국어인식과 자국어학의 성립』, 소명출판, 151-196.

정연호(1992),「薔花紅蓮傳 異本考」, 중앙대 교육대학원 석사학위논문.

한영균(2017),「언문일치에 대한 인식의 변화와 그 구현」,『언어사실과 관점』 41, 연세대 언어정보연구원, 299-325.

홍종선(1996),「개화기 시대 문장의 문체 연구」,『국어국문학』 117, 국어국문학회, 33-58.

홍윤표(1994),『근대국어의 연구(1)』, 태학사.

Anderson, B. 1983/2006. Imagined Communities : Reflections on the Origin and Spread of Nationalism(3rd ed), London/New York: Verso[베네딕트 앤더슨, 서지원 옮김(2018),『상상된 공동체-민족주의의 기원과 보급에 대한 고찰』, 도서출판 길].

저자소개

장요한 : 초기 근대 이행기 국어 인식과 그 양상의 역사성
　　　한글 고소설 희귀본의 가치와 언어의 근대성

서강대학교 대학원 국어국문학과에서 박사학위(2009)를 받고 서강대학교 국어국문학과 대우교수(2012)를 거쳐 현재 계명대학교 국어국문학 전공 부교수로 재직 중이다. 중세 국어와 근대 국어의 문법 연구 전공으로 최근 논저로는 『『宸翰帖 坤』의 연구 및 역주』, 「문법사의 시대 구분 연구 쟁점과 과제」 등이 있다.

E-mail: yhjang0504@kmu.ac.kr

정한데로 : 근대의 문법 연구와 주시경, 김두봉의 '씨'

서강대학교에서 국어학 전공으로 박사학위를 받았다. 현재 가천대학교 한국어문학과에서 단어를 연구하며 학생들을 가르치고 있다. 단어 형성은 물론, 등재와 변화를 포함한 '단어의 삶' 전반에 관심이 많다. 저서로는 『발견을 위한 한국어 단어 형성론』(2019), 『한국어 등재소의 형성과 변화』(2015) 등이 있다.

E-mail: word4@gachon.ac.kr

정기인 : "시란 하오" - 이광수의 시 인식과 한국의 '근대'

서울과학기술대학교 교양대학 인문사회교양학부 조교수로 재직하고 있으며, 주요 관심분야는 한국근대시와 한문맥, 한국근대시 속 일본표상, 대중가요와 뮤직비디오, 해외 한국학 등이다.

E-mail: kiinchong@seoultech.ac.kr

황연지 : 일·한 번안소설을 통한 표기법의 근대화 연구
- 『想夫憐』과 『지봉춘』을 중심으로 -

계명대학교 국어국문학과를 졸업하고 같은 대학원 국어국문학과에서 문학석사 학위를 취득하였으며, 박사과정을 수료하였다.

E-mail: 1005012@stu.kmu.ac.kr

스기모토 가요코(杉本加代子) : 일·한 번안소설을 통한 표기법의 근대화 연구 - 『想夫憐』과 『지봉춘』을 중심으로 -

일본 桃山学院大学에서 문학석사 학위를 취득하고, 계명대학교 국어국문학과에서 문학박사 학위를 취득하였으며, 현재 계명대학교 일본어 특별장학 프로그램 JIKU에서 조교수로 재직중이다.

E-mail: kayoko@kmu.ac.kr

김동욱 : 〈완월회맹연〉의 문체적 특성에 대한 시론

서울대학교 국문과를 졸업하고 동대학원에서 조선후기 한글장편소설 〈임화정연〉에 대한 연구로 박사학위를 취득하였으며, 현재 계명대학교 국어국문학전공 조교수로 재직 중이다. 주로 조선시대 한글장편소설에 관심을 갖고 연구를 진행하고 있다.

E-mail: kdw@kmu.ac.kr

강남오 : 〈완월회맹연〉의 문체적 특성에 대한 시론

중앙대학교 컴퓨터공학과를 졸업하고 동대학원에서 공학박사 학위를 취득하였으며, 현재 강릉원주대학교 컴퓨터공학과 강사로 재직 중이다. 멀티미디어 적응을 연구하여 박사 학위를 받았고, 최근에는 옛한글 데이터 처리 및 옛한글 형태소 사전 구축에 대한 연구를 수행하고 있다.

E-mail: namohkang@gmail.com

서혜은 : 알렌의 경판본 소설의 번안 양상과 그 독자의식

경북대학교 대학원 국어국문학과에서 「경판본 소설의 대중성과 사회의식 연구」라는 제목으로 박사학위를 받았다. 경판본 소설에서 많은 부분을 차지하는 중국 번안소설과 경판본 소설에 대한 서구인들의 시선에 대한 연구를 진행하고 있으며 한국 고전소설의 대중화와 세계화의 방안도 모색하고 있다.

E-mail: k-novel@knu.ac.kr

문자의 혁명시대, 근대 문명 전환기 언어와 문화의 변혁

초판1쇄 인쇄 2023년 1월 19일
초판1쇄 발행 2023년 1월 31일

지 은 이 계명대학교 한국학연구원 편
펴 낸 이 신일희
펴 낸 곳 계명대학교 출판부
출판등록 제347-1998-1호(1970. 9. 1.)
주 소 대구광역시 달서구 달구벌대로 1095
대표전화 053-580-6233
팩 스 053-580-6235
홈페이지 www.kmupress.com

ISBN 979-11-6516-180-4 93700 정가 28,000원